U0942679

旧京人物影像馆

李鸿章旧影

张社生 著

北京日报出版社

图书在版编目（CIP）数据

李鸿章旧影 / 张社生著．— 北京：北京日报出版社，2018.1

（旧京人物影像馆）

ISBN 978-7-5477-2802-4

Ⅰ．①李… Ⅱ．①张… Ⅲ．①李鸿章（1823-1901）-生平事迹-摄影集 Ⅳ．① K827=52

中国版本图书馆 CIP 数据核字（2017）第 204844 号

李鸿章旧影

出版发行：北京日报出版社
地　　址：北京市东城区东单三条 8-16 号 东方广场东配楼四层
邮　　编：100005
电　　话：发行部：（010） 65255876
总编室：（010） 65252135
印　　刷：北京宝昌彩色印刷有限公司
经　　销：各地新华书店
版　　次：2018 年 1 月第 1 版
2018 年 1 月第 1 次印刷
开　　本：787 毫米 ×1092 毫米　1/16
印　　张：20
字　　数：425 千字
定　　价：68.00 元

序　李鸿章旧影

孙　郁

自从洋人敲开古中华的大门，在国人记忆里，耻辱之迹遍地，可记的片断多痛楚的形影。像李鸿章这样的人物，让人一言难尽，如今思之，不禁为之隐痛不已。我们过去只是从国人的视角看李氏的一生风云，史家的情感多少渗透在价值笔法里，其间也不免民族主义的成分渐多。但洋人怎样看这个历史人物，他们笔下的李氏的形象如何，却知之甚少。在真正通晓历史的人看来，李鸿章给世人呈现的往往是半个脸面。

终于在张社生的《李鸿章旧影》里，读到了那么多鲜为人知的图片和史料，才知道先前我们对洋人世界的模糊程度。书中的图片和绘画都有实录性，是西洋人为我们留下的中国印象记，这个大清王朝的风云人物的内心苦乐，文化冲突里的恩怨，总算有了另一种镜头。中土社会"被近代"的足迹，在根基上动摇着我们的旧有文明。作为这个文明的官僚使者，李鸿章唱的不过是日薄西山的凄凉之曲。

洋人文化的大规模入侵，对清朝的遗老遗少而言，没有精神的准备。专制社会下的愚民对此也只是阿Q般地呆看着。张社生借着大量的史料图片还原着当年的形影，像一部电影，婉转起伏之间，散落着人间的旧事。但我们的作者不像以往的谈史的文人那么严肃的道学气，他的轻松的笔触下自嘲的调子，把我们内心的沉重转换成智慧的内省。只有自信的读书人才会有类似的笔法，也只是自今天这个语境里，我们看人看事，比前辈多了一种洒脱，虽然其间也不免淡淡的忧戚。毕竟，我们的前人在剧变之际，还没有一个多维的语境。也恰恰是那时种下的苦果，在后人的咀嚼里，才有了摆脱旧梦的挣扎，这挣扎直到现在，还在延续着。

李鸿章一生难以用一个尺子衡量，从不同角度看他，结论自然不同。他走了那么多国家，视野要比国内的官僚开阔得多，也因此搞起洋务运动，派遣留学人员出国，改造旧的外交路线，都是中国现代意识的萌动。只可惜他不能像日本的启蒙前辈那样从制度结构的层面深入思之，加之在官僚社会久浸，思想自然是笼子里的东西。先前学界争论，近代中国的开化是“被近代”还是“自改革”呢？如果是“自改革”，那么李鸿章是个代表无疑。不过就我看来，“近代化”是被迫的结果。你看，李中堂与洋人谈判，一步步退让，一步步妥协，又一点点讨价还价，还不是被迫的时候居多？因为是“被近代”，就一面是保守地面对世界，一面为了江山社稷而做小规模的修补，根底还是孔孟的旧梦，大清政权问题远比民生与文化复兴更重要。官僚下的走卒，能做的事情，毕竟是有限的。

在剧变的时代，国人能应对棘手的国际纠纷者不多。李鸿章是个渐渐掌握通变本领的人，他知道，皇宫的那套思路不行，民间的义和团也是胡闹，至于孔老夫子的遗训也是失灵的。他身上的江湖气与痞子气，加上官僚相，在此杂然相交，于是形成了特有的智慧。在良知与世故之间，他选择了另外一种道路，二者虽不能得兼，可是却应对了一个大的变局。荣辱一身，善恶相兼，这在此后的官僚世界里，形成了一个小小的传统。面对现代西方强势文化，想要使中华古国有点面子地斡旋，李鸿章对人的警示作用在正反两方面都是不能忽视的。

讲近代中国的变迁，日本、俄国是很好的参照。可是我们对此的深入打量，还不太够。同样是“被近代”，日、俄的路就与我们不同，大概是深层的文化起了作用也未可知。李鸿章是一个失败的群落里在安顿自我及重建他人关系时代的象征性的人物。他走过世界许多地方，内心的体味一定复杂，这是无疑的了。他知道大清帝国衰微的结局，但一面又在修补着那个世界，竭力挣扎在东西方文化之间。他在受辱和自尊间的平衡点里，重复了古中国庙台文化与市井文化的精巧的东西，但那些并没有现代意味的闪光。所以梁启超对他的微词也是自然的了。不过他的价值也许在另一个层面更有吸引力。那就是在读书人看来，改良与革命是必然发生的事，因为重复李鸿章模式的代价，实在是太大了。

这一本书的图录对读者是个刺激。那个大变动的图景不幸多是洋人记录着。那些铜版画的韵味，都暗示着人的命运。可惜我们看不到中国的画家对那个时代的描绘，那时候中国的文人还睡着，对不幸的国运似乎没有应对的力量。借着外人的图片，我们不仅感到精神的隐痛，还有审美的自责。直到现在，我们的画家对域外的事件还很少反映，还囚禁在自己的天地。可是那时候日本的浮世绘对李鸿章世界的描摹，已透出研究异类存在的好奇心。当今天我们看到前辈被漫画地呈现出来的时候，才知道我们许久以来是没有“他人的自我”的概念的。这不仅是李鸿章那代人的悲剧，也是今天许多人的悲剧。李鸿章还不能说是过时的人物，现在人们常常谈及他，依旧为不衰的话题，是因为我们还在历史之中，“被近代”还没有化为句号的缘故。

前　记

我写李鸿章，有几个没想到。

没想到李鸿章的图像这么丰富！有些李鸿章的老照片一直在全世界享受明星照片的待遇，进入商业流通领域买卖呢。这是不是中国第一人？

没想到当年李鸿章在世时，有那么多世界媒体关注他，Li Hung Chang 这个英文译名，在德文、法文等多国语言中都成了约定俗成的专用词。“中国总督”的一颦一笑都能引来好莱坞明星式的关注。这是不是中国第一人？

没想到“落后的旧中国”，一位副国级的领导人能获得全球舆论如此正面的评价，有些褒扬之词堪比以后的“伟人”。这我就有点儿纳闷了，不是说那是典型的“落后就要挨打”的时代吗？那为什么咱们晚清自产的高级公务员也能受到“外媒”的喝彩？要命的是，听到洋大人的赞美之词，我这不争气的体内会有情不自禁的高潮。

没想到，越看老外的“李鸿章报道”，越感到这个官场老油条性格之有棱有角——说话不带外交辞令，不玩儒家的“那一套”，在百万洋人的站街欢呼声中，不但不露丝毫真笑，甚至连假笑一下都不给。最不堪入目的是，此君还在费城、纽约和华盛顿的欢呼人群面前打起瞌睡来。更加不可原谅的是，见到美国东部战区司令卢尔将军时，竟然问起人家的工资待遇。当我正在为他感到羞愧时，人家的媒体却说，这样直率的中国领导人未曾见过，少了不少洋人厌恶的“孔子式假客气”，好打交道，容易沟通。

于是我一直计划将这位有性格的“中国总督”拍成真人真事的纪录片。为避免争议，我打算不纠缠于他一生的评价，只取其 1896 年环球旅行来演绎一番。即便这样，有些尺度也很难把握，所以就一直纠结着。

少时听人讲道理，感到都是至理名言，还娘娘腔地抄了一些唬邻桌的女同学。后来，大概是抄多了撑的，审美疲劳起来，常常把名言颠三倒四乱用，发现“至理名言”这样用过之后居然还是至理名言！比如大学时总喜欢装哲学家引用萨特名言“存在有其合理性”。一日，不小心说成“不存在的也有其合理性”和“存在不存在都有其合理性”，发现都可成名句供入“庙堂”之上。依此类推竟然发现大半名言都可随意组装！从此就不大相信文字这个“二手货”的描述性工具了。

“图”不然，凝视一张历史图片30秒，你往往会发现一部自己的历史。有些历史人物，你可以通过读脸就能判断个大概。相信你自己的读脸功能吧，那是娘胎里带来的，是经过千千万万代的进化才得来的一种高级遗传特质。相比较，文字算什么，百年瞬间就几乎把字面的意思换了个遍。文字并不是什么“千秋万代永不变色”的东西，而且，文字记录从来就没有100%的真实，大多是一时一地压力下的“委屈小媳妇”。

《李鸿章旧影》有图近500幅，85%来自百年以上的英、德、法、日、俄、美的报纸杂志，一不小心就有“1856年”“1872年”字样出现。想想心冷，中国人的历史影像，需借麻省理工、康奈尔大学和东洋文库才得以保存，这是不是另一种悲哀？

感谢多年来一直给予我帮助和支持的海内外的众多朋友们，在此一并致敬！就不再一一鸣谢了。

张社生

2016年岁末于江南吴地

目　录

第一章

李鸿章小像

李鸿章小像题跋

李鸿章叱咤晚清风云三十多年，是是非非一世纪。这小像绝不是中国画几笔能勾勒出的，必加之西洋画法、浮世绘画法才能写其真之一二。

李鸿章档案

姓名：李鸿章

字：渐甫　**号**：少荃

绰号：李大架子、云中鹤

性别：男

身高：1.83 米

职务：直隶总督，北洋通商大臣，文华殿大学士。

出生日期：清道光三年正月初五（公元 1823 年 2 月 15 日）

户籍所在地：大清国安徽省庐州府合肥县东乡磨店

家庭成分：富农、职员

LI HUNG CHANG. 387

LI HUNG CHANG.

(From his latest photograph).

eternal wrath as expounded by Cromwell. As a matter of fact it was in the simplicity of his greatness, as history records of most men of his stamp, that Li did not disdain the superstitions of his people.

Essentially a Chinaman, it is difficult to make such a character clear to the Western mind. Learned beyond any man of his class, and yet his learning would be ignorance to us. He knew a few English words, which he would speak in a timid, laughing way, like a child with a Christmas toy which it did not quite comprehend. Otherwise he was familiar with no language but his own. It was beneath his dignity to acquire the barbarian forms of speech known as English and French. He would not say this, because he was too polite, but it was in his innermost thought. He resented what had been done against China by Western powers, and would break out into bitter words and sum up England's part in the opium wars, the Japanese attack on Formosa, the spoliation of the Northern provinces by Russia and the French invasion of Tong King, as showing that China had no friends among foreign nations. Her very love of peace was turned against China. He was tolerant of the missionaries, indulgent, caring nothing about them. I never could persuade him into serious talk on the missionary question. He rather spoke of missionaries as a great land owner would of some gypsies who had encamped on his estate. So long as they left

说明：查该员免冠侧面照极少，又因当时照相机尚未普及，故用英国老报上的插图代之。西洋画画风重写实，故此图与本人之体貌极似。

祖籍：江西。本姓许，明末清初迁到安徽。

文化程度：大清国进士（相当于博士）、翰林院编修（相当于博士后，不过查国外并无“博士后”一级的学位颁发，据说“博士后”，是博士待业的委婉语）。

民族：汉族

政治面貌：洋务派首领，“后党”要员，半个“康党”。

李鸿章母亲李氏，人称”麻大脚“。摄于1871年底。那年，李母被接到天津直隶总督府，与二儿子李鸿章小住，时年72岁。

教育经历	
教育经历	**私塾（相当于小学）**：6岁进父亲开办的私塾——棣华书屋读书，后转学“费氏墨庄”私塾。
	秀才（相当于初中毕业）：1840年（道光二十年），18岁时中秀才。
	选为优贡（相当于高中毕业）：1843年21岁时被庐州府学选为优贡。
	举人（相当于大学毕业）：1844年22岁时应顺天恩科乡试，中第四十八名举人。
	进士（相当于博士）：1847年，25岁被点为二甲第十三名进士。殿试三十六名改翰林院庶吉士。

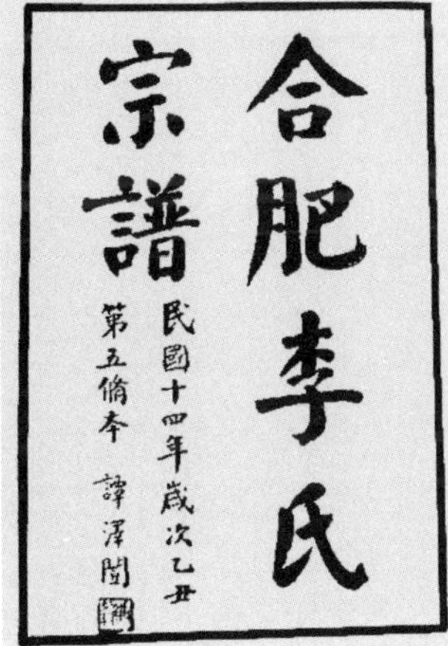

由李鸿章弟李鹤章之孙李国松等修纂的五修本《合肥李氏宗谱》，现存于安徽合肥李鸿章故居。

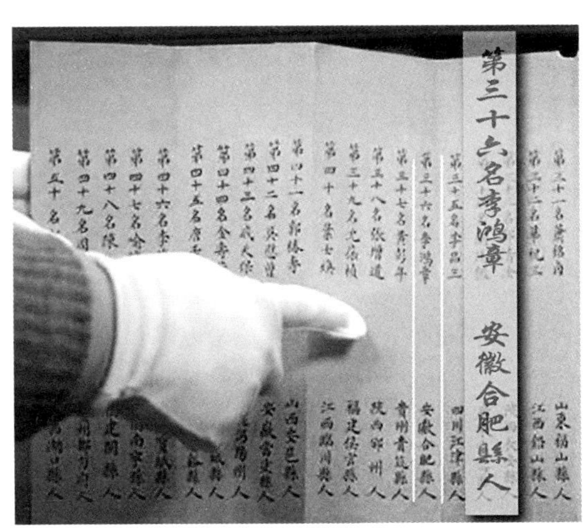

道光二十七年（1847年）的殿试成绩小皇榜上记载着李鸿章的殿试成绩：“第三十六名，李鸿章。”这个小皇榜不对外张贴，只供皇帝自己查看。

家庭关系	父亲	母亲	哥哥	弟弟				妹妹	
	李文安	李氏	李瀚章（两广总督）	李鹤章	李蕴章	李凤章	李昭庆	两个（不知名）	
婚姻状况	元配	续配	侧室						
	周氏	赵小莲	莫氏						
子女状况	女	女	儿	儿	儿	儿	儿	儿	女
	镜蓉	琼芝	李经毓（早夭）	李经方（过继为嗣）	李经述（亲生大儿）	李经远（早夭）	李经迈（莫氏生）	李经进（15岁病卒）	李经璹（菊耦）

下图　李鸿章（左）和大哥李瀚章（右）的合影。李瀚章（1821—1899）字筱泉，以拔贡朝考出曾国藩门下，初为湖南知县。曾国藩建湘军之初，即奏调瀚章至江西南昌综理粮秣。李瀚章后升至湖南巡抚、浙江巡抚，曾任湖广总督、四川总督、两广总督，一生无大的跌宕坎坷，也无二弟李鸿章那样的名气。

夫人赵小莲及其女儿李经璹（菊耦）。赵小莲（1838—1892），籍隶安徽太湖县，道光进士、广东高廉道署按察使赵畇之次女。同治四年封一品夫人，后封一品伯夫人，晋赠一品侯夫人。女菊耦后嫁于清流领袖张佩伦，系张爱玲的祖母。

上图　李经迈肖像，李鸿章小儿子（莫氏生）。清光绪三十一年（1905年）任出使奥地利大臣，次年授光禄寺卿。历任江苏、江南、浙江等地按察使。宣统二年（1910年）以随员往日本、欧美考察军事，次年署民政部右侍郎。辛亥革命后退居上海，密与宗社党人往来。1917年张勋复辟时被授外务部左侍郎。

长子李经方（右）和次子李经述（左）随李鸿章访欧美时在德国拍的照片。李经方（1855—1934），李鸿章过继的大儿子，外交家（后面有详细介绍）。李经述（1864—1902），李鸿章次子，实为亲生的大儿子，为赵氏夫人所出。曾国藩见了经述对李鸿章说："此公辅器也。"可是李经述后来既无其父之寿，亦无其父之名，只是作为一个著名的孝子留名清史孝友传。1896年李经述加三品衔，以参赞官的名义随父访问欧美。

李鸿章的孙辈

李鸿章的儿子不多，但是孙子辈人数不少（国字辈）。从右页这张李鸿章“全家福”照片看，光二儿子李经述就有长子李国杰、次子李国燕、三子李国煦和四子李国熊。

李鸿章将爵位传给了亲生儿子李经述，后由李国杰袭爵。李国杰以弱冠之年晋封二品大员，并以诰封通议大夫、建威将军、一等肃毅侯充钦差大臣出使比利时，后做了轮船招商局的董事长。

李国煦从小患眼疾，故戴墨镜。有人说张爱玲《金锁记》写的其实是李国煦家里的事，书中“长白”即是李国煦的儿子李家瑾，“长安”则是其女儿李家瑜。《金锁记》里曹七巧的丈夫姜二爷就是以李国煦为原型创作的。

李鸿章和孙子合影。照片中从左至右的三名儿童依次为：经述四子李国熊、经述长子李国杰、经述次子李国燕。

李国熊小时候长得可爱乖巧，这里的几张李鸿章和孙辈合影的照片里都有他的身影。张爱玲《金锁记》中的三爷姜季泽的原型即张爱玲的弟弟张子静的干爹李国熊。李鸿章有一枚德皇颁发的“红鹰大十字头等宝星”勋章，后来传给了李国熊，李国熊 1952 年去世前，又传给了他的大儿子李家珑，一直到“文革”爆发。“文革”中古代的东西都被视为“四旧”，何况是外国人发的。那时李家珑一家住在北京后海后河沿，在抄家风刮起来的时候，为确保一家安全，在一个漆黑之夜，把它扔到什刹海里去了。

李鸿章和儿孙们的合影。由左至右（中排）儿李经迈、儿李经述、李鸿章。（后排）孙子李国杰的夫人（张氏）、李经述的女儿、李鸿章小女儿李经璹（菊耦）、李经迈的夫人（卞氏）、李经述的夫人（朱氏）。前排为李鸿章的孙子们（国字辈）经述四子李国熊，经述三子李国煦（从小患眼疾，故戴墨镜，长大后即张爱玲笔下曹七巧的丈夫姜二爷原型），经述次子李国燕，经述长子李国杰。

工作经历	1850 年（道光三十年）28 岁，授翰林院编修，武英殿编修。
	1853 年（咸丰三年）31 岁，随同侍郎吕贤基回籍办团练。
	1858 年（咸丰八年）36 岁，赴江西建昌入曾国藩幕府。
	1862 年（同治元年）40 岁，率 13 营淮军抵达上海。3 月署江苏巡抚，12 月改为实授。
	1863 年（同治二年）41 岁，正月兼五口通商大臣。12 月攻入太平军控制的苏州。
	1867 年（同治六年）45 岁，授湖广总督，仍在军营督办剿捻事宜。
	1869 年（同治八年）47 岁，2 月兼署湖北巡抚，12 月被任命赴贵州督办苗乱军务。
	1870 年（同治九年）48 岁，7 月开始办理天津教案，8 月调任直隶总督，后又兼任北洋通商大臣。

江苏巡抚李鸿章率所部淮军在戈登洋枪队“常胜军”支持下，由上海西进，于 1863 年 12 月攻陷太平天国的东南屏障苏州、无锡。

“天津教案”发生地——望海楼（“火烧望海楼”）。1870年6月21日，“天津教案”发生。1870年6月，天津民众闻教堂杀婴，20日，万人聚集育婴堂前，要求入内检查。法国驻天津领事丰大业开枪恫吓，后被击毙。随后人们焚毁法国领事馆、各国教堂、育婴堂等，打死外国教士、商人多人，其中法人17名，俄人3名，英、比、意人各1名。史称“天津教案”。直隶总督曾国藩先办，接着又派李鸿章会同办理。

工作经历	1872年（同治十一年）50岁，6月授武英殿大学士，11月设轮船招商局。
	1874年（同治十三年）52岁，10月与日本签订《北京专条》，结束日本出兵台湾的事件。12月调文华殿大学士。
	1876年（光绪二年）54岁，6月被任命为全权大臣赴烟台谈判，11月派福州船政学堂学生出洋学习。
	1880年（光绪六年）58岁，开始创设海军，设立天津水师学堂。
	1885年（光绪十一年）63岁，设立天津武备学堂，4月与法国签订《中法新约》。
	1891年（光绪十七年）69岁，2月校阅北洋海军，奏请筹办关东铁路。
	1894年（光绪二十年）72岁，被赏戴三眼花翎，后因黄海战败，又被褫夺三眼花翎。

工作经历	1895 年（光绪二十一年）73 岁，被授予全权大臣赴日议和，签订《马关条约》。
	1896 年（光绪二十二年）74 岁，赴俄参加沙皇的加冕典礼，顺带周游欧美列国。6 月与俄国签订《中俄密约》。
	1898 年（光绪二十四年）76 岁，分别与德国、俄国签订《中德胶澳租借条约》《中俄会订条约》（又称《中俄旅大租地条约》）。
	1901 年（光绪二十七年）79 岁，与八国签订《辛丑条约》，同年病逝于北京，诏赠太傅，予谥文忠，晋封一等侯爵。

Le Petit Journal

SUPPLÉMENT ILLUSTRÉ

Huit pages : CINQ centimes

DIMANCHE 26 JUILLET 1896

LES HOTES DE LA FRANCE

Le vice-roi Li-Hung-Chang, ambassadeur extraordinaire de Chine

1896 年李鸿章访法期间，法国杂志《小日报》上登载的李鸿章画像。

上图　日本浮士绘，描绘中日 1894 年 9 月 17 日的黄海大海战。此战历时 5 个多小时，北洋水师损失致远、经远、超勇、扬威、广甲 5 艘军舰，来远受重伤，死伤官兵 1000 余人；日本舰队松岛、吉野、比睿、赤城、西京丸 5 舰受重伤，死伤官兵 600 余人。这类日本浮士绘大多扬己贬人，并不能真实地再现当时的场景，仅供参考。

下图　1896 年李鸿章访问美国时，与美国总统克里夫兰（左二）在纽约会面的铜版画。

“政绩”或曰“科研成果”
第一家大型综合军工企业（江南机器制造局）
第一所译学机构（江南机器制造局翻译馆）
第一次官费派出留学生（1872 年官派幼童赴美）
第一家轮船航运企业（1873 年成立轮船招商局）
第一次设立电报局（1880 年在天津成立中国电报总局）
第一所陆军军官学校（1885 年设立天津武备学堂）
第一支近代远洋海军（1888 年成立北洋海军）
第一部海军军制（1888 年制定《北洋海军章程》）
第一面中国国旗（奉改原兵船旗为国旗，称龙旗）
第一座海军基地（1890 年竣工的旅顺海军基地）

上图　江南机器制造局炮厂炮房

中图　1880 年在天津成立的中国电报总局

下图　江南机器制造局翻译馆外景

1901 年的上海外滩轮船招商局大楼

美国杂志根据 1878 年李鸿章在天津的照片（左图）制成的铜版画（右图）

最早的李鸿章照片

苏格兰摄影家约翰·汤姆森（John Thomson，1837—1921）。汤姆森是19世纪后期著名的苏格兰旅行摄影家。他于1862至1872年十年间携带笨重的摄影器材，克服重重苦难，漫游了马六甲、印度、柬埔寨、中国等地，使用湿版法拍摄了大量反映当地风土人情的照片。当时清廷要员的很多照片都由他拍摄，包括李鸿章。站在清兵旁的就是汤姆森本人，时间为1871年。

LI HUNG CHANG IN HIS OWN HOUSE AT TIENTSIN, 1872.

From a copyrighted photograph by John Thomson, F.R.G.S., London.

1871年的李鸿章。这是李鸿章留给后人最早的一张照片，原照刊登在美国弗吉尼亚州的杂志《卡斯莫莱廷》1894年的文章里。这张照片是英国著名摄影家约翰·汤姆森1871年在李鸿章天津府中拍摄的。这天约翰·汤姆森给李鸿章拍了很多照片，李鸿章为此还几次换装呢。照相毕竟是当时十分罕见的“高科技”（这么看，咱们的李老也喜欢玩新玩意儿）。从着装看当时应该是冬天。

1872 年的李鸿章。这是在天津李鸿章府上拍摄的照片。照片原来没有标明日期，为什么确定为 1872 年？很明显李鸿章着的不是冬装。那时候，屋内没有电，这是在院子里拍的。李鸿章不可能为了拍照，忍受天津严寒天气“轻装上阵”。为什么不是 1871 年春秋两季？据查，汤姆森 1871 年春夏还在岷江、福州、台湾和日本东京一带旅游。京津的照片大多标 1871 至 1872 年，故此推算出。为什么放两张同样的照片？因为有人认为从李鸿章眼神和花格幕幔看这不是一张照片。但是我们的疑问是，汤姆森当时用的是“湿版法”拍摄，“胶棉湿版法”的最大缺点是，必须在玻璃基板沾满溶液的湿润情况下尽快完成摄影、显影程序，否则感光溶液一经干燥，感光度就会迅速下降。故此汤姆森最少要十分钟左右才能“搞”出一张。李鸿章不是打坐的和尚，不可能在十分钟内纹丝不动。至于幕幔，可能是 1894 年重新刊登时，“老美”做上去的。不管怎么说，该照片有待专家的鉴定。

百年回望李鸿章

骂也骂过了，赞也赞过了，百年回望李鸿章，他在我中华二十五朝官吏中，依然属于异类。这样的一位能儒、能军、能使、能谈、能洋、能痞、能出点子、能和洋人胡搅蛮缠的中外通吃的"能臣"，不独有清一朝少有，便是查遍二十五史也没见着一个。

自古以来，盘踞朝廷半世纪的权臣就不多，能善始善终，身后没让新皇上挖坟抛尸，身败名裂的更少。昔日明代能臣张居正何等的能，几乎是各朝少有的为官当政者之楷模，身后还是让万历皇帝给臭了。李鸿章的身后不但没事，而且朝廷还为其在各地修了不少李公祠。更绝的是，别人都是人走茶凉，"李大圣人"的门徒袁世凯竟自添银子，在管辖区为其修了一个派头十足的天津李公祠。故而，此人不写定会遗憾。

鸿章者，一江淮儒生也，十年修成封疆大吏之身，朝廷倚为"中流砥柱"，西人奉为"当世三杰"，日人称之"世界五伟人之三"。可谓八面威风，十分成功。然，组成李鸿章之成分终究和他人无甚两样，为：一分痞气，二分底子，三分运气，四分才智，五分努力，六分热忱，七分悟性，八分应酬，九分忍耐，十分做事。

鸿章者，一汉员是也。二十年为清廷办外交，成了"国人皆曰可杀，万口一词"，成了"杨三已死无昆丑，李二先生是汉奸"。

其实这个"杀"，那个"奸"的，李鸿章还不配享用。因为晚清走到这一步，整个国家都在患十种病：一曰惰性，二曰愚昧，三曰封闭，四曰固执，五曰败俗，六曰迟钝，七曰自大，八曰锁国，九曰落后，十曰贫穷。

骂也好，赞也罢，历史上的真实人物本没有什么"大奸""大忠"之说，大多是三七开、四六开的"中间人物"。后人的"大奸""大忠"观，其实是诸多因素影响的产物。一曰：史官不直笔。往往将个人的好恶掺了进去，张三已经不是那个张三，李四也不是那个李四了。二曰：文学性的添油加醋。经过演义的历史人物都是假人物，《三国演义》中的诸葛亮就是半个神仙，最后蜀国还不是第一个灭亡？三曰：教科书式的"简约历史"。真实的历史人物往往由无数个细节构成，但是教科书那种黑白分明的定论，虽然可以拿来应付考试，却难免会流于武断，害人不浅。四曰：人的好恶不是永恒的，今天对的，明天可能是错的。拿一时一地的标准去套几千年的历史，一定可笑。所以说到底，"大奸""大忠"之说都是书本闯的祸。

给李鸿章画像就不能简单地套"大奸""大忠"。这张画儿一定是写实风格的，我们给您的只会是李鸿章的几个角度，几个细节，几笔速写，结论还是得由您自己得出。

当年西方报刊精心绘制的一幅李鸿章铜版画像

第二章

另类李鸿章

历朝历代的官场，讲的就是循规蹈矩，中庸为大，不求无功，但求无过。李鸿章则不然，他走的是自己的李氏为官之道

异类李鸿章

端详李鸿章片刻，你会发现这老夫子是个异类！而且是五千年独一份的异类。这话怎讲？

身高1.83米就很另类，便是站在人高马大的洋人堆里也显个儿，更何况来自一个当时蛋白质缺乏的国度；声音沙哑很另类，和他交谈过的洋人，大多认为他有一副老军头的沙哑大嗓门，说话不带之乎者也。这个老家伙出门在外也不穷讲究，自己弄把竹椅子，让下人找来两根粗毛竹一捆，便满世界地展示李氏竹轿子风采。可毕竟七十有四之人，洋人看不过去，给腿脚不便的“副总统先生”（德国人对他的称谓）弄了把刚刚推向欧洲市场的老人轮椅，中堂大人一不小心成了中国坐轮椅第一人。这些如果还不能算异类，我们想一想，当时的中国有几个人能活到七老八十？就是能，又有几个敢带着棺材去巡访世界。大多国人到了这把年纪，惦记的就是快些了却四世同堂、含饴弄孙的夙愿。

江淮之地历来闭塞保守，一个从小读四书五经的农家孩子，除了老父有些文章底气，母亲“麻大脚”满脸麻子，脚非三寸金莲。在合肥乡下的昏昏油灯下，一个纺棉纱，一个有嘴无心地背死书。居然让他少年科第，壮年戎马，中年封疆，晚年洋务，一路扶摇，青云直上。这在中国不算另类吗？想想现在的父母，从小为儿辞职陪读，时间、银子大把大把地花，最后孩子顶着个博士帽，连老婆都讨不起。这一比，鸿章成才的性价比不要太高！更加另类的是，成就了封疆大吏后，旧时士大夫便装起文化老师，口必称儒学，手必练羲之。李鸿章则不然，人家40岁开始自学夷务，在船上悟出了近代文明的真谛，成功地转型到了能和欧美文明人士打擂台的新式士大夫。而且在慈禧太后、摄政王恭亲王、军机大臣文祥等领导看来，危危大清，还非他来救不可。什么事业能做到天下非你不可，你的地位便坚如磐石，非三五个御史大夫搬唇弄舌能参倒的。这个新旧通吃、“学贯中西”的李鸿章在老牛拉破车的时代还不算另类？

搞洋务，办外交，在第一线和洋人打交道的所谓国人“外交家”，大多见洋人矮三分，说话行事遵循“外交无小事，事事得请示”的老规矩，不是低三下四，就是小心翼翼，不敢越雷池半步。咱们的李大人不管这些婆婆妈妈的规矩，和日本驻华公使大卖中华文化博大精深的老资格，和铁血宰相俾斯麦大吐受寡妇（慈禧）、毛孩（光绪）之气的苦水，要人家“德夷”俾斯麦给他出馊主意。妄议君上，还在洋人面前把家丑外扬，这不是里通外国是什么？要是别人，早就腰斩了，可李鸿章没事儿。五年后他在谈判桌上殉职后，慈禧还哭成个泪人儿，你说另类不？

1896 年 5 月 26 日，李鸿章在圣彼得堡参加沙皇尼古拉二世加冕典礼时，与俄国敖德萨市市长、退休海军少将泽列诺伊合影。这张照片的特别之处是李鸿章坐在东道主提供的轮椅上。查李鸿章 1888 至 1900 年期间国内外的老照片，发现其大多情况下用的是中国制造的竹轿子。这把轮椅一定是欧洲产品，那会儿咱们还造不出这类工艺级产品。李鸿章在俄国、英国、法国和德国都是坐这样的轮椅。如此，李鸿章一不小心成了中国历史上坐轮椅的第一人。到了美国，他便又乘坐国产竹轿子到处跑。

官场异类李鸿章

历朝历代的官场，讲的就是循规蹈矩，中庸为大，不求无功，但求无过。

李鸿章不然，他敢走自己的李氏为官之道，说白了就是在同道、同事、领导和师长面前不停地“炫耀”，也不怕引来官场同人尔虞我诈的嫉妒，最后居然还引来上下一片叫好声。连装清高的清流大腕张之洞都得强压一颗嫉妒之心，私下里不得不承认李鸿章的能耐。戊戌六君子之一的谭嗣同转述这位晚清“美髯王”、人呼“张香帅”的话说：“香帅尝叹曰：无怪乎合肥之得志也！遍观中外大小臣工，学问非不好，品行非不好，即心术亦未必都不好，然问以大小炮数百种，后膛精枪亦数百种，形式若何，运用若何，某宜水，某宜陆，某利攻，某利守，某利山林，某利平地，其左右前后之炮界何在，昂度低度若何……以及水雷旱雷炮台地营一切攻守之具，无一人能知，且并其名亦不能辨，又况西人政事法度之美备，有十倍精于此者。某国当与，某国当拒，某国善良，某国凶狡，吾之联之而备之者，其道何在，宜更无一人知之矣。稍知之者，惟一合肥。国家不用之而谁用乎？”（谭嗣同《上欧阳中鹄书》）张之洞不愧为晚清能臣，这段私房话基本上把政敌李鸿章的“洋务”特点一一历数了出来。

李鸿章的特点就是，放得下40岁前念的那十多本“官场敲门砖”，偷偷地掌握了些那个时代被人唾弃的“雕虫小技”，我们暂且称之为“洋学”吧。那会儿，满朝大员从小学的是四书五经，讲的是孔孟之道。蒙古族的清廷道德文章大腕倭仁大学士，在瞬息万变的格局面前，以不变应万变，就会一句永远正确的废话：“唯人心耳。”

李鸿章虽也是母亲“麻大脚”油灯下逼出来的二甲第十三名进士，但一个江淮小赤佬要想混出个人模狗样来，非得有独一门的为官之道不行。在围剿太平天国的时日里，在南京至上海的洋人运兵船上，曾国藩帐下的这位小秘书，经过一路上的所见所闻，72小时到了上海后，蜕变成了“洋学家”。连老师曾国藩都感觉，三天不看李文章，觉悟跟不上李鸿章。从此李鸿章成了清廷独一份的“世界百事通”。

中国官场文化的潜规则是枪打出头鸟，官场上的陋习开口闭口“愚见”“窃以为”，怎么低调怎么来。鸿章大人不管，在天津北洋通商大臣的衙门里，天天和一帮中外宾客高谈阔论，还来者不拒，什么人都见，连“反贼”孙文他都见。

遇到中外新鲜事，朝廷还得六百里加急去天津问道李中堂。这在别人眼里真不是个滋味，可他就是半个世纪坐在封疆大吏的正一品位置上没栽过跟头，要不是甲午战争打输了，李大人可能会把天下第一总督——直隶总督的椅子坐穿，你说他是不是官场上的另类！

西方漫画家笔下的李鸿章。1900 年前后，李鸿章在国外的知名度绝对高于国内。因为每次中外有冲突，出面收拾残局的总是这位高个子的李鸿章。国内对他的“主和”谈判立场多有责难，其实这是“不当家不知柴米贵”。不是有句说烂了的口头禅叫“弱国无外交”吗，在当时国力羸弱的状况下，一味地走“豁上老命拼了”的蛮干路线是不现实的。战不能战，和不能和，工商不能工商，民智又未开的状态下，连拼的老本都没有，李鸿章能求一个和局，已经是抽了上上签了。试想，如果李鸿章自作主张割地求和，你以为清廷的当家人会放过他？咱们不能看人挑担不吃力，自己挑担却步步歇。慈禧太后重用李鸿章，就是因为他和洋人谈和局，总能谈出一个慈禧太后惊喜的好价来。这样的人其实满朝找不到一个。别看平时满朝文武慷慨激昂，一要真刀实枪地和洋人周旋，个个把乌龟头缩回，作扭捏状。如果您是当家的慈禧太后，您会不用李鸿章？如您所见，一旦用上了异类李鸿章，朝廷就像吸了鸦片一样，再也没法戒掉，直至他生命终结都不肯撒手。

商场另类李鸿章

从大一统的秦朝一直到清末，商人在中国不是一个有面子的职业，历来受士子文人的排挤打压，甚至成为官吏敲诈勒索的永恒对象。从一开始，秦始皇和李斯俩人就强调重农抑商。中国历史上408位皇帝，几乎每年都得春祭先农，而后还要亲耕。立春日迎春，祈求丰收，是上到天子下到庶民，都必须参加的一项活动。可你见过皇帝在销售旺季去市场上示范销售或者祭拜商神吗？中国压根就没有正经八百的商神。李鸿章深知这一套，其一生的经商活动都披着政府的外套。

商业活动必须寻找官家背景，或者由官家直接操控，这些商场上的道儿李鸿章都知道。他就是此种中国式商人的典范：亦官亦商、官商联办、官办商股、代官家采购，甚至借洋务运动之名，行积私家资产之实。很快的李家就成了中国中部首屈一指的官僚首富。死后那份长长的分割财产遗嘱，更让后人看不到钱的尽头，可见为官的李鸿章在商场上的成功。

可李鸿章在商场上又是另类的，中堂大人不走传统官僚商人的老路，直接地、赤裸裸地以权谋私。他积极参与国家大政方略的制定，先把国家的发展思路理顺了，然后提出具体的实施方案。最后才顺理成章地半官半商玩一票。那会儿市场人才不多，涉外人才更是奇货可居。李鸿章以自己快半步的知识结构，自然而然地赢得了众多项目和订单，甚至成为朝廷的采购部长。

李鸿章式的市场观，以独门学识为基础，平时培养自己对新生事物的洞察力和敏感度。李在这方面是一个商场奇才，给同人的书信和上奏朝廷的奏折里到处充满了这类市场分析。朝廷决定购买洋炮时，李鸿章先让手下准备一份世界各国炮厂的大炮质量一览表，经过认真的审阅、选择和比较后，他认为克虏伯大炮优于美国、法国、西班牙、葡萄牙等国的大炮，将来一有战事，“稍有优，则利钝悬殊”。他一下子就定了328门。后来的战事证明，克虏伯炮的确不错，但是中国军工人员的维修和再造能力实在不敢恭维。于是，在买卖中夹杂中国人员的培训，被这位门槛精的官场生意人注入到了新的谈判中。1877年春，克虏伯在一场军火竞争中无奈地同意了李鸿章的要求——第一批七位中国留学生到了德国埃森接受免费培训。后来“三造共和”的段祺瑞就是在那里留的学。

利用官场的优势，为朝廷争利，清廷看见了。在洋务运动的旗帜下，朝廷急着要办一大批实业。清廷拿不出足量的钱，商人李鸿章如鱼得水，他自己凑一点，关税上扣一点，让商人朋友入股一点，便在市场上觅到了一批美国旗昌洋行的二手船，居然让他把招商轮船公司给办了起来，还揽下了海运漕米的大活儿，这在满腹经纶的书呆子同事里的确很另类。

1906 年，在李鸿章过世五年后，一尊存放了十年的铜像由德国克虏伯公司驻华代表曼德尔，作为礼物，赠给了李鸿章在上海的后人。由此想到，当年作为进货商的李鸿章能让供货商在其身后还心甘情愿地花银子铸造铜像赠其后人，这不啻是给李鸿章商业才能和商业操守发了一个大大的奖状。因为一般进货商和供货商的关系是尔虞我诈，人死了，利用价值也就没了，哪还有缅怀之情？商场另类李鸿章一定有一些非同寻常的做法感动了人家，比如，不那么急功近利，或者不只是把“双赢”当口头禅搪塞人。

李鸿章遇到的另类老师

官场上的李鸿章，爱亮观点，爱出风头，照理说这是千百年来为官的大忌。但是，人家从1863年开始，一直到1895年甲午战争兵败，官运一直亨通。直隶总督这个肥缺，慈禧太后两三年一换人，把它当作摇钱树。慈禧死后，那些堆在紫禁城大殿里的原封未开的银子，很多上面还写着谁谁送的“孝敬”。但是李鸿章坐上直隶总督位，一坐就是24年。有清一代独有！你说另类不另类？我们仔细分析了一下，发现李鸿章撞上了三次“狗屎运”。

首先就是李鸿章遇到了一位另类好老师——曾国藩。

曾国藩本身就是一个另类人物。自己一辈子起早摸黑地过苦日子，出生在中部一个比较爱忽悠的地方却一辈子不忽悠人。以朴拙代机巧，以本分示人，以诚信待人，做到这些，最多还只能算是个清流领袖，但是曾国藩却能出清流而不迂，成就其独一份的“经世”实干，自创了军事品牌——“湘勇”。

这湘勇不但治好了晚清“八旗”“绿营”屡战屡败的顽症，还以乡情和血亲为基础，增强了战斗力，真真切切地攻入南京城，灭了“长毛”。最了不起的是，不似历代那些重兵在握的将帅，动辄干下“黄袍加身”的反叛勾当，一旦消灭了太平军，他马上巴巴地搞起了大裁军，自断臂膀，生怕坏了自己的一世英名。所以曾国藩的品牌无论在朝廷和地方都是杠杠的。这就是李鸿章的狗屎运，遇到了这么一位名牌老字号太师爷。他推荐的人没有不成事的。小秘书李鸿章1861年出曾国藩的帷帐，自己去家乡招兵买马组织“淮勇”，不到两年，1863年便在曾老师的举荐下做了封疆大吏江苏巡抚。

江苏是何等之地，那是帝国的粮仓，没有曾国藩这样好口碑的人推荐，再有才也是白搭。所以说另类官僚李鸿章遇到了另类老师曾国藩，实乃千年一遇。

还有更加了不得的地方。这个曾老师从不倚老卖老，自己作得一手锦绣文章，还能与时俱进地和弟子们交流新学问，从来没见他吆五喝六地训斥过学生李鸿章。在学生的启迪下，曾老师竟然在耳顺之年，学习“洋学”，以朝内朝外独享的名牌身份和学生一起联名上折子给朝廷，推荐幼童留学。在拟订的《幼童赴泰西肄业章程十二条》第三条中明确写道：“15年后，每年回华30名，由驻洋委员胪列各人所长，听候派用，分别奏赏顶戴、官阶、差事。”

曾老师驾鹤西去后，其名下聚集的一大批弟子，也就是李鸿章的学兄学弟、同道中人，他们都能在李鸿章为官任上发挥保驾护航的作用，使其得心应手地推行保守的新政。这样的老师真是旷古少有，却让“李二先生”给遇上了。

右图　曾国藩老年照。他的照片流传不多，这和他为人低调以及当时照相技术还不普及有关。这可能是他仅存的唯一一张老年照。权倾半个中国的大清重臣，看似如老村夫，这要多大的宠辱不惊的定力啊！

下图　民国时期的曾国藩墓御碑亭。曾国藩墓位于长沙望城县坪塘镇桐溪村伏龙山上，是与其夫人欧阳氏的合葬墓。主碑高3米，刻楷书碑文“皇清太傅大学士曾文正公，一品侯夫人欧阳夫人之墓”。墓庐前300米处的御碑亭，内有道光皇帝亲题碑石，“文革”中亭碑俱毁。

李鸿章遇到的另类上司

另类官僚李鸿章，三生有幸，遇到了一位另类领导，这人就是慈禧太后。人说慈禧太后一女流之辈，北京西单辟才胡同一满人官宦人家之女，却要领导一个世界上人口最多、GDP总量最大、历史文化传统最悠久的国家，实在是中国的一大悲哀。更有人根据以下这段慈禧亲拟的上谕，认为满人“秀女”出身的她连识文断字还没解决，岂能领导我泱泱中华大国？慈禧的这段有名的上谕如下：

“……恭亲王办事徇情、贪墨、骄盈、揽权，多招物议，种种情形等弊。嗣（似）此重情，何以能办公事！查办虽无实据，是（事）出有因，究属暧昧知（之）事，难以悬揣。恭亲王从议政以来，妄自尊大，诸多狂敖（傲），以（倚）仗爵高权重，目无君上，看（视）朕冲龄，诸多挟致（制），往往谙（暗）始（使）离间，不可细问。每日召见，趾高气扬，言语之间，许多取巧，满口胡谈乱道，嗣（似）此情形，以后何以能办国事？若不即（及）早宣示，朕归（亲）政之时，何以能用人行正（政）？嗣（似）此重大情形，姑免深究，方知朕宽大之恩。……”

在这份不长的朱谕中，有心人发现有十多处错别字（括号内是正确的字）。

是啊！她毕竟是深宫里的一位旧式中国女性。其父并不知道，有一天女儿会像一个男人一样，掌控大清帝国的一切，所以没有在孩提时代，补足她的相应知识。然而她很努力，学着男人的样儿理政，管理着数十万男性下属，却也能进入408位皇帝管理业绩的前50名水平。在“三千年未有之大变局”下实际执政了整整47年！驾驭了一大批能臣悍将，如恭亲王奕䜣、蒙古悍将僧格林沁，汉员重臣曾国藩、李鸿章、张之洞、袁世凯等。没有几把刷子是降服不了这些手握兵权的枭雄的。李鸿章就是一例。

李鸿章从1863年进入慈禧太后的法眼，一直到李鸿章1901年病逝，两人的上下级关系基本无大变动。其中经过“天津教案”、烟台“马嘉理案”、甲午战争兵败和八国联军的谈判，哪一件不是惊心动魄、险象环生？主事近半个世纪，每一件棘手的外交“夷务”都能使其身败名裂。换成别的领导，在御史们铿锵有力的参奏下，太后早就疑神疑鬼，让“李二先生”吃不了兜着走了。但是人家慈禧太后好就好在是女流之辈，跟着自己的第六感觉走，让君臣关系显得非常稳定。多少次参“李贼”的奏折都被这位辟才胡同的“秀女”硬顶了回去。到后来，外交让李鸿章在天津就地办，北京外围的防务交给了这位高个子的能臣，连离休后的颐和园修葺经费也厚着脸皮向李鸿章要，最后李鸿章死了，老太后在“西狩回銮”的路上哭得惊天动地。这种另类领导，不说千年一遇，也是有清一朝绝无仅有，却让李鸿章遇上了。难怪严肃办报的美国《纽约时报》都参与了小道新闻的传播，说某月某日，李鸿章带着“蜜月里的新娘”慈禧太后去外地度蜜月，够狗血的！

西人老画《为慈禧太后画像》。这是真事儿。美国女画家凯瑟琳·卡尔（1858—1938），中文译作柯（克）姑娘于1903年花了九个月的时间为慈禧作画，并在圣路易斯世博会上展出。但是洋人大多不喜老太后，在这幅画里，肥婆慈禧叼着烟，一副无知无识的样子。其实慈禧相当的有见识有见地呢，否则怎能驾驭李鸿章这类能臣一辈子？

李鸿章被结婚

别看清末那会儿本质上是个专制政体，舆论还是蛮放得开的。大清朝廷管得了大清，但是管不了大清地界上的洋人租界。于是一些耸人听闻的小道消息往往先从租界里的小报传播开来，然后成为北京、天津、汉口和上海等地茶馆里的谈资。

比如1898年10月20日的《纽约时报》刊登了题为《李鸿章结婚了吗？》的报道称："来自香港、横滨的'日本皇后'号邮轮，带回了一批东方的报纸，说李鸿章与慈禧太后已秘密结婚。"

虽然第二天《纽约时报》又辟谣："这是一则东方玩笑。"但是还是忍不住在细节上渲染一番，说："据《中国邮报》(China Mail)报道，西太后与李鸿章在9月22日上午在一个叫'Sisnfa'庙的地方成婚。随后，这对新婚夫妻乘火车前往天津，为了防止他人尾随，他们还将经过的铁路予以拆除。新婚夫妇将到旅顺港欢度蜜月。光绪皇帝为此暴怒不已。"这类有关"后党""伤风败俗"的新闻来源，明眼人一看就知道是戊戌变法被老太后翻过来后，康梁一党的舆论宣传。大家虽不一定当真，但是此类小道最易长上翅膀家喻户晓，甚至出口到国外，毕竟洋人里也有不少婆婆妈妈的名人隐私窥视者。

李鸿章生于1823年2月，叶赫拉那氏的"兰贵人"生于1835年11月，不错，看上去年龄上还蛮般配的，而且李鸿章和慈禧太后的关系很铁也不假。但是一个君上，一个臣子，在那个道德文章第一位的时代，这个鸿沟是逾越不了的。

庚子年动乱，北国义和团和八国联军一闹，慈禧抽风了，山东抽风了，直隶抽风了，山西抽风了，半个中国都抽风了。但是南国的鱼米之乡却出奇的平静。封疆大吏如湖广总督张之洞、两江总督刘坤一、闽浙总督许应骙、四川总督奎俊、铁路大臣盛宣怀以及两广总督李鸿章等搞了个"东南互保"，公开地不执行"乱命"。李鸿章为报答慈禧知遇之恩，从广东两广总督任上巴巴地赶到北京，和八国占领军进行了艰难的谈判。说是艰难，就是占领军要处理闹事者慈禧太后，要她那颗项上人头。李鸿章拼老命也不答应，最后居然办成了！个中艰难曲折，繁复难谈，是李鸿章这个大清第一谈判高手从来没有遇到过的。这就是慈禧太后为他落泪，为他建祠堂的原因，不能想歪了。

"THE OLD FIRM."

西人老图《老公司》。画面调侃李鸿章和慈禧太后结伴出游，关系亲密，琴瑟和鸣。

李鸿章遇到的另类同事

中国官场历来如战场，同僚之间大多是潜在的敌人！但是在晚清朝堂之上，李鸿章和政敌的互斗却能做到斗而不破，和同事的互动、上下级间的关系做到君子之交淡如水。

史料中并没有留下李鸿章和同事之间或亲密无间，或横眉冷对的局面。他们之间的书信往来，更多的是对时局的意见交换，对某件棘手事情的处理寻求支持。这也间接地反映了被我等骂得狗血喷头的晚清朝廷，臣子之间的工作关系还是蛮健康的，并没有假话连篇、结党营私的大规模泛滥。

李鸿章和张之洞在主战和主和上往往意见相左，但也不妨碍他们之间的惺惺相惜，前面说到了张之洞暗赞李鸿章一段话就是最好的佐证。庚子之乱时，两人还挑头和南方的一些封疆大吏一起订立攻守同盟——“东南互保”。

李鸿章遇到的第一个反对者、政敌是帝师、军机大臣翁同龢。翁同龢一味主战，欲消灭李的淮军的有生力量。就是这样的你死我活，两人见面，还一口一个“翁师傅”“李中堂”。

李鸿章和恭亲王、文祥属于改革阵营的同好，除了工作关系，也没见他们吃吃喝喝、拉帮结派。《剑桥中国史》说到他们之间“神合”的工作关系：“1862 年北京设立了同文馆。这个学堂是恭亲王和文祥 1861 年联名奏准成立的，他们在奏折中还建议挑选年轻、聪明的满族子弟学习外语。同文馆设有英、法、俄、德文课程。为了提倡忠于学校的精神，军机大臣文祥接见了该校一名头名生，勉励他努力学习，以便了解西方。在地方上，李鸿章也有类似主张。在两位著名改革派郭嵩焘和冯桂芬的帮助下，1863 年巡抚李鸿章在上海设立广方言馆。”瞧，一南一北配合行动，一下子使洋务运动有了实质性的进展。

李鸿章的同事、清流领袖、御史张佩纶弹章写得极好，这在当时是有公论的。但是“清流”一派政治上趋于传统保守，是洋务派李鸿章的主要对立面。从李张之间的 600 多封通信看，他们在关于朝廷政治的各个方面都有深刻的沟通。1884 年，中法战争爆发，张佩纶连上数十道奏章，力主抗法！朝廷就派他到福建马尾港去督军。可惜一仗打下来，福建水师全军覆灭！张被革职发配。就在张佩纶灰头土脸之时，在天津的李鸿章向他伸出了援手，将其收入幕中。入幕半个月后，张佩纶又有了奇遇！李鸿章爱才心切，决定把女儿李经璹（小名菊耦）许配给他。这一年，张佩纶 41 岁，李菊耦才 22 岁，两人相差 19 岁。这才有了以后的张爱玲和她的小说。

这些看似平淡的官僚互动，同事之间少了唐代和明代的那种你死我活的激烈“党争”，有事说事，无事不玩个人恩怨，这在数千年的官场也算得上是比较另类的。

张之洞像画轴。张之洞（1837—1909），字孝达，号香涛，又是总督，称“帅”，故呼之“张香帅”。晚清名臣、清代洋务派代表人物。27 岁中进士第三名——探花。官至湖广总督、军机大臣等职，体仁阁大学士。传张每天下午 2 时睡觉，晚上 10 时起床办公。他“性又喜畜猫，卧室中常有数十头，每亲自饲之食。猫有时遗矢于书上，辄自取手帕拭净，不以为秽。且向左右侍者说：‘猫本无知，不可责怪，若人如此，则不可恕。’”

72 小时的蜕变

40 岁前，李鸿章基本就是一个如假包换的旧式中国文人。整日泡在翰林院的故纸堆里，无事到翰林院旁的前门棋盘街上闲逛，淘些文人骚客吟风弄月的书卷；在曾大帅帐下时，每天早上，曾国藩甭指望等来这位爱睡懒觉的幕僚共进早餐。可是一旦外放出去独当一面，很快就成就了他新式中国文人的气质。这个变化怎么来的？哈佛大学汉学泰斗费正清有段 72 小时的蜕变故事，兹抄录如下：

1862 年初李鸿章在准备援救上海时，似乎就已决定“用夷变夏……图在复与之为无町畦，而求自强之术耳”。当李鸿章和他的淮军乘着从英国商行租来的轮船通过太平军控制区沿长江顺流而下时，他在船上待了三天，因而有机会思考西方技术的价值。

这 72 小时的思考，决定了李鸿章后半辈子出人头地的事业，但是，如果下船的地点不是上海，结局可能完全不同。

到上海后，这支由上海富商自筹资金请来的“淮勇雇佣军”大开眼界。作为旧式军队的统帅，如果是别人，恐怕只把上海的一应洋玩意儿当作异地风情来把玩，但是李鸿章却陷入了蜕变的第二阶段——奢谈洋事。

费正清写道：“李鸿章从上海不断地写信给曾国藩，赞扬外国军队遵守纪律和外国枪炮的巨大破坏力。他在评论一次战役时说，‘洋兵数千枪炮并发，所当辄靡。其落地开花炸弹真神技也！’”

如在别人，看了说了，权当谈资，李鸿章却动起了借用上海富商钱袋子的心思。方法是，欲利用上海商人求安的心态，让他们出钱来鸟枪换炮，费正清接着说：“李鸿章的淮军开始用西方武器来装备它的一部分部队，并且开始习西洋操练。李鸿章说：‘惟深以中国军器远逊外洋为耻，日戒谕将士虚心忍辱，学得西人一二秘法，期有增而能战之……若驻上海久而不能资取洋人长技，咎悔多矣。’”

当时已经有数万洋人长期定居于上海，连公墓都在静安寺周围修建好了。每日价，这些老外阅读着用快艇从香港捎来的世界新闻，因此当时上海的信息流通，显然是其他地方不能比拟的。于是我们通过费正清看到了军人李鸿章未来发展的轨迹：“此外，李鸿章在上海获得的处理世界事务的知识，更加深了他的个人阅历。”

爱给人戴高帽的美国人费正清，在李鸿章蜕变的后期，给予了他与我们国人完全不同的结论：“李鸿章除了认识到中国军事上的弱点外，在与富饶的西方对比之后，又痛感中国的贫困。他对洋人在条约商埠中所取得的经济势力感到愤慨，因此认为自强是一个长期的需要。”

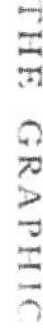

西方旧报上的李鸿章和他所创建的淮军。“淮军”是晚清时代在曾国藩指示下由李鸿章招募淮勇编练的一支汉人军队，是中国军队近代化的前身，曾是清朝的主要国防力量。因为兵员及将领主要来自安徽江淮一带，故称“淮军”。1861年太平军进军上海，上海守军不能抵，外援英军未到，上海地方官绅派代表向曾国藩求援。幕僚李鸿章主动请命招募淮勇，于1862年3月在安庆编成一军。初创时6500人，主要将领有张树声、刘秉璋、刘铭传、周盛波、潘鼎新、吴毓兰、吴毓芬、吴长庆、丁汝昌、叶志超、卫汝贵、聂士成、程学启等。李鸿章以淮军势力为基础，营造了自己的政治军事集团，掌握了大清的外交、军事和经济大权，成为晚清政局中的重要人物。

冷门“夷务”如何办成热门外交

自古以来，办“夷务”就是个下三滥的活儿，别人避之不及，李鸿章却大包大揽。

汉以降，办“夷务”又是一个边缘冷门的差事，正经八百的士大夫，没人肯干。

所谓纳贡而来的朝贡者，有一半是冒牌货。先不说西域路上数百个小国部落，光是这些地方的草寇大胡子商人，欺我大汉民族对外邦地理的一知半解，便冒充纳贡使节，在东去长安的路上收购些便宜西域货，大摇大摆地来西安、洛阳的四夷馆里免费吃住，骗吃骗喝。酒足饭饱后还又跳又唱撒酒疯，然后按律上朝进贡讨赏。中国统治者历来好大喜功，给的回礼往往大大地超过那些蹩脚货“贡品”。朝廷这样做同时也是给自己臣民看：“瞧！四方蛮夷都是我朝的属国，不得不来朝贡。”说到底外交是内政的延续。所以历朝历代的夷务都是皇帝打发冷落官员的一个去处。

但是李鸿章办“夷务”，却把个冷门的“夷务”办成了火烫的外交，最后还让那些新入官场的士大夫文人大批地弃朝官，来抢这个时髦的外交官位。实践证明晚清那会儿，官场上的那些机灵鬼，转行办了“夷务”“洋务”或曰“外交”，个个都是名利双丰收。到了民国，跟着李鸿章的那些人，哪个不在上海、天津、青岛等华洋杂居之地率先过上了“小康日子”，岂止是“小康”？！

比如，盛宣怀、薛福成、郑观应、马建忠、李凤苞、伍廷芳，洋员德璀琳、汉纳根等，哪个不在民国初年吃香的喝辣的。住着小洋楼，办着油水多的洋务，还是朝廷不可或缺的稀缺人才，何乐而不为？

昔日德国小瘪三德璀琳，在李鸿章帐下跑腿，后来整个家族都成了天津显赫家族，后人评说：“他的家庭在整整一代里成为天津的社交中心。”做李鸿章的幕僚，去遥远的中国发洋财，曾经是美国前总统胡佛年轻时的励志故事，他来到中国，在李鸿章创办的开滦煤矿做工程师，这才知道李大人已经不在人间多年了。可见李鸿章办洋务的里外讨巧，其美名传得有多远！瞧，李鸿章硬是以一己之力，把个冷门的“夷务”办成了热门的洋务和外交。

李鸿章不但自己乐此不疲，还献了青春献子孙，让大儿子李经方接着干。李经方更胜他爹，最后干脆把办外交时的一位英国女秘书、一位法国女秘书，双双收房做了李家人，成就了后人的谈资。最后，外交还成了李家的“招牌菜”，其后代李道豫20世纪90年代也接班干起了中华人民共和国驻美大使。李鸿章不仅自家干，还影响了老师曾国藩的视野，其大儿子曾纪泽于光绪年间先后任了驻英、法、俄国大使。其后与俄人力争，毁崇厚已订之约，更立新议，收回伊犁及乌众岛山、帖克斯川诸要隘，有功于新疆甚大。

L'UNIVERS ILLUSTRE

LE CONFLIT COREEN ENTRE LA CHINE ET LE JAPON. — CHEZ LE VICE-ROI DU PETCHILI. — Voir page 442.

西方旧报上李鸿章与外国公使会谈图。李鸿章是当时朝廷一品大员，也是和洋人打交道最多的人。东西洋要人对其多有好评，美国总统格兰特称李为“当时世界上四大伟人之首”。当时的西方媒体称其为“东方的俾斯麦”。俄罗斯财政大臣谢尔盖·维特说：“我认为李是一个卓越的人物，当然他是中国人，没受过一点欧洲教育，但受过高深的中国教育，而主要的是他有一副出色的健全的头脑，善于清晰地思考。正因为如此，他在中国历史上，在治理中国方面起过重要的作用，这就不足为奇了。当时治理中华帝国的实际上就是李鸿章。”日本首相伊藤博文说，李鸿章“知西来大势，识外国文明，想效法自强，有卓越的眼光和敏捷的手腕”。

异类采购员李鸿章

国人的一大特点是，革命性的新技术、新玩意儿刚出来时，个个嗤之以鼻，没个十年八年，脑瓜子都转不过弯来。等到见好的日子，大家又一哄而上，市场上到处是山寨产品。

说这些干什么？这是告诉诸位，李鸿章玩的新玩意儿就是比他同时代的人早个五六年，所以他往往能抢得先机。前面说了，李鸿章对新事物的关注度比同僚高出半个头。他私下观察洋兵打仗后，深有感触地说："鸿章尝往英法提督兵船，见其大炮之精纯，子药之细巧，器械之鲜明，队伍之雄整，实非中国所能及。其陆军虽非所长，而每攻城劫营，各项军火皆中土所无，即其浮桥、云梯、炮台，别具精工妙用，亦未曾见。"朝廷也不是榆木疙瘩，被他长年累月地唠叨，也就有了这方面的要求。于是李鸿章成了朝廷的采购部长，他的天津总督府就像个大卖场，每日里处理大量的军需采购事宜。

对于那些烦人的枪炮数据细节，他满脑子都是"大数据"，连老外报的价格，都门儿清。几个回合下来，比利时军火商满头大汗地离开总督府，头摇得像个拨浪鼓，连声道："这年头生意不好做，不好做啊！"

老外本以为可以欺我大清"江东无人"，谁知道遇上了个国产的"云储存"脑子。李鸿章杀了价还跟人家要回扣。旧时官僚没有学过红头文件，没有咱们这个觉悟，这是一定的，否则李合肥不可能在官场上只干了数十年，合肥的老家良田就到了20多万亩。

说他是采购员中的异类，就是指他通过中外防务设备的买卖，不但没做冤大头，还顺带着发家致富了。这在晚清那个时代，满朝文武热衷于买官卖官之外，李鸿章又开辟了一条新的官场—市场经济新路。这条路别人做不好，因为欧洲商人的报价单写满了鸡零杂碎的所谓各类明细。满清贵族，三品以上大员，读孔孟之道上来的，脑子里没有现代军工产品的知识储备，看着一大堆阿拉伯数字就头大。结果慈禧太后让李鸿章一查报价，高出不少。太后再往深里追究，就这些榆木脑袋的家伙，居然还在冤大头的价码上再加码拿回扣，你说领导还让他们再办采购吗？李鸿章不然，他手下一大批中外专擅杀价的幕僚，先把价格狠狠地杀下来，然后再顺手牵羊地拿回扣。太后和海关总税务司赫德一合计，总价往往是九折拿下，你说朝廷不找他找谁？

再说有清一朝，封疆大吏带兵打仗，浩浩荡荡数十万人的吃喝拉撒、军需粮草都是自己操办。左宗棠平回乱，平新疆叛乱，带着五省税款银子到处采购，就是因为他在宁夏一带会采购，让后勤压力骤降。李鸿章的淮军，拱卫京师，十多万人，武器又精良，一水儿的欧洲造，就是没有朝廷的订单，他也不愁当不好这个天下油水最足的采购员。

1896 年 8 月 8 日法国《画报》(L'illustration) 上的铜版画，报道李鸿章参观勒阿弗尔造船厂、试炮厂。这时候，李鸿章已经从“帝国采购员”的位置上被边缘化了。但是此人到了欧洲还是老毛病复发，走一路看一路。没办法，李鸿章终身就好这一口，并不似外人认为的只想揩油拿回扣。

爱沾个洋气儿

李鸿章的这个“科技迷”特质又引出了他的另外一个特征——爱沾个洋气儿。

晚清时代，皇家贵族爱沾个仙气儿，大臣清流们爱沾个清气儿，李鸿章不！这人眼睛向外看，做事儿爱沾个洋气儿。人家让子女学八股文，他却在家里请来美国驻天津领事馆的毕德格在家教儿子习洋文——“公子伯行（李经方）从之习英文”“季皋（李经迈）朝夕与游，亦从问学”。不但孩子学，他自己也学。

《李鸿章家族》一书中说：（毕德格）“还为他（李鸿章）用中文朗读了不下800部英文、法文和德文的书籍，使李鸿章对这个世界上发生的一切，都不再生疏。很难设想，当时中国还有哪一位高官像李鸿章这样，用这样的方式读了如此丰富的外国书籍！”这是大事。小事上，就连女儿孩子的喂奶问题，李鸿章也在信中这样吩咐：“乳姆既可，啜食一年后，照西法喂牛乳。”

最有意思的是李鸿章办西医院。1878年的冬天，他的夫人突发病症，郎中说是中风，外邪入侵导致半身不遂。吃了不知多少服药，病就是不见好。无奈之下，李鸿章让英国传教士马根济博士来府一试。六天中，马根济大夫采用了“手摇电机诊治法”，终于挽回了李夫人的性命。

李鸿章从此开始相信西医，竟引申出了一个想法——能不能在天津建一所西医医院？他开始做天津的官僚士绅工作，甚至安排了一场由马大夫操刀的“手术秀”。当一个比拳头还大的颈部肿瘤被马大夫顺利摘除时，官绅们都啧啧称奇。在李的积极倡导下，社会人士募集了6000银两，再加上他亲自捐赠的4000两，共计10000两银子。光绪六年（1880年）十一月一日，新建医院正式落成，即后来的马大夫纪念医院。《天津通志》有这样的记录：这是近代中国第一所规模完整的私立西医医院。

这样的事还有很多。李鸿章在江南制造总局里办“翻译处”，送幼童进美国学校，在自己的身边安排数十位洋员，重用三个“海归派”——马建忠、罗丰禄和伍廷芳。聘用外国人作幕友，任用外国人作顾问、教习、海军军官、舰长、仓库管理员、制造局帮办、军事教习，甚至他的外交谈判代表。

李鸿章的幕僚里有大量的洋员，其中最突出的有两人——德国人德璀琳和美国人毕德格。德璀琳是工商企业中的外国人联络官，毕德格则负责管理在北洋海军任职的外国人员并总管外国人。以地域和语言为基准，他们两人之间还有一个不太严格的分工——德璀琳支配着在李鸿章手下任职的欧洲人，毕德格则吸引着美国人，有时还有英国人。

1896 年李鸿章访问德国时与随员合影。前排中坐者为李鸿章，左一为李经述，左二为李经方。后排左为德璀琳，右为汉纳根。

性格外向，就爱侃大山

李鸿章爱交洋朋友，有时在家里和他们高谈阔论，晚了就留他们一同吃饭。

美国传教士何天爵（1895年出版《本色中国人》一书，在西方国家影响甚大）说："除了身为高官，李鸿章身上带有东方式的架子和仪容外，他非常容易接近。任何一个外国人都可以通过他的幕僚求见这位总督。许多人见过这位看似粗鲁的老总督，都从其身上得出了他知书达礼的印象。我们的一位前州长就受到过李鸿章极其客气的接待。当时这位州长和总督、翻译相距不远。州长事后告诉美国的朋友说：'好样的，我根本不认为这位总督是那种不开化的老顽固。'"

不同于他的同僚"怕和洋人打交道"的自卑心理，李鸿章的天津北洋通商大臣衙门就像个小联合国，中外宾客日日盈门。何天爵自己就在1879年5月28日陪同美国前总统、南北战争英雄格兰特陆军上将去天津见了李鸿章。他当时充当两人的翻译。这段李、格神交的故事，让李鸿章彻底征服了美国读者的心。

其时，清廷正在为中日之间重开琉球谈判做准备。美国前总统格兰特即将来华的消息传来，李鸿章便萌发了将来或许可请其协助调处琉球案的想法，因为当时有传言，格兰特是两任美国总统，民心爱戴。此次游览回国，将再接任。

格兰特于1979年5月27日抵达天津。6月12日，李鸿章与格兰特会谈，提出请格兰特调停之意。这位前美国总统满口答应，认为日本未与中国商议而断然废灭琉球之举有悖国际公法。

格兰特东渡东瀛后，获其来日旨在调停琉球案的情报，日本政府欣喜万分。当时格兰特仍在日光山，伊藤博文和西乡从道两位参议突然到日光山来与格兰特会面，就琉球事实与格兰特深入谈论了一番。在日方的影响下，格兰特感到情形与自己从李鸿章处听到的有差异，颇为"感悟"。他很快改变了立场。他将日本未就琉球事与中方充分商谈，相当程度归因于中方出使大臣何如璋那份措辞强硬的照会，称："从前两国商办此事，有一件文书，措语太重，使其不能转弯，日人心颇不平。如此文不肯撤销，以后恐难商议。如肯先行撤回，则日人悦服，情愿特派大员与中国特派大员妥商办法。"

这时的格兰特完全站到了日方立场，称"看日人议论琉球事，与在北京、天津所闻，情节微有不符。虽然不甚符合，日本确无要与中国失和之意"。格兰特前后态度如此变化，使当初出面请格兰特调停的李鸿章也甚感失望，称其因日本"接待礼貌过隆，遂亦徇其意而为之请"，他本人则"殊不谓然"。但是两人在天津交谈时彼此给对方留下的良好印象却成就了以后李鸿章访美时的一段佳话。

李鸿章在天津总督府会见美国前总统格兰特的铜版画

上图所绘李鸿章和格兰特会见场面，显然是为了突出两位中外名人，而隐去了周围的背景。据此，今天的天津人还在一个小客厅里做了两个人的蜡像。其实真正的场面大得很！瞧，至少有 26 位中外人士参与当天的会见。下边这幅珍贵的照片展现了 1879 年天津总督府会客大厅里李、格会见的实景。

美国报纸上描绘的南北战争和格兰特。尤利西斯·辛普森·格兰特（1822—1885），美国内战后期联邦军总司令、陆军上将、第18任总统。1864年格兰特被任命为陆军总司令。1865年，南军总司令李将军和格兰特将军在阿托克马展开了恶战。最后，李带领手下的2.8万名饥寒交迫的士兵投降，这标志着历时将近五年的残酷厮杀终于停止了。凭着战功格兰特赢得了后来的总统选举，成为第18任美国总统，后又连任一届（1869—1877）。格兰特卸职后曾周游世界，他花了三年多的时间，游遍了英格兰、比利时、德国、瑞士、意大利、丹麦、法国、埃及、巴勒斯坦、挪威、俄罗斯、印度、暹罗（泰国）、中国和日本。由于长期吸雪茄而导致喉癌，于1885年去世。

格兰特死后，美国为了纪念这位历史人物，建造了格兰特将军国家纪念堂（General Grant National Memorial）。这座建筑有46米高，花费了600万美元，于1987年建造。图为竣工典礼场景。

LI HUNG CHANG'S CARRIAGE COMRADES: GENERAL RUGER, COLONEL GRANT AND THE INTERPRETER.
Photograph by C. F. Carter.

原图注解：李鸿章同车者——鲁塞尔将军、陆军上校格兰特和翻译（在格兰特总统陵墓前）

侃大山，侃出个美国总统朋友

如上所说，格兰特卸任离职后，偕妻子周游世界。1879年5月28日格兰特到达天津，李鸿章曾予接待，两人一见如故。

据说李鸿章在会面时看到格兰特的名贵手杖，反复赏玩，爱不释手。格兰特见此情景，知道李鸿章的心思，就说："中堂既然喜欢这根手杖，我本当奉送。但这根手杖是我卸任时，全国工商界赠给我的，这代表着国民的公意，我不便私自转赠。等我回国，征得大家同意后，当奉寄致赠。"李鸿章立即致谢道："不必不必，我不过随便赏玩而已。"

1896年李鸿章到纽约访问时，格兰特过世已经十年了。他特地探望了格兰特的遗孀朱莉娅。朱莉娅设宴款待李鸿章。朱莉娅即把丈夫的手杖立于台上，向出席者讲述了丈夫与李鸿章的交往和友谊。然后，朱莉娅面向大家说："今天适逢李先生来访，故特恳问大家，诸位是否同意把这根手杖转赠给李先生？"她问罢，满堂的出席者一致鼓掌赞同。于是，朱莉娅当众双手举杖，奉赠给李鸿章。李鸿章深受感动，回国后，视同至宝，须臾不离身。

关于手杖相赠的事，对李鸿章来访事无巨细都报道的《纽约时报》上并没有明说。但是我们却在李鸿章拜谒格兰特将军陵的照片中，看到了一根李鸿章拿在手里的手杖。

而《纽约时报》的描述是，拜谒格兰特陵墓后，李鸿章才第一次见到格兰特夫人，相见时双方互赠礼物。《纽约时报》报道说：

当尊贵的清国宾客进入将军安息地时，场面非常感人。……他很虔诚地站直了身体，用极其悲伤的声音低吟道："别了。"他的思绪回到17年前与将军亲切会晤的场面，当时他们相谈融洽，因为他与将军一样都曾为了拯救祖国而久历沙场。

他的这一告别仪式使他的随从人员和美方陪同人员始料不及。然而这却是饱含敬意的最真诚的悼词和最意味深长的告别："别了，我的兄弟！"

结束这天的国务活动后，这位清国使臣造访了格兰特的寓所，在那里他见到了这位卓越将军的遗孀，这是他到美后第一次带有社交性质的活动。

专程从乔治湖赶来的格兰特夫人见到李总督非常高兴。他向她充分表达了问候之情。离别时留下了纪念品，并接受了夫人回赠的珍贵礼物。

这是李总督访问纽约期间最引人注目的一天，有50万纽约人目睹了他身着长袍代表国家尊严的形象。

1896年李鸿章访问纽约期间，特地去了位于纽约市北部、风景旖旎的哈德逊河畔的格兰特墓地，向格兰特墓献花圈。从图上看，此时的李鸿章腿脚十分不便，上下台阶尤其需要别人的帮助。这次外交活动，十分成功，好评如潮，因为墓主是美国南北战争的英雄。

优点就是“不学无术”

人人都说李鸿章“少文”，其实有关李鸿章的很多“坏事”大多有两个消息来源：一个是保守派的“清流”。“清流”实际是“不流”，大多是思想僵化、食古不化，喜欢卖弄过时的“大道理”，空话连篇，在朝廷上又不具体负责实际工作，早就脱离了社会，成了死水一潭的“大儒”。这些人攻击李鸿章“上不守祖制，下不厚文”。还有一个来源是“康党”，“康党”放出的消息大多攻击的是“后党腐败”。“康党”一支笔梁启超虽然心里“敬”着李鸿章，无奈李鸿章是“后党要员”，而且手握大权。“屁股决定脑袋”，“党性”很强的梁启超曾经写出很多“后党传奇故事”。

“清流”骂李鸿章“少文”还情有可原，梁启超也说：“李鸿章为数千年中国历史上一人物，为19世纪世界史上一人物，不学无术，不敢破格，是其短也。”“不学无术”？梁启超自己就反对“食古不化”，他这么说就有点不厚道了。

不错，李鸿章是“不学无术”，他带淮军入上海，提拔人的标准是“会抓老鼠就是好猫”。这又怎么啦？依“八股文”取来的士，“学问”很高，带兵打仗却屡战屡败。

“不学无术”的李鸿章是真的“不学无术”，这在他不太迷信风水上可见一斑。这在当时的官场，是很罕见的“晦气”。那一年李鸿章为自己选百年后的墓地，在给哥哥李鹤章的家信中说“弟本不知堪舆，亦不甚信风水，但喜邻近包公坟，又滨大河”。后李鸿章的墓在“大跃进”时给挖了，接着又被捆在拖拉机后拖撒一地，100年后的后人想必定会因此叹息：“李鸿章终为风水所害。”呜呼！人和人，这差距怎么这么大呢！ 100年都没长进！

“不学无术”不坏，因为这个“术”是没用的“术”，是和当时的世界脱节的“术”，甚至还有点“巫术”之感。这个“术”听上去头头是道，其实是似是而非之道。

说到底，李鸿章是个实用主义者。“实用主义”历朝历代都不是一个褒义词，独独到了晚清不然。为什么？因为晚清遇上了“三千年未见之大变局”。本本主义用了三千年，一朝面对开放的外部世界，“洪水猛兽”早将这最后一根中国稻草冲得体无完肤。在这个大破大立的当口，实用主义就是“和国际接轨”，就是“与时俱进”。

其实实用主义就是没有主义，李鸿章这人就是没主义。没主义也不错，连胡适都呼吁：少一点主义。“少文”就是少掉书袋。李鸿章痛恨“中国士大夫沉浸于章句小楷之积习”。

这么一说，“不学无术”真是他的优点。后来，李鸿章的“不学无术”又繁衍出另外一个“毛病”——“痞子气”。

上图 1897 年的西方报纸以李鸿章为代言人，说明大清国的进出口贸易状况。因为老外只知道中国的李鸿章，报纸把他看成是一个中国符号。他的“不学无术”、少学究气和说话办事的直来直去，比较符合外国人的审美口味。欧美人赞他：“论其文，他学识广博见闻丰富；研其军，他在重要的战役中为国家有所作为；究其政，他为这个最古老、人口最繁盛的国家民众尽心竭力；作为外交家，他高瞻远瞩手段老辣，是国际外交中的佼佼者。”更有老外说：“清国和日本的战争实际上是李鸿章和日本的战争。李鸿章失败的大手笔非但没有伤及他的仕途，反而展示了他个人的才能和魅力，李鸿章是近代清国代表文明智慧的伟人。”据说伊藤博文谈判时，当面对李鸿章说：“如果你是我，在日本一定干得比我强；如果我是你，在中国不一定干得比你好。”

左图 金陵制造局的产品。“不学无术”的李鸿章在创办上海洋枪三局（后改为苏州洋炮局，最后搬到南京成为金陵制造局）时算过一笔账：1 发英国的普通炮弹在市场上要卖到 30 两银子，10000 发铜帽子弹要卖到 19 两银子。大清国凭什么要把白花花的银子给了洋人？

“痞子气”还真管用

李鸿章的痞子气传说久矣，然打开历史一看，无非是一些谈判策略之类的小动作。比如某年某日李某对某洋大人持“不理不睬状”。比如，和洋人打马虎眼，用拖延术，施搪塞法，使挂羊头卖狗肉伎俩，还有装糊涂。这恰恰是弱势晚清一代为官的精明之处。试想，洋人强势，如果不用“蘑菇法”和他们“捣糨糊”，捣到哪儿算哪儿，那不是国将不国，民将不民，体无完肤吗？！

外交讲的就是后面的软硬实力。“痞子外交”说白了就是弱势者的外交，就是“第三世界”和强人打交道时的一种武器。

“清流”的危害之处就在这里，只谈自己的“立身”，不说江山社稷的“安危”。“清流”高歌的曾国藩一生光明磊落，却在“天津教案”处理上两面不讨巧，最后只好招来学生李鸿章三下五除二，施点“痞子气”，用点掉包计，就把本案搞得八面玲珑。你说这件事上，是曾国藩对朝廷贡献大还是李鸿章大？有人说李鸿章手段卑鄙，洋人跑到人家地盘上喧宾夺主，这已经没什么好讲的，这时还和人家讲宋襄公的“仁慈”就是对“江山社稷”的不仁。

李鸿章最“痞子气”的就是签订《烟台条约》。这事儿堪称晚清弱势外交上的杰作，前前后后充满着赏心悦目的“痞子气”，读来让人在总体痛心疾首之余略感局部的扬眉吐气。事情的经过是这样的。

1874 年 2 月 21 日“马嘉理事件”发生，英国驻上海领事馆翻译官马嘉理进入云南后被当地人杀了，英国公使威妥玛大闹起来。

其时，英国人的军舰开入烟台，日本军队开始向朝鲜武装挑衅，这些都对大清国构成战争威胁。醇亲王主张与英国人决裂开战，而李鸿章的思路是：大清国不能再在外交上走一贯的老路，即事端一出，动辄开战，战则必败，败则议和，和则割地赔款。

朝廷把这个难题推给李鸿章去处理。李鸿章就请所有的大使偕夫人到山东烟台去避暑，让威妥玛也到烟台去谈判。

他每天晚上宴请驻华公使和夫人吃饭跳舞，让他们非常满意。白天，李鸿章一面和威妥玛谈判，一面将消息通报给所有的驻华公使。

慢慢的，那些公使和夫人都认为威妥玛没有绅士风度，说他得理不让人。夫人们产生了怜悯之心，就做威妥玛的工作，使他不得不做出让步。

1876 年 9 月，《烟台条约》签订。明里看，这个条约是个不平等的条约，但是英国人事后说：“这个文件既不明智也不实用，毫无意义，是一堆冗言赘语而已。”不错，李鸿章着实地和洋人“腐败”了一回，用掉了一些交际费，却办成了一件让对手哑巴吃黄连，“中看不中用”的事儿，这就是李鸿章“痞子气”的可爱。

西方漫画《1900年庚子事变时的李鸿章》。此漫画把谈判桌上那个略带几分痞子气的李鸿章入木三分地刻画了出来。是的，谈判桌上的李鸿章高过其同僚的特点是：谈得了就谈，谈不了就拖，拖不掉就赖，赖不了就搪塞，搪塞不了就冒名顶替。最后联军要求砍头的大清国“肇事者”，不少被关在死牢里等待秋决的死刑犯给替代了。在西方人眼里，中国人都是一个模子里刻出来的，分辨不出谁是谁。你说此君痞不痞?

“痞子”外交的范例

李鸿章的这个“痞子气”让他受益无穷。后来，慈禧太后知道他有办法，就把一件“烫山芋”的事儿交他办。这又是一件“痞子”外交的范例。

蚕池口教堂，俗称北堂。它位于北京皇城西安门内的蚕池口，靠近中南海。这座教堂高达八丈四尺，规模宏大，归巴黎天主教会管理。中法战争爆发后，慈禧老觉得这个教堂可以直接窥视到皇宫内院，是一种潜在的威胁。中法战争结束后，1885 年慈禧就把这个难办的差事交给了李鸿章。

李鸿章首先任命了一个英籍传教士敦约翰为特别代表前往罗马和巴黎处理此事，并再三强调不要让法国政府知道。因为当时法国在中国享有特殊的“保教权”，李鸿章暗示罗马教皇可以商讨互派使者问题。敦约翰和教皇见面之后，教皇对派人驻华很感兴趣，他同意迁移教堂，要往中国派驻公使，并派人专门去巴黎协调此事。

法国政府表示反对。其他列强本来就不满法国在中国的“保教权”，得知此事后纷纷对法国政府的做法进行抨击，并支持教皇往中国派驻使者。

法国政府不甘心失败，提出停发对国内教士的俸银 50 万兆法郎并撕毁法国和教皇的条约。教皇迫于经济压力，停止了派驻华使者的事。他们那里吵成一团，但是迁移教堂一事已经成为定局。9 月，法国教会正式同意迁移教堂到皇城西北角的西什库。这就是现在北京的西什库教堂的来历。慈禧得知此事后，笑逐颜开，感叹这样的事情只有李鸿章才能办好。

其实，所谓“痞子气”就是一个政治家处理各种关系的老到和圆滑。用“清流”的理论套，李鸿章什么都不是，棋路没出处，但他能在不利的棋局中将你一军。慈禧能用“痞子气”的李鸿章，说明她不似“康党”说的那么蠢。

后来，这个集“不学无术”和“痞子气”于一身的李鸿章差点当了中国的首任总统。详见本书后半部有关义和团的章节。

1900 年西方漫画中“伪善”的李鸿章。要说联军不知道李鸿章的“伪善”，这是小看了人家洋大人。但是知道了又如何，谁都经不住他甜言蜜语的软功夫和死缠烂打的拖字诀。

西方漫画《两面三刀的李鸿章》。朝廷命官中的确无这么痞的人，但得利的是谁，只有慈禧知道。

蚕池口教堂　康熙年间，清廷同意传教士南怀仁等人的请求，在紫光阁迤西蚕池口建立教堂，即老北堂。道光七年（1827 年），宣宗降旨将其藉没，并拆毁了大堂。咸丰十年（1860 年），英法联军侵入北京，迫使清廷签订《北京条约》，条约规定退赔以前没收教堂的财产。于是，清廷发还北堂，在原址重新建造。同治四年（1865 年）新北堂落成。然而，由于北堂邻近西苑，地基比中南海高五尺，且钟楼高达八丈四尺，可以俯瞰禁苑，清廷深以为患。光绪十一年（1885 年），慈禧准备归政。以西苑为太后住址，地势狭隘为由，在老醇王奕譞的主持下，派李鸿章出面，以西安门内西什库地方易地建堂。

中老年的李鸿章（大约1879年）。这是西人画家根据李鸿章和格兰特会面时的照片画的铜版画，也是李鸿章处理“马嘉理事件”、签订《烟台条约》和处理蚕池口教堂那段时间的形象。这个时期朝廷上的大事不多，算是晚清中一段比较顺的时期。所以这个时期的李鸿章比较胖。

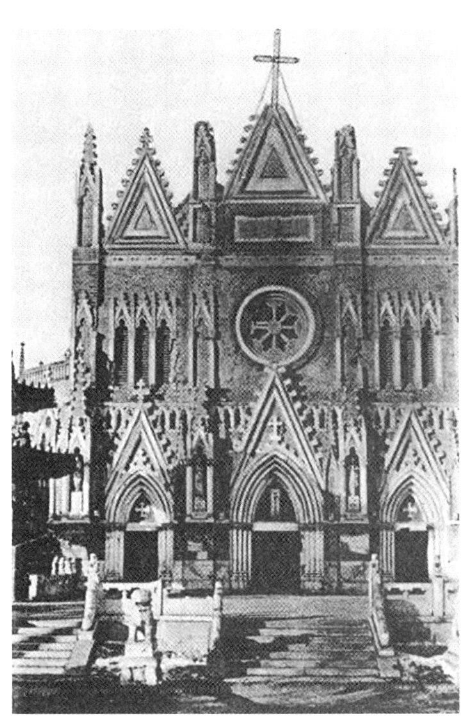

西什库教堂，位于今北京市西城区西什库大街33号，是一座天主教堂，1703年开堂，曾经长期作为天主教北京教区的主教座堂，是北京最大和最古老的教堂之一。今天的西什库教堂，外观与100年前没有太多变化。

是个干事的主儿

资料显示，清朝的官员们除了“贪”，还特别“懒”，没人想做事，讨厌担责任，整天无精打采、敷衍了事。

从乾隆中期开始，官场就如一潭死水，不作为是主旋律，国家统治机器锈蚀得无法运转，社会治理问题按下葫芦浮起瓢。官员懒政，完全是因为升官依靠三途：不犯错误、上司满意、报喜不报忧，唯独不靠业绩。“多磕头，少说话！”三朝元老曹振镛的名言诠释了官场成功秘诀：做事越多，错误越多，不干活最保险。所以大家遇到事情习惯绕道走，踢皮球，把犯错误的机会留给别人。

写出《海国图志》的魏源对大清官场概括是：“不担责任是成熟稳重，会踢皮球是聪明智慧，得过且过是办事得体！”

到了同治光绪年间，李鸿章面对的一个庞大的官僚体系，也是这个德性：有明哲保身者，有八面玲珑者，有不出事就是最好之事者，有为官一任造福一家，“三年清知府，十万雪花银”者，等等。但是李鸿章却想干事，还想干大事、新事。他并没有什么崇高的理想信念，完全是因为不干事他闷得慌。纵观他的工作强度，只书信来往每天便应接不暇。这些书信并不是只有客套话，往往是各国总理衙门急等着要的外交建议。那时候又是笔墨时代，不似我等电脑里拷贝粘贴就可成文，人家是要一个个字写下来。

李鸿章的官其实并不大，连个军机处都没进，严格说来都不能称他“李相”，老外开口闭口“总理”“首相”和“副国王”，那是根本没谱的事儿。甚至他想当个总考官都那么遥不可及。可是他这个官，干的事儿多，伸的手长，揽的事儿不少，居然成绩也多，坏事儿的绝对数也大。他的“政绩”就是在100多年后的今天，还让你我争得脸红脖子粗。

这个人其实是个劳碌命，只要有事儿做就心满意足，往好里说是勇于任事，从不挑剔，知难而上；往坏里说就是曾国藩的话：“李少荃（鸿章）拼命做官，俞荫甫（俞樾）拼命著书。”1895年，只在贤良寺里闲了八个月，他就浑身不自在，写的诗里不是“秋风”就是“孤臣泪”，看什么都是灰的，还说：“半生名节，被后生辈描画都尽。”看他这个时候的照片，珠也黄了，人也老了。然而，一旦让他坐上面对十一国的谈判桌，他就像打了兴奋剂一样，容光焕发。一会儿去俄国公使馆，一会儿上英国公使馆，两场世界上最复杂的谈判他同时担着（另外一场和俄国谈），有了病还不让人知道。他这是为谁而战？其实是为他自己。道理简单得不能再简单：有事干就是最大的乐儿。其实人家老佛爷那儿什么也没许愿给他，只说了“朝廷不为遥制”六个字，就能让他“蜡炬成灰泪始干”。

1896 年春，李鸿章在德意志帝国开国皇帝威廉一世位于夏洛滕堡的陵墓前，举行献花圈仪式。

“科技迷”李鸿章

李鸿章有一项个人爱好，就是对西方工业化的“新玩意儿”极其感兴趣，用现在的话说就是个“科技迷”。

他迷“高新科技”可不是心血来潮，而是穷其一生的喜好。如果有心之人对他的奏折稍加整理，那简直是一篇篇科技论文。李鸿章曾写过一份关于“蒸汽动力运转问题”的奏折，堪称中国最早的科普文章：

镟木、打眼、绞镙旋、铸弹诸机器，皆绾于汽炉，中盛水而下炽炭，水沸气满，开窍由铜喉达入气筒，筒中络一铁柱，随气升降俯仰，拨动铁轮，轮绾皮带，系绕轴心，彼此连缀，轮转则带旋，带旋则机动，仅资人力以发纵，不靠人力之运动。

在那个“科盲”时代，这样的“科普”奏折绝对是凤毛麟角。

李鸿章的这个爱好，一定为他赢得不少“实利”。当时朝廷因为知道他“识货”“懂行”，很多公务采购大单都让他经手办理。

前面说过，他在天津的住处周围就像一个喧闹的万国商会，各色人等都来推销：比国的枪、德国的炮、英国的船、美国的西洋参、意国的洋布、法国的圣经以及荷兰的船，等等。如果真像某些人说的，他的财产等于现在的10亿人民币，那么，这中间有不少应该来自这些“交易中介费”。他不收有人也会代收，此事古难全。

李鸿章爱好“科技产品”的故事一箩筐，如：

某年某月李老到英国，对英国的一架缝纫机看呆了，李老不惜重金，给老太后购回一台！

某年某月李老坐到刚发明的X光机上拍了张照片，成了中国第一个使用X光设备的人。

某年某月李老在尼亚加拉大瀑布旁为一些发动机新技术久久伫立，发呆。

某年某月李老在法兰西大炮消音室里近距离观看大炮的发射实验。

1887年香港西医书院筹建，邀请李鸿章做“名誉赞助人”，李鸿章欣然接受并亲笔回信（信的内容载于1887年香港《德臣西报》）。于是清国第一篇“在职干部”医学博士论文诞生了：

我认为，医学同化学是姊妹科学，应给以同样的重视，不但应该了解它们的组合，而且必须明了该如何分析，因为不这样，就不能在诊断和治疗上发挥精确的作用。永远关注于科学原理以行诊断的收获，能够补救在解剖学及化学的理论上的不足，而其最终的结果，是将智识由黑暗变为光明。天津医学馆就是一个很好的例子，因为他们把先进的西方科学，运用到中国医学的实践里。

这段话出自一个封闭的年代，出自于一个民智不开的社会，真乃不可思议。西太后当时真该让他去管“中科院”或“社科院”，可惜那会儿还没有。

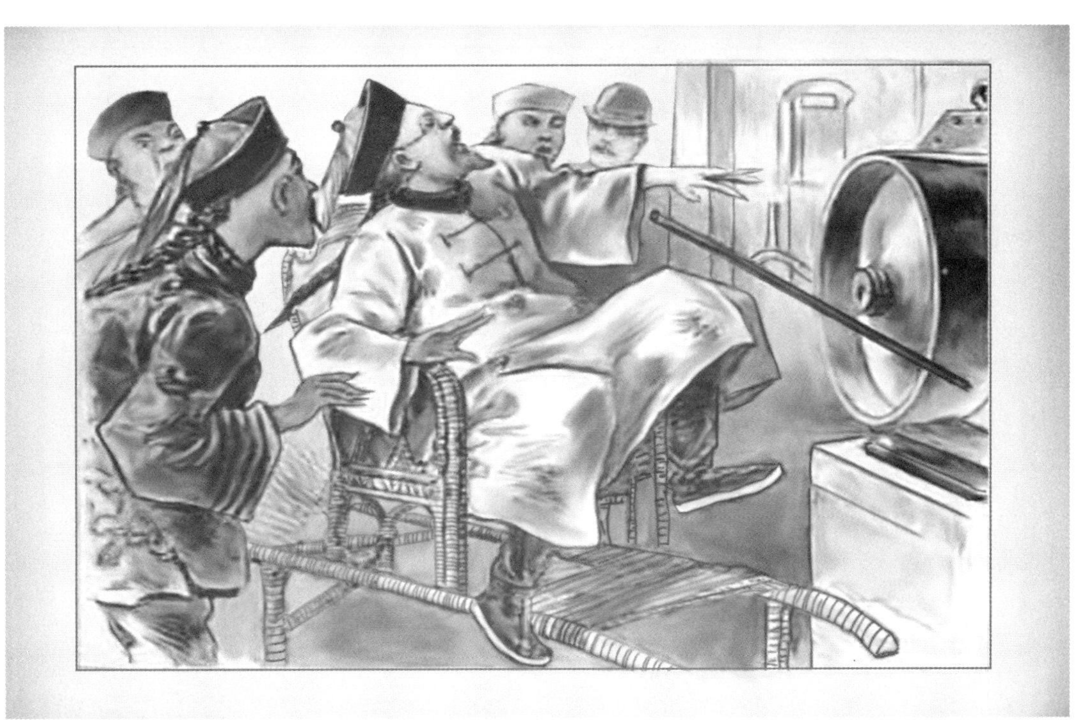

上图　美国漫画《李鸿章为发动机所震撼》。李鸿章在美加边界的尼亚加拉大瀑布旁第一次看到现代科技的利器——发动机。画中的李鸿章为发动机的强大功率所震撼。

下图　1889 年 4 月 20 日西方报纸报道：“李鸿章在淮军中建立的中国第一支红十字战地救护队。”

“克虏伯大炮迷”

“科技迷”李鸿章还是个“克虏伯大炮迷”。1866 年 7 月 27 日，中国代表团参观了克虏伯。李鸿章接到报告：“他（克虏伯的创始人阿尔费雷德 · 克虏伯）热情、好客，不像英国人、法国人那样藐视我们的长衫、马褂和长辫，他彬彬有礼地用盛宴款待我们这些中国人！”

1871 年，李鸿章一口气向克虏伯买下了 328 门各种口径的大炮，布防在大沽口、北塘、山海关等炮台，首先稳固北京城的防务安全。看他 1874 年的奏折，这个“克虏伯大炮迷”对克虏伯后膛炮的分析相当精到：

后膛装药枪炮最为近时利器。查格林炮一宗不能及远，仅可为守营墙护大炮之用。惟德国克虏伯四磅钢炮可以命中致远，质坚体轻，用马拖拉，行走如飞，现在俄德英法各国平地战阵皆以此器为最利，陆军炮队专用此种，所需子弹之价格与炮价相等。

对克虏伯大炮的偏爱，使李鸿章在 1877 年率先于淮军中装备了 19 个炮营，共有克虏伯大炮 114 门。每营有正勇 144 名，有克虏伯四磅后膛钢炮 6 门、马 150 匹、车 19 辆。一不小心，李鸿章成了中国炮兵的鼻祖。

1877 年春，阿尔弗雷德 · 克虏伯同意了李鸿章的要求，第一批中国留学生七人到德国埃森接受免费培训。中国军事代表团与德国甫自德军舰厂家签了北洋水师“定远”“镇远”“济远”舰的建造合同。之所以选择这家军舰厂，主要原因是李鸿章认为该厂生产的军舰配有克虏伯的龙骨、护甲钢板厚度和舰面的 30.5 毫米的克虏伯双管巨炮。

1886 年 8 月，“定远”“镇远”“济远”从德国千里迢迢远航归队威海卫。

1888 年 12 月 17 日，北洋海军正式成立。在成立庆典上，李鸿章和前来祝贺的克虏伯特使一起走到战舰旁，指着“定一”“定二”等鱼雷艇说：“结识克虏伯先生是我一生莫大的荣幸，12 年前他赠送我多个火车模型，今天，又是他帮我们的驻德公使（李凤苞）和留学生得到鱼雷德磷铜秘炼之法，使我北洋的军力大增啊！”克虏伯在 1877 年到 1896 年之间共得到了清政府约 2000 门大炮的订单。

1896 年，李鸿章到了德国克虏伯炮厂。克虏伯人热情地接待了这个公司几十年的大主顾，还为他专门出了一套纪念册。第二天，克虏伯亲自陪着李鸿章去梅喷射击场看望中国留学生。李鸿章对留学生们说：“克虏伯新式大炮最为精奥，只要苦心研究，操练、演放、修整诸事赶紧苦学，必得其秘。中国沿海南至琼州，北至营口，具有建置御敌之炮台。我之老矣，不能效力国家，将来伐谋制敌、御侮保国之重任皆落诸位双肩！”

西方铜版画《淮军中的克虏伯大炮和洋教官》。1863年，李鸿章要求淮军各营于营、哨官外，另延聘西洋军官充任“教习”，训练洋操，并改抬枪、小枪等队为洋枪队，其劈山炮队亦改为开花炮队。1877年，又参照德国营制，建立克虏伯炮队。由此，成为中国军队近代化的开端。但淮军的统领、营官、哨官都未习西法，作战时由他们妄行调度，军队平日所学全归无用。

战斗中的淮军。1894年9月8日，《伦敦新闻画报》中的水彩画（原图标题：中日战争——李鸿章的欧式重型火炮正在发射）。

左图　阿尔费雷德 · 克虏伯画像。当时的德国克虏伯公司老板，1896年他热情地接待了李鸿章的到访。

下图　1896年7月1日，李鸿章在自己的照片上题写“奉赠好友克罗卜”字样（“克罗卜”即“克虏伯”）。克虏伯公司历史展览馆里至今还保留着这张照片。

又一门克虏伯重型大炮起吊，准备运往中国。

大清欽差出使大臣二品頂戴三品卿銜記名海關道李 批
前項[illegible]係克虏卜廠主[illegible]門士[illegible]前赴中國[illegible]
發給[illegible]
大德國外部[illegible]
光緒

1879 年，清政府批准德国克虏伯大炮入关的文件。

1870 年，在德国埃森的克虏伯梅喷射击场上进行军事培训的中国军官。

1890 年，中国留学生在德国埃森的梅喷射击场实弹发射 280 毫米的克虏伯大炮。段祺瑞应该在本期培训名单上，他是 1889 年到德国，一年半后学成回国的。

克虏伯 150 毫米后膛炮。北洋水师“定远”“镇远”“济远”“经远”“来远”“平远”军舰，以及日本舰队的“高千穗”“浪速”等舰都装备了这种火炮。

1896 年，李鸿章访问德国埃森的梅喷射击场，了却了平生一大夙愿（坐轮椅者为李鸿章）。

为官之道在于“拼”

大家都说李鸿章会做官，还说他能把官位来坐穿。实际上他的为官成功之道非常简单，就是拼命地干，拼命地提新建议，拼命地提拔人（当然是他欣赏的人），拼命地储备各色人才“为我所用”，拼命地写信与同僚沟通，拼命地巴结对他工作前途十分重要的人物。

首先是拼命地干。大概是大器晚成吧，李鸿章 40 岁才真正地干实事，所以他特别珍惜干事的机会。《剑桥中国史》说：“从 1870 年随着李鸿章成为北洋通商大臣以来，自强新政的领导权就被这个强有力的人物所掌握。”

这人什么瓷器活儿都敢揽，朝廷说声“这件事儿满朝只有您老能干”，再苦他都认了。您说这义和团的事儿和您这 78 岁、行将就木的两广总督有何相干？可是人家荣禄推托了的事儿，他半推半就地就接了，死之前还“呕心沥血”地签了一个晚清赔款数目最大的条约，事后被荣禄痛心疾首地骂为“误国”。

这个人从没成功地推托过一件棘手的事。查他的记录，似乎只有《马关条约》签字后，去台湾和日本人交割一事，让他以“枪伤未愈”成功地金蝉脱壳了，但还是他的大儿子李经方去了，在台湾近海的轮船上和日本外交官进行了主权交割。

大多数情况下，朝廷最后只要说：世沐恩泽，不得推托！他便乖乖地去了。你可以说他是“我不入地狱，谁入地狱？”你也可以说他是“聪明一时，糊涂一世”。可人家要的只是干事儿的快感！

其次是拼命地提新建议。查该大学士的奏折，少有搬弄是非的参奏，也没有空洞乏味的讲经，大多为一些积极“进言”的“肺腑之言”，多为“自强”“洋务”之事，尤以“外须和戎，内须变法”的进言最精到。这些内参式的“进言”，有些思想超前得连恭亲王和文祥都拍案叫绝。他办了一系列的新式实业，这是大家看得见的、表层的东西，还有大量看不见的“进言”被两宫“含泪”扔到了垃圾箱里。这些“醒世恒言式”的“进言”往往花去了他大量的精力和时间，属于吃力不讨好的折子。“进言”难过办实业，主要的难点是很难“说服”朝廷的那些榆木疙瘩，他们是道坎儿，明知对牛弹琴你也得弹，谁叫人家是“管事儿的榆木疙瘩”？

其实戊戌变法的很多条目，李鸿章早在 20 年前就上专折提倡变革。结果如何？大凡要动制度的就有人反对，办实业的便好事多磨。但是晚清的变革居然在这个工作狂的大声疾呼下成了一些，北洋海军就是一例。

恭亲王爱新觉罗·奕䜣晚年像。奕䜣，道光帝第六子，咸丰帝同父异母兄弟，洋务运动主要领导者，清朝十二家铁帽子王之一。1861 年，咸丰帝驾崩，奕䜣与两宫太后联合发动辛酉政变，被授予议政王之衔。1884 年因中法战争失利被罢黜，一直到 1894 年甲午战争失败后，才再度被起用。这张照片应该是他甲午战败后复出时拍摄的，极为珍贵。

能干实事这一点在晚清很难得

李鸿章揽的活儿多，用人也多。这个“不学无术”的家伙用人特别有自我意识，不看出身，不看学历，什么进士、翰林啊，他不管，只认工作能力。

“海归派”严复，英国文凭愣是不顶用，李鸿章照样要考他的英语能力。他手下三教九流、各色人等都有，很多人不是“贩私盐”的，就是搞“团练”的，“根红苗正”的没几个。但是他照样上折子，拼命为他们说好话。

有心人做过统计：“李鸿章手下的人被李鸿章推荐给朝廷，做到督抚以上官员的有 25 人。李鸿章操纵着当时中国的政治、外交、军事很大一个面，靠什么来影响？就是靠这帮人。”这大概也是他的门生幕僚特别多的原因之一吧。

有一个奇怪的现象：大多跟他的人，会一辈子跟他，很少有分道扬镳的事儿出现，这大概因为：其一，“放手发动群众”（甚至于放手让人发财）；其二，他对下不吹胡子瞪眼，最恨袁世凯时，还一口一个“慰庭、慰庭”的。

最后是拼命地巴结对他工作前途具有十分重要意义的人物。李鸿章这个人为了干事儿顺当，拼命地巴结重要人物，拼命地写信与同僚沟通。别看他私下嫌张之洞啰唆，浪费拍电报的银子，可他却能和张之洞沟通，共同完成“东南互保”的事儿。

他和翁同龢不对眼，却一口一个翁师父，让子女暗地里和翁家走动，联络感情。

和对口味的同僚，他在信中更是知无不言，言无不尽，喜欢和他们掏心窝子说话。这都是他拉人缘减少摩擦的为官手段。

对上呢？他和恭亲王以及文祥的关系是晚清时代最好的工作伙伴关系，但没有甜如蜜的私交，只有淡如水的公办。

大多数情况下，他和他们甚至是话不投机三句多。可是李鸿章却能屈能伸，忍性特好。他的名言是：“受尽天下百官气，养就胸中一段春。”

有论者说，他“事事曲承太后与军机王公大臣，不惜损海军以媚上”。是的，他就是这种人。他骨子里看不起老糊涂醇亲王，但是人家是光绪亲爹，李鸿章就竭力打报告，要人家来领导海军。果然，关系理顺了，李鸿章还是实际上的海军司令，醇亲王只不过合着慈禧太后常来刷一下海军的信用卡。大家是“共创双赢”。

能干实事这点在清朝难得，甚至历代皆如此。能和李鸿章比实干的，在我看来也就是明朝的张居正吧。到了晚清，朝廷里还是死气沉沉的工作作风，官员之间玩玩“风雅颂”，写些书法混日子，和列强的积极进取精神完全背道而驰。

S. Exc Tchang.　　S. Exc. Liu.　　S. Exc. Shui-Tan.　　Le prince Tching.　　S. Exc. Shui.　　S. Exc. Souane

ÉVÉNEMENTS DE CORÉE. — Le Tsong-li-Yamen, ou Conseil des ministres de l'Empire chinois.

D'après une photographie prise à Pékin, dans le jardin du Palais des ministres, par M. Vapereau fils.

西方铜版画《清廷总理各国事务衙门的几位大臣》。总理各国事务衙门简称“总理衙门”“总署”“译署”，系清廷为办洋务及外交事务而特设的中央机构，于 1861 年 1 月 20 日由咸丰帝批准成立，存在了 40 年，直至光绪二十七年（1901 年），据清政府与列强签订的《辛丑条约》第 12 款规定，改为外务部，仍位列六部之上。其旧址位于北京市东堂子胡同 49 号，设大臣、章京两级职官。最初主持外交与通商事务，后来扩大管理办工厂、修铁路、开矿山、办学校、派留学生等，权力越来越大，举凡外交及与外国有关的财政、军事、教育、矿务、交通等，无不归该衙门管辖，成为清廷的重要决策机构。下设南、北洋通商大臣。1870 年开始，李鸿章就任北洋通商大臣，许多外交事务逐渐由北京的总理衙门转往天津，此后到甲午战争前后，李鸿章在天津的衙门成为事实上的中国外交部，总理衙门在外交事务上的作用就减小了。

李鸿章到底有多少家产

早就听说李鸿章有钱，他到底有多少钱？

李鸿章有钱，但是现钞不多，浮财甚少，大多为不动产和股票、土地等。李鸿章生前家人谁也不提钱这个敏感的话题。死后，子孙打开《分家合同》一看，傻了眼：

一、庄田十二块、坟田一块、堰堤一道，安徽桐城县城内产业四处，另加省城安庆房地产十四处，均留作李鸿章发妻周氏祠堂开销之用，由李经方经管。

二、合肥县撮城庄田一处，留作祭祀葬于该处之李鸿章两妾及李经方发妻开销之用，由李经方掌管。

三、合肥县庄田两处，为李经述之祭田（他葬在其中一处），由李经述之子李国杰经营。

四、合肥县田产两处，庄田三处，墓地一处，留与经迈，为其殁后之祭田及墓地，由李经迈本人掌管。

五、李鸿章在合肥县、巢县、六安州、霍山县之其余田产及其在庐州府、巢县、柘皋村、六安州及霍山县之房产，均为李鸿章祭田及恒产。上述田产房产永不分割、抵押或出售，其岁入除用于祭祀和维修庐州府城祠堂之外，所余部分用于扩置房地产。由李国杰经管。

六、合同签订之日起十年后，若李鸿章祭田及恒产岁入逾二万担，除上述开销外，所有盈余部分由三位继承人平分，本规定永不变更。

七、合肥县东乡李文安之墓地及祭田继续保留，不得分割、抵押或出售。

八、上海一价值 4.5 万两白银之中西合壁式房产出售，其中 2 万两用于上海李氏祠堂之开销，其余 2.5 万两用于在上海外国租界买地建屋，该幢房屋为三位继承人之公有居处，归三人共同拥有、共同管理。

九、江苏扬州府一当铺之收入，用于省城江宁李鸿章祠堂之开销。

十、分别位于江宁（南京）、扬州之两处房产出售，卖房所得用于扩建上海之公有居处。

十一、根据李鸿章生前指示，江宁学馆分与孙子李国杰作宅邸，扬州一处房产分与李经迈作宅邸。

一个家道贫困的江淮世子，能在有生之年快速地积累这份财产也不简单啊，而且是李鸿章于 40 岁“高龄”开始积累的，更加了得。

这份《分家合同》，如今在合肥大兴集李鸿章享堂的陈列栏展出。它不包括金银财宝等动产，只涉及分布在安徽、江苏、上海的土地、房屋和一处当铺等不动产，又没有注明这些不动

想当年，李鸿章财权有多大！纸币上都得印上他的头像。这些是以李鸿章头像作为图案印制的货币。图中左上为大清银行兑换券十元纸币，右上和下为天津北洋银行各类纸币。

下图　上海人至今还认为高不可攀的丁香花园就是李鸿章的小儿子李经迈的居所。这后面的大楼虽然和丁香花园格格不入，但是若要在 2017 年的今天买下，没有十万元以上一平方米的价格，想都别想。

产的规模、价值，因而难以估计李鸿章遗产的总值。

李鸿章有钱是毋庸赘言的，他经营中国数十年，不可能不经营自家；他洋务中国一代人，不可能不帮着五个兄弟“脱贫致富”。实际上就连跟他一辈子的几个洋务大员，洗一下身子都能洗出八两油来。

可是他到底有多少钱就众说不一了。梁启超说：“世人竞传李鸿章富甲天下，此其事殆不足信，大约数百万金之产业，意中事也。”好事者用PPP（购买力平价）方法一算，说是几百万两白银，大约合今天人民币10亿元左右。

李鸿章的腰缠万贯，好像真凭实据的“硬指标”不多。倒是听说李鸿章在离开直隶总督之任时，将其带兵数十年所存之“小金库”800余万两白银全部移交给后任王文韶。据说这笔巨款，后来落入袁世凯之手。再一想，查它做甚？人家李鸿章又不是道德楷模，也不标榜为圣人立言，更不以清官留名。既然“痞子李”“李二先生是汉奸”都叫了，还管他这等事儿。再说上至慈禧下至九品芝麻官，哪个敢说自己比宁国府的石狮子干净？连皇上都把A钱的“火耗”拿到台面上发“红头文件”了，“官位”都可以称斤论两地卖，为什么要和李鸿章一人过不去？就此打住。

右页一组照片均为李鸿章在上海利西路上的中西合璧风格的宅子。外观看似中国传统的二层塔形建筑，据在此居住50多年的老住户说，李鸿章老母亲虔信佛教，故建成塔形。底层面积大，二层收小，成八角形。二层屋顶顶尖，曾立有一只仙鹤。这幢二层塔式建筑全系木结构。楼梯立柱，只雕狮头不雕龙头，不敢冒犯皇讳。

这座建筑内部的一些装饰，一直保留到“文革”结束以后。但是1978年大修时，由于技术问题，屋面被改成了普通青瓦屋面，加上局部搭建和房间分隔，建筑面目已非昔日。屋面戗角、楼梯栏杆、二十四孝镏金浮雕、佛像等，也都在那一次大修时被毁。据这里的老住户说，这幢李氏住宅在20世纪40年代，还由李鸿章的孙子居住。新中国成立前夕，李鸿章孙子移居美国。我一同事就曾住在一楼，里面不少上海文广的职工，每天上下班还有班车接送呢。

第 三 章

李鸿章西洋镜

濮兰德对李鸿章这样评价："……他的仪态举止和思维方式更像一名战士，而不是政治家。他的身材要比一般的中国人高大，声音粗哑而充满饱满的精神，给人的感觉非常平民化，易于接近。"

李鸿章为什么被戏称为“李大架子”

我们知道李鸿章是个大高个儿，这一点应该是继承了他那位“麻大脚”母亲的基因。在李鸿章出生地，我们听说，他母亲大手大脚，属于那种人高马大型的中国妇女。这位高个头的旧式女性还没裹过脚，在当年江淮一带，并不符合时人的审美观。但是都说儿子的身高随母亲，这大高个儿长在儿子身上，就有了孔武有力的美感。君不见旧本词话里开口就是某某八尺、某某一丈的，不这么说就别想吸引住那些听书者的注意力。

那么李鸿章的身高到底有多高？这个史家历来是不观察的，正如历史学家黄仁宇所说，中国人历来就不是一个以数字管理的民族。我们得不到官方的精确数字。

据资料得来的印象，李鸿章身高至少是 1.83 米。何以见得？西人书上大多说他“6 英尺以上”，6 英尺换算为米是 1.8288 米。有人还说他“6.4 英尺”，1.95 米，这有点不可能。

纵观李鸿章的照片，我们可以看到，李鸿章青壮年时带有五分江淮“武气”，人到中年微显三分劳累状，60 岁后有点发福。晚年为多颗右牙掉落所困，面颊呈左满右陷状。而且他老年喜戴老花眼镜，可能和青壮年时用眼过度有关（此公年轻时是个职业写奏折的秘书型人才）。生命的最后六年，左颊眼睛下方一寸处又添大日本帝国的浪人所赠之物——一处枪伤的疤痕。疤痕略出，因为子弹尚遗留在皮下。枪击后，他的身体状况一日不如一日。“云中鹤”腰也弯了，气也泄了，眉骨也突出了，眼袋也大了，头发稀疏了，胡子全白了。壮士暮年，人比黄花瘦。

1.83 米的身高在当时普遍缺少营养的大清国里算是鹤立鸡群。中部地区走出来的李鸿章即使在关外满人中也是“云中鹤”。以前总以为关外满人人高马大，其实不然。查满清贵族和洋人站在一起的照片，传说中的满人大汉其实大多呈“矮胖型”。

1.83 米的个子，站在国际舞台上给清国人的形象加分不少。观察当时的西人漫画，中国人普遍被画得高一些，日本人大多“倭”点。这其中难道没有在国际舞台上频频亮相的李鸿章的功劳？人这个生物大概还没有完全进化好，看人有时还是以生理上的尺寸论英雄。也许视觉上的“伟岸”就是能镇人。日本人就深受这种“视觉论英雄”的影响，人家也将自己画成李鸿章似的大高个儿。

1896年，在英国访问的李鸿章亲自前往哈瓦登城堡拜会英国前首相格莱斯顿。这张画刊登于李鸿章访问伦敦期间的《伦敦新闻图片报》。画中的李鸿章气质一点也不输这位英国大名鼎鼎的前首相格莱斯顿，甚至在构图上有点绿叶（格）配红花（李）的感觉。格莱斯顿（1809—1898），英国自由党领袖，曾四度担任英国首相。作为当时的反对党，他曾经反对1840年英国对华侵略战争（鸦片战争）。

西人细说1.83米的李鸿章

当时大清国在国际上并不“高大”，但是有着高大身躯的李鸿章却能给傲慢的英国人一个先“身”夺人的印象。

濮兰德在《李鸿章》里记载了74岁的李鸿章在一个英国人眼里的形象：“我从议院出来时，突然与李鸿章打了个照面，他正被人领入听取辩论。他像是来自另外一个世界的身材奇高、容貌仁慈的异乡人。他的蓝色长袍光彩夺目，步伐和举止端庄，向他看到的每个人投以感激优雅的微笑。从容貌来看，这一代或上一代人都会认为李鸿章难以接近，这不是因为他给你巨大成就或人格力量的深刻印象，而是他的神采给人以威严的感觉，像是某种半神、半人，自信、超然，然而又文雅和对苦苦挣扎的芸芸众生的优越感。”

1892年，英国青年政治家寇松勋爵曾来华旅行。他在两年后出版的《远东问题：日本、朝鲜和中国》一书中，记述了会见李鸿章的场景，并称这是他“毕生最美好的回忆”。

英国政客寇松近距离观察了李鸿章，看到他“有6英尺多高，身着灰色丝长袍，戴黑丝帽，很有威仪”，“唇上的大胡子将嘴巴遮住一半，下巴上也留着中国式胡须，头发是正在变白的深灰色”。

何天爵是一个美国传教士，也是一个驻华外交官，1895年何天爵写了一本《中国人本色》，在书中他对李鸿章是这样评价的：“……他的仪态举止和思维方式更像一名战士，而不是政治家。他的身材要比一般的中国人高大，声音粗哑而充满饱满的精神，给人的感觉非常平民化，易于接近。”

美国作家斯特林·西格雷夫对李鸿章无甚好感。他给当时76岁的李鸿章画了张素描：“他看上去就是个伪善的家伙，穿着一双厚底缎面朝靴，站着的时候，身高在6英尺4英寸以上。”

“他中过一次风，这使他的脸有一部分不能动弹，于是看上去总是面带微笑——一个危险的男人却有着一张纯洁的笑脸。因为这时候已经很热，李鸿章戴着一顶篾底纱面的帽子，颇似灯罩，一只孔雀翎被一根缅甸翡翠做的管子紧紧扣住。他的袍子外面罩着一件丝绸补褂，朝服的两侧各开着一个口子，这样以便于骑马，前后补子则依照他的官品而绣着白鹤，这是文一品的标志。补褂的外面，齐腰系着一根皮制腰带，上面挂着钱包和一些小袋，袋子里装着他的扇子、鼻烟，以及诸如此类。”

通过这几位英美人的话，可以看到李鸿章的“大架子”之一端，而且这“大架子”的确为他赢得了“威仪”“威严”的形象。

1896 年 8 月，李鸿章在英国访问期间又会见了以外交副大臣身份陪同英国首相接待他的寇松（右边的年轻英国人）。

李鸿章爱抽烟

李鸿章爱抽烟。有人说他爱抽水烟，但是从他在天津拍的照片来看，他茶几上放的是旱烟。

李鸿章喜欢抽烟，痰就多。他每到一个国家，人家就为他准备一个痰盂。马关谈判时伊藤博文就想到了这个细节。李鸿章一直为“多痰”所困。仔细观察李鸿章的服饰，你会发现在他的腰部有一个小锦袋。那是锦囊妙计袋吗？美国作家斯特林·西格雷夫揭穿了这个秘密——（李鸿章的）“补褂外面，齐腰系着一根皮制腰带，上面挂着钱包和一些小袋，袋子里装着他的扇子、鼻烟，以及诸如此类。有一只袋子装的是一个袖珍痰罐，他不时地伸手取过来向里面吐痰（总督大人清理喉咙和鼻窦时所发出的叽里咕噜的声音，闻之者无不后脊梁发冷）”。都怪那时候科学不发达，我们的总督大人不知道“抽烟危害健康”。

当时西方发达国家在正式场合，特别是有女宾在场的情况下是不抽烟的。李鸿章不管，这个老烟枪到哪儿都爱吞云吐雾。精明的比利时国王讨厌他抽烟，但是为了“销售”比利时枪炮，人家灵机一动说：“李总督不在此列。”说的时候，国王脸不红心不跳。俄国人就没有这么好的修养，俄国财政大臣维特看到李鸿章抽烟吐痰，当时不便发作，晚上回来全记了下来。后来，这个俄国的“中国通”在自己的回忆录中狠狠地“直笔”了一下李鸿章这个恶习：“用过茶点，我问李鸿章是否想吸烟。他于是喊了一声，颇有点像马的嘶叫。两个中国人立刻从隔壁屋子里跑来，一个拿着一个水烟袋，另一个拿着烟草，于是开始吸烟的仪式。李鸿章静坐着吞云吐雾，他的侍者们很肃敬地替他点烟，端着烟袋，从他的口里拿出来，又放回去。很显然，李鸿章是想拿这种种隆重的排场来使我对他的尊严有一个深刻的印象。不过在我这方面，我也使他相信，我对于所有这些排场丝毫没有在意。”

李鸿章虽抽烟，但对鸦片十分不感冒。据说翻译家严复不知道回避，他在北洋水师学堂教书的时候经常吸食鸦片，因而这个文职军官萎靡不振，为此经常受李鸿章的痛斥。

于私于公，李鸿章都反对鸦片。《伦敦每日新闻》曾有报道：“……他以最强劲的语言声称，中国政府一如既往地强烈反对鸦片贸易。这种贸易是列强通过战争强加给中国的，中国政府根据条约不得已允许印度鸦片进入大陆。……李总督最后明确宣称：‘你们也许明白，如果你们停止毒害我的人民，我们就会立即禁止他们获得鸦片。’我（约瑟夫）告诉他，英国议会已经通过投票，将指定一个专门委员会来华调查鸦片是否真的像有人指控的那样有害时，他气愤地回答：‘荒谬绝伦！’似乎十分的愤怒和蔑视，缓和了一下语气又说：‘任何人都知道，鸦片是有害的。’”

美国作家斯特林·西格雷夫揭秘李鸿章腰间的一个小袋子装的是一个袖珍痰罐。

1872 年李鸿章在天津的照片证实了他抽的是旱烟，而不是传说中的水烟。

这是日本马关春帆楼里陈列的李鸿章座位牌。注意这只花瓷痰盂，这是日本总理大臣、李鸿章的老对手伊藤博文特别为他摆放的。

牙不好，喜炖菜

除抽旱烟外，李鸿章还喜欢喝点红酒，特别是在就餐时喜欢喝上两杯。

1896年8月29日的《纽约时报》就三次讲到他的喝酒："晚上李饮了少量的酒后，早早就歇息了。"接着在另外一段报道中写了记者的提问："他喝什么呢？"李的随从说："他只在饭后饮一点葡萄酒，是产于法国的红葡萄酒。"然后又在另外一篇报道中提到，李的饮食中"还有一杯淡葡萄酒"。（瞧，《纽约时报》一天之内有如此多的李鸿章报道，都快成了"专刊"了。）"会吃的老寿星李总督"一下子享誉美国，于是有保健品商人便想到将李鸿章包装成自己商品的代言人。无意间，李鸿章这会儿又成了中国第一个商品代言人。

因为牙齿不好，年迈的李鸿章饮食多以"炖菜"为主。《纽约时报》报道中透露说："李吃了燕窝、鱼翅、烤鸡、炒饭。""当他被问及：'你所称的适量饮食对一位清国的政治家意味着什么呢？'这位发言人说：'是指鱼翅、燕窝、烤鸡和炒饭，这也是今晚总督所吃的。他每顿饭几乎都这么吃，他的生活极为简单。'"

"李鸿章杂碎"的产生据说完全出自偶然。但是就是这个偶然的即兴创作也产生了中美两个版本。

中国人的版本是这样的：李鸿章到了纽约，吃腻了美国菜，一天，他在住处招待美国客人吃晚饭，大概是中国的饭菜香吧，客人很快就把桌子上的菜一扫而空。厨师急了，准备的菜都上完了，而客人根本就没有走的意思。李鸿章急中生智，便如此如此、这般这般地和厨师咬了一阵儿耳朵。

不一会儿，厨师端上一盆五颜六色、五花八门的什锦大烩菜来。客人一尝，高兴得开起了玩笑：总督大人，你这个时候才上这么美味的菜，是不是不想让我们吃得舒服啊？李鸿章笑着说："哈哈，咱们中国人喜欢将最好的东西放在最后。"客人问叫什么菜，李鸿章大概没有听明白，说了一句驴唇不对马嘴的话：好吃，好吃！没想歪打正着，这"好吃，好吃！"和英语"杂碎"的"Hotch-potch"发音差不多。李鸿章就在这一刻获得了"李鸿章杂碎"的冠名权。

正在门后的厨师听了，不禁哑然失笑。只有他知道，刚才中堂大人吩咐他将厨房里的下脚料"乱炖"了一大盆，权当解燃眉之急，没想到……

这些美国客人吃饱了，喝足了，打着饱嗝，千谢万谢地告别回家，谁料到，一出李鸿章下榻的华尔道夫饭店就被等在门外的"娱记"们逮个正着。这些免费的"中华文化传播使者们"，便添油加醋地海吹了一番。就这么着，名菜"李鸿章杂碎"诞生了！

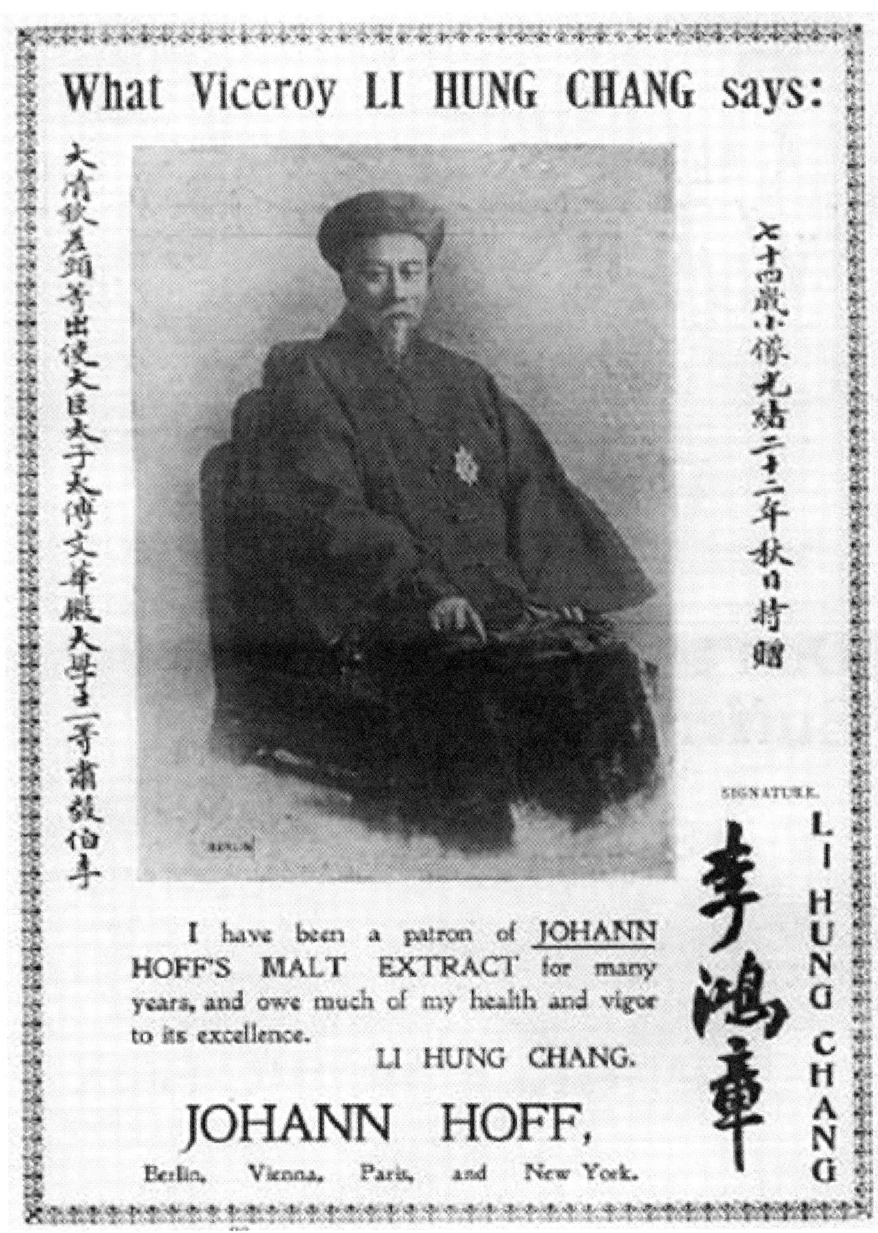

李鸿章的保健品广告。李鸿章在纽约还为人家保健品做了广告。听！李鸿章说："我是 JOHANN HOFF 公司麦精的长期用户，吃了麦精后身体特棒、精神特好。"还大喇喇地打上了自己的名字。李鸿章知道这事儿吗？拿到代言人劳务费了吗？不得而知。我们只知道那会儿"李旋风"刮得猛，谁都想在李鸿章的盛名下得点儿利。这本没有什么，奇怪的是李鸿章去年刚打了败仗，老美还崇拜这样的"失败者"。

“李鸿章杂碎”背后的神秘厨师

“李鸿章杂碎”诞生记还有一个美国版本。

“李鸿章到了纽约后，8月29日晚上，他宴请美国客人，李鸿章试图创造良好的中美关系，他知道我们美国有一句名言——‘要想获取一个人的心，最好的方式就是先获取他的胃’。席间李鸿章上了道由芹菜、豆芽、肉和美味中国酱组成的菜，以满足中国主人和美国客人的双重口味。但这个传说是否属实？我们就不得而知了。”（译自《美国故事》杂志）

中美版本各有各的优点，中国版发扬了《史记》的优良传统，以春秋笔法弘扬了中华饮食文化，而且还带点“演义”的“戏说”成分。美国版的地点、时间和人物“三要素”俱全，而且也知道从“中美友谊”的大处着笔，值得赞许。

这个传说的后面真正吊起美国人胃口的是“李总督庞大的厨师团”。李鸿章还没有下船，关于李鸿章厨师的故事已经赫然登在《纽约时报》上了。

《纽约时报》1896年8月29日的报道是这样写的：“代表团里有十几个厨师，首席厨师是个高个子、年纪不详、毫无表情的男子。身穿深色长袍，一举一动就像是总督的下级正式官员。大概是因为主人身居要职吧，这位厨师长也一本正经地不和饭店的人说话……然后上楼，等候着他主人的吩咐。”

寥寥数笔就把个中华饮食文化代表人物的专业面孔勾勒出来了：“沉着”“冷静”以及“做好自己的本职工作”。

接着这些老记们又写道：“厨师的厨具和总督的专用座椅也很快到了（华尔道夫饭店）……总督回房歇息。大家都走了，除了厨师们，他们得留下来加紧安装厨具并马上着手为总督准备晚餐。”

“昨晚当李总督准备进晚餐时，清国大厨走进华尔道夫饭店的厨房，他带了两名助手和许多厨具，还有很多从天津带来的奇特食物。厨师们准备着晚餐，并把做好的饭菜送进李的卧房。晚餐有燕窝汤、烤鸡、鱼翅和米饭，还有一杯淡葡萄酒。李的私人医生总建议他要少吃正餐。他在美国第一个晚上做的事使人感到怪异，这也使他的名声大噪。”

读了这段报道，美国读者会想：一个74岁的“糟老头”要“十几个厨师”伺候，而且带来了大量的专业厨房用具！更加吊胃口的是那些天津带来的“奇特食物”。这对一个每晚面对一只烤土豆、两勺煮豌豆、三片硬面包的美国读者来说，有了点神秘“异国贵族”的感觉。

现在中美两国之间每天百多架次飞机穿梭来往，这类异国风情早就荡然无存了。

美国报刊上登载的水粉画《李鸿章杂碎的诞生》。美国记者在李鸿章的厨师身上没少着墨，这些人一经过他们的手就成了带着“专业设备”十几箱和带来很多“特殊材料”的神秘人物。这也不奇怪。由于早年“卖猪仔”去了很多中国人，中国菜已经在美国出了大名。

漫画广告：李鸿章推销《星期天新闻报》。漫画中的李鸿章正在煞有其事地阅读英文报纸，虽然一个字都看不懂。旁边的文字是：李鸿章从来不会错过《星期天新闻报》。人说新闻界的嗅觉最敏感，美国报人居然很早就挖掘了咱们李老的广告潜力。画面的细节都做到了：三眼花翎、黄马褂、眼镜、山羊胡子，但就是这事儿本身属子虚乌有。据说，李鸿章发明杂碎的故事就是由这家报纸报道出来的。

李鸿章成了当时国际流行色

说到现在，“李鸿章杂碎”是什么内容还没有涉及呢？其实这个谁也说不清，一百个人有一百个“李鸿章杂碎”菜谱，印度人、菲律宾人都有一个“李鸿章杂碎”的自己的版本。“李鸿章杂碎”大抵是什么？只能泛泛地说，应该是什锦的，炖烩的，肉啊蛋啊这些高蛋白的原料全往里扔，可谓“杂七杂八的大总汇”是也。

“高蛋白”三字从20世纪80年代以后就成了一个贬义词，所以“李鸿章杂碎”如今在美国几乎销声匿迹了。

“李鸿章杂碎”走红应该在李鸿章走后。美国主流社会文学中最早说到“李鸿章杂碎”这个词是在美国作家刘易斯的作品里，这位诺贝尔和平奖得主在他1914年的小说里这样写道：“到七花王国李鸿章杂碎店和美国点心店去，那里有5美元一位的茶座。”

“李鸿章杂碎”盛行美国时，《杂碎》还成了一个重金属乐队的当红歌曲，连百老汇都有一部音乐剧叫《杂碎》，是为了庆祝美国大熔炉文化而写的。

电影也没落下。2001年美国出了部电影就叫《杂碎》，是电影摄影师布鲁斯韦伯根据其1999年的《杂碎俱乐部》一书改编而成的。2005年奥斯卡最佳影片《撞车》里还有一个情节，安东尼给街上一个中国人40美元，要他去给大家“买一些李鸿章杂碎来”。

说李鸿章杂碎在美国销声匿迹也是过头话。瞧，就是现在，在加州洛杉矶小东京地区还有一家远东杂碎馆呢！

这是说的美国主流社会，对咱们中国人来说，“李鸿章杂碎”不管怎么着都是“为国争光”的好事，就连曾经想暗杀李鸿章的“康党要员”梁启超也免不了俗。李鸿章离开美国七年后，梁启超也来到了纽约。他两只眼睛一下子被纽约街上的“李鸿章杂碎”招牌吸引住了。他在《新大陆游记·由加拿大至纽约》中写道：“杂碎馆自李合肥游美后始发生。前此西人足迹不履唐人埠，自合肥至后一到游历，此后来者如鲫……合肥在美思中国饮食，属唐人埠之酒食店进馔数次。西人问其名，华人难于具对，统名之曰杂碎。自此杂碎之名大噪，仅纽约一隅，杂碎馆三四百家，遍于全市。”

原来“李鸿章杂碎”传奇故事的中国版知识产权还得归这位对李鸿章爱恨交加的梁启超所有。不过梁启超慕名吃了一碗后，对美国“李鸿章杂碎”不敢恭维。他说：“其所谓杂碎者烹饪殊劣，中国人从无就食者。”其实梁启超只说对一半，因为给“李鸿章杂碎”买单的是美国人，这道菜已经是具有“美国特色”的菜了，当然不合我们这位来自美食之乡广东的梁老先生的口味。

佩戴勋章绶带的李鸿章，这是他在外交场合的标准着装。这张照片应该是在他访问欧美的1896年前后拍摄的。看着李大架子这架势，我们能想象得出李鸿章杂碎走红美国的一些原因。

“李鸿章杂碎”多打着中国菜的招牌。左图是 1938 年用“杂碎”霓虹灯揽客的美国一家中餐馆外景。

有一千家做“李鸿章杂碎”的，就有一千种“李鸿章杂碎”的菜谱。这是李鸿章老家合肥人做的“李鸿章杂碎”。

INTRODUCTION

Three publishers originally produced the works of Emile Grimshaw (1880 - 1943). These were Emile Grimshaw & Son of Piccadilly, London, John Alvey Turner Limited of London W.1., and the Clifford Essex Music Company Limited, also of London W.1.

As the demand for banjo music has declined in the last 50 - 75 years, reprinting these compositions has not been a viable proposition to these large and well established publishing houses. The Clifford Essex copyright was taken over by Music Sales of London, W.1., who mention that the original Grimshaw plates were sold as scrap, the lead content being more valuable.

John Alvey Turner is still in existence but no longer publishes Emile Grimshaw's music. This therefore, is probably the first time that the compositions have been collected and bound in a single volume, certainly the first time they have been available for many years, most of the music having been deleted long ago.

Emile Grimshaw's output was vast and included three excellent tutor books for the banjo and many arrangements and selections. The tutor books were titled :

The Banjo and How To Play It.
Plectrum Banjo for Modern Banjoists
How To Excel on the Banjo

The latter consisted of nearly 120 progressive exercises which explored all the techniques required for his compositions. It is remarkable just how melodious and well constructed these exercises are. In fact each excercise is little short of a miniature composition which offers the otherwise starved student a bulk of material in the "easy to intermediate" range, thus giving him an enjoyable and playable repertoire. The 70-odd titles here also offer a wealth of concert material for both students and concert artistes. Items like "Speedwell" and "Tune Tonic" are relatively easy to finger but if played with articulation, tone colour variation, dynamics and good musical thought, are tasteful and exciting.

Emile Grimshaw arranged most of his work for finger-style banjo and plectrum banjo and many are equally effective in both styles; e.g. "Mr Jolly Boy" Emile Grimshaw was fairly consistent in converting his works from finger-style to plectrum or visa-versa. In collecting these titles, the finger-style seemed more readily available and indeed the plectrum versions were quite rare. Therefore, where plectrum editions were available, preference has been given in this collection. Conversion is quite a simple matter and a few examples are included below. In most cases, the plectrum player will be able to play from a finger-style edition instantly often with little change to the written score, for example:-

“杂碎”歌曲的乐谱封面和第一页。这就是美国人，这就是美国的流行艺术。他们天性乐观，多幽默细胞，流行艺术爱搞怪。其实艺术说得好听点是神圣，说得白一点就是娱乐，笑是硬道理。

《黄孩子》和李鸿章。“黄孩子”是当时美国一个系列漫画中的中心人物，其英文名称为 Yellow Kid。李访美期间，正值“黄孩子”炙手可热之时。这幅画刊登在 1896 年 9 月 6 日的《纽约世界报》上。画面上，在中式的灯笼、爆竹和鼓乐声中，李鸿章头戴三眼花翎，身穿黄马褂，手执月亮形丝扇，面容清癯慈祥、仪态万方地端坐在由一只白山羊拉的四轮轿子上，牵羊的人正是“黄孩子”。他的睡衣上写道：“嗨！他认为我是中国人——却一言不发。”楼房的墙壁上有则广告写道：“女士们！赶快讨要李鸿章式紧身衣吧。假如商贩向你兜售别的什么，你就告诉他，他不过是个撒谎大王罢了。”对于自己被人家卡通化，有记者曾问李鸿章：“您对自己的画像出现在本市有何评论？”李鸿章嘴上说：“不怎么样，他们画得不像。”但“脸上出现了非常特别的表情，显示出了美国式的幽默，好像乐意成为卡通和漫画中的人物”。

燕窝和鱼翅怎么能做菜?

李鸿章在纽约访问期间，燕窝和鱼翅被人家报纸翻出来报道了。当细心的美国读者读到燕窝和鱼翅时纳闷了：燕窝？燕窝是什么？燕窝就是燕子唾液的凝固物体。鱼翅？鱼翅为何物？鱼翅就是美国人处理生鱼时一扔了之的那些鱼脊梁上的划水软组织。当美国人了解了这些天方夜谭式的吃法时，不禁好奇心大发。

这就是美式新闻的写作法，叫“农村包围城市”：以厨师为辅料来陪衬李鸿章这个“火锅底料”的主料。这样，“李鸿章饮食是什么”便成了读者兴趣进一步的自然延伸。

关于李鸿章的饮食，《纽约时报》的八卦文章不厌其烦地细节描写：“……昨晚，李吃了些燕窝、鱼翅、烤鸡和炒饭后又喝了点酒，然后上床休息。”

当李鸿章的发言人被问及：“你称的适量饮食对一位清国的政治家意味着什么呢？”他说：“是指鱼翅、燕窝、烤鸡和米饭，这也是今晚总督所吃的。他每顿饭几乎都这么吃，他的生活极为简单。”

“他喝什么呢？”

“他只在饭后饮一点葡萄酒，是产于法国的红葡萄酒。”

老记们在“长他人的威风”时，不忘照顾一下美国读者的“爱国主义情操”。《纽约时报》在报道中继续写道：“华商们将在‘多米尼科’酒店为总督举行盛大的晚宴。准备的菜肴将是美国风味的，但如果他需要，也可请他的随身家厨来为他准备特殊饭菜。商人们说，如今李鸿章无疑已习惯了西式烹调，而且懂得怎样欣赏。李将由他的清国和英国医生一起陪同出席晚宴。”

李鸿章去美国访问的那个时代，也就是112年前，美国人吃饭是讲规矩的。基督教徒要在饭前做“感谢上帝恩赐”的祷告。特别是晚餐，在美国这可是正经八百的“正餐”啊，来不得半点“随随便便”！

李鸿章不然。《纽约时报》说到李总督海上旅行趣闻时有这么一段描写：“李鸿章在轮船二层有一个四间房的豪华客舱，两间舱房面向前方，另两间朝后。他的一些随从住在下层。他在自己的舱房内吃饭，由他带的厨师准备饭菜。这些厨子们在轮船的厨房大舱内自由进出。鱼翅、燕窝是美味佳肴，他从清国带了许多。他的一个儿子与他共同进餐，而其他随从则在轮船的餐厅内分桌用餐。总督到甲板上来得不多，仅有一天晚上出现在餐厅里，那是观看星期三小周末进行的娱乐表演。”

看到了吗，美国记者连这些小细节都爱打听，因为美国读者关心此类花边新闻的大有人在。

纽约州州长的卫队正在华尔道夫饭店门口等待李鸿章的到来。估计这时候还早呢，卫队在休息。

卫队接到消息，李鸿章马队一会儿就到，所以大家整装待命。

打听太多，李鸿章发飙了

1896年那个时代，美国人也是挺无聊的，没有电视和广播，唯一能打发日子的就是报纸。那是一个纸媒的黄金时代。正当李鸿章搭乘的游船航行在漫长的大西洋航线上，没有新闻也能做出新闻的《纽约时报》记者，把兴趣聚焦在李鸿章的生活起居上，毕竟从来没有一个中国帝王将相式的人物，供他们近距离观察，来满足读者的好奇心：

“其他乘客吃饭时他四处溜达，他一天要吃好几顿，有四个厨师为他准备饭食。厨师们凌晨2点就得起床，要使他们的主人早晨8点能吃上早饭，他们不到晚上9点或9点30分不能歇息，因为总督总是会要一些‘热菜热饭’什么的。”

李鸿章的饮食习惯的确有些另类，因为他长年累月地在三个城市间来往：保定，作为直隶总督府邸，每年得住上几个月。天津，作为北洋通商大臣总督府，是他主要居住地，估计他的眷属大多在天津。北京，是他每次进京的短暂居住地，担心太后和皇上以及各国总理衙门那些大臣的召唤，他一般借宿在东华门外不远的王府井贤良寺里。这么着，他的饮食有点儿如行军打仗，吃饭没有一个准点。他的厨师必须随时准备些热乎乎的食物，听他召唤。李鸿章大权在握，能常年不倒，太后、皇上和大臣们都看到了他工作狂的一面。《纽约时报》记者在船上看到的只是一个中国大臣的“工作狂商务餐”罢了。

《纽约时报》继续津津乐道地写道：“……史迪威・贝尔在航行中曾与总督交谈。当问及为什么随从为他提供在自己舱房内进餐的服务时，总督答道：‘我高兴在哪里吃就在哪里吃。’”

瞧，李鸿章发火了，是啊，你问什么都可以，为什么问人家在哪儿吃饭？洋记者也不想想，去洋人餐厅就餐，先不说洋规矩一大堆，而且和中华饮食文化格格不入，如果让他们看到，李鸿章的那双筷子直来直去地在每样菜里翻来翻去，喝汤的时候不但有咕噜咕噜的响声，而且咱们不似老外，先汤后饭，咱们是亦汤亦饭，李鸿章还爱吃合肥老家的老鸭汤泡饭。这些与人不同的地方见了报，是对大清外交的重大打击。所以李鸿章用痞子腔一概拒绝。恰恰是这种“自然流露”的“痞子腔”，成了纽约记者追踪的“热点新闻”。美国人骨子里喜欢“坏男人”由来已久了，君不见，小布什战胜戈尔的那次选举，就是因为小布什有点“痞子腔”，说话干事不按常理出牌，撩拨起美国选民的“兴奋点”。反观戈尔，一本正经的，哈佛大学科班出身，为官一身清廉，坏事“不粘锅”，环保理念无可挑剔，但就是不可爱。

100多年来美国人没有变。真正应了那句——“江山易改，禀性难移”。

September 12, 1896.　　THE ILLUSTRATED AMERICAN.　　365

LI HUNG CHANG'S ARRIVAL IN AMERICA.—THE STEAMSHIP "ST. LOUIS," ENTERING NEW YORK HARBOR, SALUTED BY THE WARSHIPS OF THE WHITE SQUADRON.
Photograph by J. H. Hare.

Li Hung Chang in New York.

By Julian Jerrold.

LI HUNG CHANG.

Li Hung Chang has been and gone. His advent was a notable one, since he was the first of his countrymen occupying an important official position close to the royal ear to see anything of Western civilization. How much of what he has taken in will get to the Emperor it is difficult to say. With the isolation of that great personage, it is highly improbable he would believe all that Li might tell him of his trip: he would be likely to attribute some of his statements to the exaggeration of a traveller's tale. It is said, for example, that some of our high buildings were most impressive to the great Chinaman, and we may imagine the incredulity of his imperial master at the bare mention of a house twenty-four stories high!

The great Oriental statesman came over the ocean in the *St. Louis* of the American line. He was met at the docks by a detachment of the Naval Reserves and escorted to his quarters at the Waldorf Hotel by the troopers of the Sixth United States Cavalry, who had been sent on from Fort Meyer to thus honor him. General Ruger, commanding the Department of the East, with a staff, was in attendance, while as the steamer came up the bay a fleet of men-of-war saluted the Viceroy.

Full six feet high, Li Hung Chang has a broad, solid figure, with a round, well-shaped head, closely shaven with the exception of a patch of black hair at the back, culminating in a long wiry pigtail. This is carefully braided and hangs down to his knees. He has a large grayish mustache and goatee, while his cheek-bones are so high that he has enormous hollows in his cheeks. He has generally a pleasant smile and twinkling eyes, which are sharp and piercing.

As he was borne down the side of the ship in his chair of state, carried by four sailors, it was seen that he was dressed in his famous yellow jacket that had been taken away and again returned to him by his Emperor. This peculiar color is one of great distinction, being permitted only as a mark of royal favor. He wore a hat of black, with a jewelled button, such as Manchus of only the highest rank may don. From the back of this hung the peacock feather, another mark of distinction, still further enhanced by having three eyes.

Here the description should end, but the truth must be told by adding that, with all this Oriental gorgeousness, sumptuous in color and rare in texture, the man carried in one hand a plain, common, every-day black silk umbrella!

THE VICEROY ENTERING HIS CARRIAGE AT THE WALDORF.
Photograph by C. F. Carter.

1896 年 9 月 12 日《美国图报》的一个版面。从中我们第一次见识了李鸿章乘坐的邮轮“圣路易斯”号的真容。这是当天“圣路易斯”号驶进纽约港时，美国派出的白色战舰（“圣路易斯”号左远方）前往迎接护航的情景。

带着棺材满世界跑

访问欧美八国时，李鸿章其实一身的病。传闻他老不声不响地带着口棺材满世界地“误国”，让人家看了还以为我泱泱中华无人。前面的那张参观访问克虏伯埃森梅喷射击场的照片，我们看到这位老人是坐着轮椅披着厚呢披风去的（天不冷，披什么厚呢披风？只能解释此翁病了）。可是人家乐意。74 岁的年龄如今算不了什么，当时可是“古来稀”啊，相当于现在 94 岁的年龄吧。“百岁”老人还满世界地跑，到处展望“愿景”，说回来以后要这样那样干，这般那般地学，权当自己 54 岁，真乃返老还童是也。在俄国，他秘密签了《中俄密约》，虽然结果不佳，可是“联俄抗日”，那是满朝文武达成共识的事儿。有人说，他这么卖力是因为有“回扣”。这“回扣”的事儿，查当事人俄国财政大臣的书，是一口否定，只说给了张荫桓一些关节钱。

到德国，他会见了德皇威廉二世，跑老远去视察克虏伯大炮，交通不便的年代这不是一件容易办到的事儿。他还去了德国前首相、赫赫有名的俾斯麦的家乡，东西两个“俾斯麦”进行了一次交心密谈。

李鸿章：“在我们那里，政府、国家都在给我制造困难，制造障碍，我不知怎么办。”

俾斯麦：“反朝廷是不行的。如果最高层完全站在您这一方，有许多事情您就可以放手去做。如果不是这样，那您就无能为力了。任何臣子都很难反抗统治者的意愿。”

李鸿章问：“如果皇帝一直受其他人影响，接受他人的意见，那我怎么办？每天都有一些麻烦，让做臣子的很难开展工作。”

俾斯麦伯爵忽然用了一句法文：“Toutcom-mecheznous（跟我们这里一样）。”接着又用德语说：“在我当首相的时候，也常遇到这种情况，有的时候来自女人方面……”

李鸿章笑笑说：“但您有一个坚强的性格，难道都能够平和地化解这些矛盾吗？”

俾斯麦说：“对贵妇们我一直是很有礼貌的……怎样能够把上面的旨意贯彻到下面，而让下面服从呢？军队决定一切，只要有军队就行。兵不在多，哪怕只有五万人，但要精。”

李鸿章回答说：“我们有的是人，就是缺少受过训练的部队。现在我终于看到了德国优秀的部队。即使以后我不在任上，我仍将在能力范围之内根据阁下的建议施加影响。我们需要聘用普鲁士军官，以普鲁士军队为榜样来训练我们的军队。”

俾斯麦说：“问题不在于把军队分散在全国各地，而在于你是否能把这个部队掌握在自己手中，自如地调动他们，使他们很快地从一地到另一地。”

1896 年 6 月 14 日中午，李鸿章和随员分别乘坐四辆马车前往柏林皇宫，谒见德意志帝国皇帝威廉二世。李鸿章递交了国书，感谢德国在还辽一事中给予清国的帮助。

记者会上的话超前了一个世纪

离开德国，李鸿章又上路了。荷兰、比利时和法国这里暂且不说，接着老人又横渡英吉利海峡去英国，谈了对中国至关重要的海关加税问题，在这个问题上所有的国家都说听英国的，英国人坚决不答应（可悲啊，一个主权国家想加点海关税都要去和别人商量）。然后他又横渡大西洋去了美国。

老人家在美国倒是风光了一回，人家把他看成是“地球上的老大哥来看地球上最年轻的小弟弟”。他像个电影明星一样，50万纽约人上街看他那“著名的黄马褂”。

他对西方报纸大谈“我们计划将来在国内建立更多的学校”“呼吁废除排华法案”：“你们不像英国，他们只是世界的作坊。你们致力于一切进步和发展的事业。在工艺技术和产品质量方面，你们也领先于欧洲国家。但不幸的是，你们还竞争不过欧洲，因为你们的产品比他们的贵。这都是因为你们的劳动力太贵，以致生产的产品因价格太高而不能成功地与欧洲国家竞争。劳动力太贵，是因为你们排除华工。这是你们的失误。如果让劳动力自由竞争，你们就能够获得廉价的劳力。华人比爱尔兰人和美国其他劳动阶级都更勤俭，所以其他族裔的劳工仇视华人。”李鸿章这一拍一拉，骂得美国人舒舒服服，服服帖帖。姜还是老的辣啊。

接着李鸿章说了一段超前了100年的话，他说：“只有将货币、劳动力和土地都有机地结合起来，才会产生财富。清国政府非常高兴地欢迎任何资本到我国投资。”李鸿章一不小心又创了一个中国第一——“招商引资”。然后他从加拿大回国，在日本过界时，这个老头相当倔，为了履行自己的誓言“终生不履日本”领土，老人冒着生命危险让人在两船之间，抱他过了踏板，这样他的脚就没有碰过日本陆地。

李鸿章这次环球行，历时足足190天，七个月左右，从3月18日到10月3日。当时的出国，人们大多是坐着缓慢的邮轮，慢悠悠地在海上漂着，一个大洋的横穿就是个把月。但李鸿章从英国到纽约，只航行了六天。在那个年代，能同时穿越大西洋和太平洋可不是一件小事，是可以拿来炫耀一生的经历，何况是一个垂垂老矣的行将入土之人。

这类长时间的离家出国，当时的各国王公都是法定的标配职责，但是中国皇帝从来没有出国访问过，没这个习俗。偌大个国家，才刚刚解决和列强间的平等关系，这以前的百多年，清廷大多采取鸵鸟政策，能派正一品大员外访，已经是最大的与时俱进了。这次，李鸿章行程万里，一气呵成，并没有马革裹尸而归。早过了离休年龄的他，如果没有一个工作狂的心是挺不过这次远行的。

1896 年，李鸿章摄于美国纽约。

第四章

中日之争

中日甲午战争，梁启超说是以（李鸿章）一人敌一国。日本的福泽谕吉说是（日本）文明和（清国）野蛮的战争。李鸿章自己认为是毁了他一生名节的战争。

蜜蜂叮“考拉”

中国是幸运的，我们千百年来面对的就是一个自成一体的“天下”——西是大山和千里戈壁，南为不适合人类居住的瘴气之域，北是“千里冰封”的西伯利亚，东是大海。在冷兵器时代和地理大发现前，这些屏障赛过世界上所有的军队，罗马人、波斯人都不能逾越它。在这个类似于“次大陆”的“中央王国”里，我们什么都有，什么都不缺。久而久之，中国人认为天下就是神州，神州就是天下，其他的只是“化外之域”。久而久之，无天敌的中国人成了整天嗜睡的澳大利亚考拉。

突然有一天，战船密布，风云骤起。西人对这只臃肿的五千岁考拉挥以重拳，差点让其丢了老命。过后，有好事者说，这是蛮夷撒野，大人可不计小人过。老考拉听了，傻傻地憨笑了一下，又安心地睡着了。不久，一只小蜜蜂在甲午年飞来骚扰，又把老考拉重重地刺了一下。考拉痛得大哭说：蜜蜂以前叮人没这么痛，这只蜂好生厉害啊！哭完累了，吃些桉树叶子，老考拉倒头又睡。

不善言语的中国海关总税务司、英国人赫德在日记中悲观地写道：

恐怕中国今日离真正的改革还很远。这个硕大无朋的巨人，有时忽然跳起，呵欠伸腰，我们以为他醒了，准备看他做一番伟大事业。但是过了一阵，却看见他又坐了下来，喝一口茶，燃起烟袋，打个呵欠，又睡着了。

趁着老考拉睡得正香的当口，我们来研究研究这只基因突变的蜜蜂吧。这只原本弱小的蜜蜂如今能成为好生厉害的“非洲蜂”，却原来肇始于 1853 年闯入的一队美国黑船的“催化”。

1894 年 10 月 20 日出版的英国《伦敦查理威尔》杂志上的漫画《啊呀，蜜蜂！》

“黑船”打上门来

1853年7月8日清晨，江户幕府的首席老中（相当于清朝军机处领班）阿部正弘还没起床就接到报告，说四艘黑船不怀好意地进入了江户湾的浦贺海面。阿部正弘预感不祥，一年前长崎荷兰商馆馆长库修斯说的美国舰队即将到来的消息，现在看来是真的了。遥想去年，幕府将军德川家庆还半信半疑，认为“反正上托祖宗神灵的威福保佑，区区洋人到时又能怎样”？现在人家真来了，而且屋漏偏逢连夜雨，日本的实际统治者、幕府“征夷大将军”德川家庆刚死14天，全身黢黑的“黑船”就打上门来，比奔丧的还快。

没什么好商量的，他马上调集水师的12艘木质战船前去迎敌。

感谢麻省理工学院保存的一组出版于1856至1858年的老图片。我们以图带文来叙说这段中国人不甚了解，又对晚清非常重要的史实。麻省理工学院的文字介绍说，以下出现的这些老画“具有152年历史，全由一位出生在德国的美国画家威廉·海涅完成”。当威廉·海涅第一次跟随佩里远征日本时，他只有25岁。

还没有等阿部正弘定下神来，水师提督就来报告说：木质战船跟踪“黑船”跟丢了。提督描述道：“这些黑乎乎的家伙就像怪兽一样发出轰鸣声，还不断地喷出漆黑的浓烟，他们就在烟雾腾腾之中金蝉脱壳了。”老中阿部正弘知道，人家是蒸汽船，一铲子煤下去，当然会将你这划橹的小木船甩得远远的。

这时候，幕府上下哀鸿遍野，大家愁成一团，苦思冥想，毫无对策。时间一分一秒地过去了。过了好长一会儿，探子来报，说黑船已经开进内湾，炮门都打开了。

那边厢，提督发扬大无畏的武士道精神，率领有百年历史的木质战船将黑船紧紧围住，然后拿着纸喇叭对大船叫道：“这里是日本领海，请你们离开！”老美船大，没人理睬。

《战争史研究》第一期中有段描写：“当天夜里，江户城一片混乱，武士们忙于备战，车声辚辚，战马萧萧，城外大小寺院内钟声齐鸣，妇孺凄厉地哭喊，有钱人准备逃往乡间，更多的人拥进神社，合掌祷告神灵，乞求‘神风’再起，摧毁‘黑船’。”

“当天午夜，江户城发出信鸽，将‘黑船’到来的消息送往京都，孝明天皇天颜失色。从他七年前即位伊始，西洋各国叩关之声便一阵紧似一阵，如今外国军舰真的击碎了德川幕府的‘200年太平之梦’。孝明天皇对黑船一筹莫展，只得一面谕示幕府不要忘记负有保卫日本的责任，一面亲自前往神社，连续祈祷17天，乞求神灵保佑，攘斥夷类，天下太平，皇祚长久。”

僵局维持到11日，心理素质略逊于亚洲人的美国人首先出招，他们放下小船，在日本权力中枢边的江户内湾里搞起了科研。日本提督本想“野蛮”一回，但是见黑船上的10英寸大炮正在脱下厚厚的炮衣，便改使文明手段，说：你们这样做是违反日本法律的。“遵法守纪”

左图 阿部正弘（1819—1857），日本江户幕府老中。1853 年佩里进入浦贺港要求“开国”时，他向朝廷上奏外交事务，同时向大名和幕府官员咨询对策。尽管多数大名的意见是“无为主义”，但他鉴于世界形势，仍决心“开国”，与美国及其他国家缔结了《亲善条约》。

下图 油画《佩里给异教徒带去上帝的福音》1852 年，美国总统菲尔莫尔派遣由美国海军准将佩里率领的“美国海军驻东方和中国海舰队”日本远征队，从美国弗吉尼亚出发去日本。远征舰队于 1853 年 7 月 8 日进入江户湾，惊醒了沉睡千年的古老日本。20 年后日本开始成为中国之患。这幅油画再现了美国海军远征舰队中密西西比号和萨斯喀纳号全速向日本驶去的场面。

的美国人佩里一听“法律”二字，马上给日本人“普法”：“美国法律规定我们须有这种测量，而我本人必须遵守美国法律。”水师提督法盲，至少是一个美国法律盲，他无以应对。

美国人来的原因，阿部正弘最清楚，就两个字——“开国”。这“开国”不是闹着玩的，它虽只有两个字，却已经超出了“祖宗的法”的范畴，他一个老中是万万不敢做这个主的。危急时，阿部正弘想到了被德川家丢弃了200多年的天皇和那些大大小小的大名和番主，他立刻派人向他们咨询对策。

这边厢，经过无数次的交涉，阿部正弘于14日勉强答应了“美国代表团”上岸递交国书的要求。14日佩里一行在铿锵的军乐声中下船，带着500名水兵和海军陆战队队员坐着交通艇，盛装出现在一个叫九里的地方。等待他们的是岸上5000多名拿着冷兵器的勇敢武士。

《伦敦新闻图片报》：合众国远征日本

东海上一支强大的美国舰队已经引起了我们特别的兴趣。美国舰队的行动，将会给眼下的中华帝国皇帝陛下带来麻烦，中国皇帝本指望所有文明国家的力量被用来帮助他镇压国内的太平军造反，而此时的太平军已经成功地占领了中国大部分地区。这次美国海军准将率领的日本远征行动，我们读来一定会很有趣。

这个舰队本该早就到达日本了。但是，首先这个舰队得先为北美渔船护航；其次就是罗伯士岛的事情拖延了他们。接着又闹了一次跟古巴的纠纷。每一种情况都拖慢了远征的行程。有一个传闻说皮尔斯（新）总统最近发布命令要求舰队返航，但这个传闻最后被证实是假的。新的行政当局（注：美国刚在3月进行了新老总统的交接）让佩里海军准将作为美国海军驻东方和中国海舰队的总司令去访问日本。佩里的舰队应该包括：一艘战列舰——佛蒙特号；（一艘）护卫舰——马其顿号；三艘蒸汽护卫舰，佩里准将的旗舰密西西比号、萨斯喀纳号和泼哈顿号；一艘一级蒸汽船阿伦法尼号；五艘护航舰，萨拉托加号、普利茅斯号、文达尼亚号、文森斯号和圣玛丽号；还有附属的测量船派伯斯号以及三艘储运船：萨佩来号、南安普敦号和塔尔博特号……这个舰队总计有船15只、大炮260门，船员、官兵和海军陆战队队员共4000人。

舰队中有三只船本该正在澳门编队出发。虽然佛蒙特号已经准备好了，但是它需要600人才能工作。别人给的工资待遇很高，所以很多人被诱惑退出了远征。一下子上哪里招这么多人呢？更何况那时候，美国国会将全美海军总额限定在7500人内。由此这船不能出发是不可避免的。阿伦法尼号正在经历长长的修船期，也不能上路。没有出发的这三艘船，不会妨碍佩里对日本的远征，因为听说，虽然这三艘没去，但迄今为止，还从来没有这么强大和非常有效的美国舰队从美国海岸出发航行过太平洋。虽然整个舰队只有260门大炮，但是一个军队的强大不能仅仅用数字来衡量，这是每个英国人都知道的，美国战舰上的炮弹是重量级的：一些船的

斯喀纳号（Susquehanna）是一艘蒸汽明轮护卫舰，1850年建造，排水量2450吨，搭载9门炮，船员300人。

日本木质战船。威廉·海涅绘，1856年至1858年间出版。日本幕府将军不是不想“保家卫国”，而是这些百年未改进过的木质战船根本敌不过佩里的“黑船”。连海上霸主英国人都说，美国海军的大炮又粗又重，厉害着呢。

炮弹达10英寸粗，100磅重！另外的一些10英寸粗，120磅重。美国人说，从来没有在海上航行的船带着相同数量的炮和相同的吨位能产生如此强大的威力。

据说，这次远征的目的不是想用武力去攻打日本政府和人民，但之前却因各种原因已经产生了一些不希望看到的争执。日本人抓了靠岸的美国船员，野蛮地将他们放在笼里。佩里准将要求日本政府承认此次事件的暴行，美国人说："日本到现在为止既没有道歉，也没有给出理由，所以我们有必要要求他们注意事情不能以这种方式去做。所以这次远征将迫使日本政府转变成一个文明的国家。"如果他还像以前那样野蛮地对待一个文明国家，将准备给他们一些沉痛的教训，"以让他们走进文明帝国的行列中来"。

除非情况紧张，否则佩里准将的这次远征将计划在日本建立一个煤仓库，另外他也不会忘记开发科技方面的市场。上星期英国罗特斯里爵士在上议院发表了一个演说，他说：美国在科学领域进行了卓有成效的工作，如果日本人接受佩里递出的橄榄枝，这次远征将会结出丰硕的果实。兰葛德舰长率领下的舰队将会游弋在中国海和日本海海面上，最远可达白令海峡。虽然兰葛德舰长和船上的工程师、科学家们会贡献所有知识给这次探险，但是如果和日本人打起来，他们会听佩里指挥的。

右页上图　佩里坐像。佩里，美国海军准将，1853年时是"合众国海军驻东方和中国海舰队"司令。这年和第二年，他先后两次率12艘军舰以大棒加胡萝卜的手段敲开了日本幕府将军的大门。当时日本幕府是含恨低头，但是如今的日本人在叙述这段历史时，有感于佩里促使日本改革开放，并不视之为仇敌，反而对其充满着感恩的心态。佩里也从"美夷"成了"打开文明之门的将军"，由此可见日本民族的务实性格。

右页下图　美国远征舰队中的蒸汽明轮护卫舰"密西西比号"。这张整页的《伦敦新闻图片报》非常珍贵。因为它出版的日期是1853年5月7日（请看右上角的日期），刊登的时间离"黑船事件"7月8日还有两个月。黄黄的陈旧纸张，已经在空气中氧化了155年！1853年，这一年的秋天，30岁的书生李鸿章刚刚离开北京翰林院，回到合肥老家组织团练与太平军作战。而今李鸿章已经作古107年。这张旧报见证了这一切，能不珍贵吗？这篇报道的题目为《合众国远征日本》，是研究西方人当时所思所想的第一手资料，所以翻译出来，作为换位思考的原始材料。

344　　THE ILLUSTRATED LONDON NEWS.　　[MAY 7, 1853.

THE UNITED STATES EXPEDITION TO JAPAN.

THE presence of a large and powerful American fleet in the Eastern Seas possesses an unexpected interest at the present moment, in consequence of the intestine convulsions which endanger the throne of the present Emperor of China, and the probability that he may solicit on his behalf the intervention of any civilised foreign power which may be able to render him assistance against the successful rebels, who are defeating his troops and ravaging a large portion of his empire. Some account of the vessels composing the American Expedition to Japan, and of its gallant Commander-in-Chief, cannot, therefore, fail to be interesting to our readers.

The Japan expedition was several times on the point of sailing before its actual departure; but first, the dispute about the North American fisheries; secondly, the Lobos Islands affair; and, more recently, the Cuban difficulties, each in its turn interrupted the course of this enterprise. The rumour that President Pierce had given orders to recall the expedition has recently been positively contradicted. The squadron, as originally intended by the late Administration, to be placed under the command of Commodore M. C. Perry, as the Commander-in-Chief of the United States naval force in the East and China Seas, and with a view to his contemplated visit to Japan, consisted of the following vessels:—One ship of the line, the *Vermont*, 74; frigate *Macedonian*, 36; three steam-frigates—the *Mississippi*, Commodore Perry's flag-ship (of which fine vessel we give an Engraving), 10; the *Susquehannah*, 8; and the *Powhattan*, 6; one first-class steamer, the *Alleghany*, 2; five sloops of war—the *Saratoga*, 20; *Plymouth*, 20; *Vandalia*, 20; *Vincennes*, 20; and *St. Mary's*, 22: to be accompanied by a surveying ship, the *Porpoise*, 10; and three store ships—*Supply*, 4; *Southampton*, 4; *Talbot*, 4. Total sailing vessels, 11; steamers, 4. Total number of vessels composing the squadron, 15. Total guns, 260. Officers, seamen, and marines, 4000.

This force, with the exception of the *Vermont*, 74, the *Macedonia*, 36, and the *Alleghany* steamer, is now assembling at Macao. The *Vermont* is ready to receive her crew; but, while the Board of Admiralty at Whitehall are constrained to admit the prevalence of desertions in the British navy, the difficulty in obtaining seamen is equally felt in the United States navy, in consequence of the temptations offered to seamen by the high rate of wages in the merchant service. Such is, indeed, the condition of the recruiting service, that it is impossible to say when, if at all, a crew of 600 men can be collected for the *Vermont*. Besides this, the number of men of all classes employed in the naval service of the United States having been limited by law to the small number of 7500, and Congress having failed at its last session to grant to the navy department the authority which it asked to enlarge the number, the withdrawal of the *Vermont* from Commodore Perry's squadron has become unavoidable. The *Alleghany* is now in the hands of the mechanics; but the delay in preparing her for sea will also probably render her services unavailable for the expedition. This, however, will not interfere with the contemplated visit of Commodore Perry to Japan; and it is said that, even with these reductions, a more efficient and powerful fleet never sailed from the American coast; although the vessels as originally proposed, carried but 260 guns. The strength of the expedition is not to be measured by that number. Every English sailor knows that American men-of-war carry more weight of metal to their size and tonnage than those of any other nation. Several of the vessels carry 10-inch shells, weighing 100 lb.; others 10-inch solid shot, weighing 125 lb.; others 11-inch shells, weighing 123 lb. The Americans affirm that no fleet carrying the same number of guns, or even of the same tonnage, has ever yet floated capable of producing such destructive results.

It is said that the expedition has not sailed with any hostile intentions towards the Japanese Government or people, and that it is not contemplated to use any force. But causes of quarrel are not wanting. The Japanese have barbarously seized American sailors, who have been shipwrecked upon their coast, and have confined them in cages. Commodore Perry will call the Government of Japan to account for these outrages. The Americans say that since Japan condescends neither to give reasons for what she has done, nor to apologise for it, it is necessary to ask her attention to the business in a way she will not be likely to refuse. So the expedition goes to "coerce the Government of Japan into civilisation," and if she will not consent to negotiate with a nation whose subjects she has treated with barbarity, she is to be taught a lesson of humanity, and "be made to wheel into the ranks of civilised empires."

Among the subordinate results of the expedition will be the establishment of a coal dépôt upon the Japan coast; nor will the promotion of scientific objects be forgotten, unless more stirring occupation should intervene. Lord Wrottesley, in his speech in the House of Lords last week, bore cordial and generous testimony to the characteristic vigour and activity with which the Americans are labouring in the field of science; and the Japanese expedition is likely to bear rich fruit, if the Japanese accept the olive-branch which Commodore Perry will hold out to them. A squadron, under the command of Captain Ringold, will make a survey of the Chinese and Japanese Seas, and will, indeed, delineate the Asiatic coast up as far even as Behring's Straits. It is stated that, although Captain Ringold's corps of engineers and scientific men will contribute all they can to the knowledge of mankind by these explorations, his squadron will be within the call of Commodore Perry in the event of hostilities with the Japanese.

COMMODORE MATTHEW C. PERRY, COMMANDER OF THE UNITED STATES EXPEDITION TO JAPAN.
FROM A DAGUERREOTYPE BY MEADE, BROTHERS, NEW YORK.

We conclude with some biographical details of Commodore Perry:—

Commodore Matthew C. Perry is a brother of the late Commodore Oliver Perry, whose fame is inseparably connected with the achievements of the American Navy on the Lakes, during the last war with Britain. He was born in Rhode Island, from whence he entered the naval service of the United States, as a midshipman, on the 18th of Jan., 1809; since which time he has seen more active service than almost any of his compeers. On receiving his warrant, he joined the schooner *Revenge*. He was shortly afterwards ordered to the frigate *President*. In November, 1813, he was transferred to the frigate *United States*; and in April, 1814, was again sent to the frigate *President*. On the 18th December, 1814, he was ordered to the brig *Chippewa*; after which he was transferred to the Navy-yard at New York, with the rank of Lieutenant. In the course of the active service above enumerated, as a Midshipman and Lieutenant, the gallant Perry participated in all the stirring events in which the vessels named were engaged, when he was in them, during the war with Britain; discharging his arduous duties with intelligence and intrepidity, and laying the foundation for the high reputation as an officer and gentleman which he has acquired in after years.

In August, 1819, he was ordered to join the ship *Cyane*; and in May, 1821, he was honoured with his first command, of the schooner *Shark*, as Lieutenant-Commanding. His next tour of duty was on board the ship of the line *North Carolina*, of which noble craft he was the First Lieutenant. Being promoted to the rank of a Master Commandant in 1830, he was immediately ordered to the command of the ship *Concord*, wherein he made a cruise of two years and seven months, for the most part in the Mediterranean. On his return to the United States, in January, 1833, he was transferred to the New York Navy Yard, and served there as second in command, as Master Commandant: after which, being promoted to the rank of a Captain on the 9th of February, 1837, he was transferred to the command of the steamer *Fulton*. In 1840 he took command of the steamer *Missouri*. In June, 1841, Captain Perry was ordered to the command of the New York Navy Yard, and remained until the treaty for the suppression of the Slave-trade made it necessary, in 1843, to despatch a United States squadron to the coast of Africa, of which he was placed in command. After serving a long tour of duty on that disagreeable and dangerous station, in 1846 Captain Perry was despatched to New York, on "special service," where he superintended the construction of Government docks and steamers. In March, 1847, he received the command of the home squadron, joining it in time to win imperishable renown, while rendering important services on the coast of Mexico. In November, 1848, Commodore Perry was detached from that squadron, and ordered to New York, as the General Superintendent, on the part of the Navy, of the construction of the Ocean Mail-Steamer Squadron. In this position he remained until March, 1852, when he was ordered to the command of the Japan expedition, on which duty he is now absent.

In his late annual report, the Secretary of the Navy thus alludes to Commodore Perry:—

The opening of Japan has become a necessity, which is recognised in the commercial adventure of all Christian nations, and by every owner of an American whale-ship, and every voyager between California and China. This important duty has been consigned to the commanding officer of the East India squadron; a gentleman in every respect worthy of the trust reposed in him, and who contributes to his administration the highest energy and ability, improved by long and various service in his profession.

In the course of this long, active, and varied service, Commodore Perry has not only widely distinguished himself by a display of gallantry and seamanlike conduct on all occasions, but he has given evidence of varied talents and attainments, such as have rendered his connection with the service of extraordinary benefit to his country; more especially in perfecting many of the improvements in the United States Navy, which experience and the progress of the naval science have rendered necessary. Activity, energy, and quickness of apprehension are the traits of character which, distinguishing Commodore Perry above most of his compeers in the service, have enabled him to outstrip almost all of them in the amount and the variety of public duties it has been his lot to perform.

THE STEAM-FRIGATE "MISSISSIPPI," UNITED STATES NAVY.

“同光中兴”的中国

佩里走了，舰队回到了上海。佩里舰队为什么不回弗吉尼亚基地，却留在上海。为了加煤？为了补充给养？或者让水兵去四马路红灯区放松放松？不得而知。有一点是肯定的，这时候中国的外交路线是由“改革派”首领议政王恭亲王奕䜣和他的助手文祥制定的。（记住文祥这个名字，他是“同光中兴”的幕后英雄。）

恭亲王，人称“鬼子六”，和“鬼子”走得比较近。1853年的清廷实际上和洋人结成了某种联盟。这时的双方都找到了利益共同点。洋人要的是稳定的大市场，清廷要的是“海关税收”和对付太平天国的军事支援。

李鸿章呢？佩里去日本的路上正是30岁的武英殿纂修、国史馆协修李鸿章赶回合肥老家的路上。佩里大闹江户湾时，正是李鸿章组织团练剿杀太平军的时候。这时候的李鸿章玩的是枪杆子，正在经历他人生这一段“翰林变绿林”的蜕变。这时的李鸿章只知“兵事”不知天下有“夷务”，更不知天下有“倭事”。

历史往往就这么吊诡，恰恰是这些鸡零狗碎的“倭事”让他前功尽弃，“成就”了千古骂名。31年后，李鸿章哀叹：正当自己在仕途上“一路扶摇”之际，“乃无端发生中日交涉，至一生事业，扫地无余，如欧阳公所言‘半生名节，被后生辈描画都尽’，环境所迫，无可如何”。

左图　文祥（1818—1876），晚清洋务派大臣。满洲正红旗人。道光二十五年进士。1860 年，英法联军攻逼北京，咸丰帝出走热河时，命署步军统领，随恭亲王奕䜣留北京与英法议和。次年，与奕䜣及大学士桂良等联名奏请改变清政府的外交、通商制度，设立总理各国事务衙门，并被任为总理衙门大臣。任职期间，倡导洋务"新政"。咸丰帝死后，协助奕䜣、慈禧太后发动辛酉政变。光绪继位后，以晋武英殿大学士专任军机大臣及总理衙门大臣，他的成绩可总结为 12 个字——"练兵、简器、造船、筹饷、用人、持久"。1876 年病死，谥"文忠"。

右图　恭亲王奕䜣（1833—1898），道光帝六子，咸丰帝异母弟。他是咸丰、同治、光绪三朝的名王重臣，洋务运动的领导者，建议并创办了各国总理衙门。英法联军进攻北京，奕䜣临危受命，担任议和大臣，签订了《中英北京条约》与《中法北京条约》，赢得了西方对他的好感。咸丰帝去世后，奕䜣成为实力派人物。1861 年，他协助慈禧太后发动辛酉政变，处置了咸丰帝临终前立的八个顾命大臣。后被授予议政王大臣、军机处领班大臣，身兼宗人府宗令和总管内务府大臣，以总理各国事务衙门大臣的职务主管王朝外交事务，自此总揽清朝内政外交，权势赫赫。奕䜣支持曾国藩、左宗棠、李鸿章等大搞洋务运动，为"清流"派所鄙视，被呼为"鬼子六"。后慈禧对其权力过大十分不安，找机会对他进行打击，多次免去他的一切职务，使奕䜣一直浮浮沉沉。1898 年病故，终年 66 岁。

佩里回来了

再说佩里。

1854年新年刚过，佩里就急急忙忙又出发了。舰队的船只增加了一倍，他们先在琉球停留，吃饱了，喝足了，加满了煤，2月7日离开冲绳第二次进入日本“搞科研”。舰队于1854年2月11日进入江户海湾。

佩里回来得太快了！老中阿部正弘企图拖延答复。美国人不答应。美舰为了示威，进一步深入到江户湾内对羽田海面又一次进行了测量，再次在人家的地盘上搞起了“科研”。阿部正弘牙齿一咬，狠下心来和佩里举行了四轮日美会谈。不久就签订了《日米和亲条约》，从而迈出了开国的第一步。条约的核心是：一、日本开北海道的函馆和下田两港，并提供粮食、水、煤炭给前往这两港的美国船只。二、美国可派领事驻下田。三、美国享有最惠国待遇。日本人称这次事件为“黑船事件”。

阿部正弘战战兢兢地签订了条约，他自觉对不起人民，对不起天皇，不久便忧郁地死去。他本以为自己的死轻如鸿毛，可是在日本“尊王派”的眼里却重如泰山。不久，以长番和萨摩番为首的“尊王派”借天皇的密旨与幕府进行了一场决战，最后打败了200多年的德川幕府，让幕府乖乖地将“大政奉还”了天皇。

明治维新开始了。

“黑船事件”对近代日本的形成可以说至关重要，对晚清也影响巨大。很多写晚清的都忽略了这段历史，一味地强调明治维新，好像日本的维新是“自觉革命”，没有阵痛，没有反复，造成的错觉是日本从一个“弹丸小国”突然一下子打败了“泱泱上邦”，石头缝里一夜蹦出了一个“东洋列强”来。错！

佩里在横滨登岸。威廉·海涅绘，1856—1858 年间出版。佩里于 1854 年 2 月 13 日率领比去年多一倍的军舰又回来了。这次他航抵江户湾口后又继续前进，深入江户湾内，直到横滨附近海面才停船登岸。这个深入的动作是最强硬最有效的表态，给幕府以极大的震撼。画面上一字排列着八艘军舰（应该是七艘）。佩里带来的训练有素的士兵整齐地排列在横滨海边两旁。文明国度的文明之师带来了最文明和最有效的谈判方式。

左页上图　横滨的幕府官员接待佩里一行。威廉·海涅绘，1856—1858年间出版。原注译文：透过荷兰，日本当局曾要求佩里不要像他曾说的那样赶回来。佩里拒绝了这项要求。佩里1854年2月12日抵达日本沿海海面，并开始对远征舰队进行编队。现在舰队拥有三艘蒸汽船和另外四艘船。正如其所说，他率领了比上次更多的船回来了。这次与天皇的官员规划了谈判的内容。经过多番拖延和谈判，与幕府在横滨的会谈被定在3月8日。这张画再现的是佩里准将和他的随行人员正走近会议大厅。美海军陆战队和水兵排列在左边，他们以军礼向经过的佩里和美国国旗致敬。画面前有两名日本武士，会见厅内可见日本官员坐等佩里的到来。这个条约于1854年3月31日生效，它被称为《神奈川条约》（即《日米和亲条约》）。

左页下图　递交美国总统的信。威廉·海涅绘，1856—1858年间出版。原注译文："多次交涉后，确定1853年7月14日为佩里准将递交美国总统密勒德·菲尔莫尔给日本天皇信的日子，这封信被交到幕府将军德川家定等人手上。德川家定是日本的实际统治者。美国总统密勒德·菲尔莫尔在信中要求保护美国渔民，给予购买煤炭权和开放一个或多个港口供两国贸易使用。递交国书的仪式相当隆重，有超过500名的美国水兵和海军陆战队队员以及超过5000名全副武装的日本水兵参加。这幅画展示的是接待大厅和双方政要会面时的情景。信被接收后，佩里被简短地告知："由于这不是一个和外国人谈判的场所，所以既不能举行会议也不能搞娱乐活动。现在信已收下，您可以离开这里了。"在很长的一段沉默后，佩里准将指出：他要离开，但明年春天将会回来，也许在4月或5月。当被问及他是否会和四艘战船一同返回时，佩里回答："他们都会来……可能更多。"

下图　美国军舰上的宴会。条约签订以后，大批的日本人慕名来到美国军舰上参观观摩。日本武士们第一次亲身感受冷兵器时代的过时。美国人一贯如此，胡萝卜大棒一齐上。日本人对这次的"逼上门来"，是感恩的多，怨恨的少。至今，日本每年还要举行佩里节庆祝开国呢。

佩里看到的旧日本

还说佩里，因为透过佩里一行的走街串巷、四处溜达，我们可以知道一些“旧式”日本不为人知的东西。

完成预定任务的佩里接着在日本停留了几个月，他们走了很多地方，最远到了日本北海道的函馆。

虽然条约签订了，但是变化不可能马上出现。出现在他们眼前的还是一个闭关锁国了几百年的日本。然而，这个中古时代的日本以其奇特的风光、浓浓的古韵、田园式的男耕女织吸引了美国大兵的注意力。画家海涅在完成重大事件的描绘后，看到街上的日本武士拿着冷兵器到处晃荡，雕梁画栋的庙宇殿堂里传出琅琅读书声，下田番的浴室里赫然回首，见到了传说已久的男女混浴一幕，这些又激起了他强烈的创作欲望。他留下了大量的反映日本 19 世纪 50 年代风土人情的作品。我们从这些 150 多岁的老画中选择了一些作为日本开国前“基本如我，甚至不如我”的最直观感性的认识材料。

右页上图　美国大兵洗了一回“男女混浴”，威廉 · 海涅绘，1856—1858 年间出版。早就听说日本有男女混浴的风俗，1854 年，美国水兵们不禁前去猎奇。画家也去了，回来画了这张《下田的公共浴室》，流传甚广。日本人自古就认为沐浴时男女“坦诚相见”是最自然不过的一件事，并无罪恶感。后来明治政府于 1872 年 11 月公布条例禁止男女混浴。据说效果不佳，有的公共澡堂只在门口划分男女，一进门后就顺其自然了。看来世界上没有一个地方的管理当局可以用一纸行政命令成功终止一个普遍存在于民间的风俗习惯。

右页下图　佩里一行在横滨欣赏相扑。威廉 · 海涅绘，1856—1858 年间出版。原注译文：条约一经签订，日本人就盛情招待美国人。这里有一段 1854 年 3 月 24 日当天留下的手记：“当说到日本人的慷慨接待时，我们全部注意力都在一些走路重得如大象一般的大家伙身上……美国人被邀请和所有的 25 位相扑手摔跤。我（画家）交手后画下了他们的形象……”是啊，相扑者个个体大无比，和海涅他们平时见到的日人判若两人。日本平民个子不高，除了人种的原因以外，还因为日本上千年不食肉、不沾荤的风俗。日本自古以来都不饲养家畜，一般人认为兽肉是污秽之物，屠宰业是贱民的专利。明治维新的启蒙大师福泽谕吉说：“当时屠宰可谓是大事件。为了怕被‘污秽’触了霉头，在屠宰处树立四支青竹，然后用神绳将四周围起来。用大榔头将牛击毙之后，只取少许上等肉，其余的全都埋在深土中，最后还请和尚来念经。”明治维新时，政府要学西方人吃肉强身，天皇带头大口嚼肉，其实明治天皇见肉就想吐，但他将吃肉视为“政治任务”，硬着头皮咽下。

函馆街景。威廉·海涅绘，1856 年出版。选择这张画想说明两层意思。首先看原注译文：这张画展示了函馆的风土人情。我们注意到一种情况，街上有许多人，却似乎没有妇女。乔治·普来伯在他的远征日记中注意到了这个现象，他写道："很怪，我们没有见到函馆女人。陪同我们的士兵，有些走在前面，要求各家关门并且驱赶妇女们进家。"从原注中我们了解到，当时日本的确很封闭，来些"外宾"就采取隔离政策，说明幕府当局自卑感很强，但是同样驱赶，为什么只驱赶妇女？说明那时候歧视妇女。同时也说明，如果不驱赶，很多函馆妇女会来围观"外宾"。这也难怪，200 多年锁国嘛！

右页左下图　函馆番主。威廉·海涅画，1856 年出版。右下图　下田番主。佩里 1854 年 4 月 21 日访问了这位番主，并且参观了新近开放的下田港。佩里一行很喜欢下田，一直在这里待到 5 月 9 日。画家海涅在下田画了 15 张版画。1854 年 5 月 18 日，佩里要求函馆港的番主根据横滨条约进行磋商，收到这位番主的官僚式答复。番主说：他还没有收到任何来自上峰的命令或指示，并要求延迟谈判。5 月 20 日谈判才开始。

右图 下田的寺庙。日本寺庙林立，海涅画了不少寺庙，但是他没有想到这些“精神鸦片”的场所，为明治维新的成功扮演了决定性的角色。明治维新的成功有一千个原因，其中一条主要原因就是日本庙宇办的识字班——“寺子屋”。“寺子屋”原是寺院的僧侣教育世俗民众的机构。据统计，在1875年，日本全国总共开设了1.56万所“寺子屋”。当时日本男子的就学率高达43%，女子为10%。而法国大革命时男子的读写能力在30%以下；新中国成立时大约为15%；印度独立时才10%。“寺子屋”以读书、写字、算盘三门实用学科为中心。大清国这个“变法”那个“维新”也搞了一大堆，最后慈禧搞的那一次“宪政改革”竟连“祖宗的江山”都改完了，为什么没成功，这其中原因，有人想到识字率了吗？

佩里的礼品单

“黑船事件”的中国版本大多强调日本受辱签约的一面，喜欢突出佩里的军人强硬作风。其实佩里1854年第二次到日本时，他1000人的队伍里拥有各式“软实力”人才。除了我们现在正在欣赏的画家海涅外，还有一批“外交干才”。我们可以从日本幕府1854年3月24日的一份受礼清单看出美国人之用心良苦。

佩里3月14日送上的礼物真可谓恩威并重，软硬兼施。

美国送的礼物分析如下：送给天皇（男同志）的礼物（后面还有皇后“女同志”的礼物呢！佩里这个大老粗军人，连男女各投其所好都想到了，可见中国书中说“佩里态度生硬”不确切！）：

礼物之一：1/4大小的微型火车头，铁轨一段，加煤车和客车车厢各一节。

佩里想表达的意思：我们是科技大国，新玩意儿层出不穷，送尔一套，开开洋荤。

达到的效果：奇佳。首先，高科技镇住了幕府将军，接着，一台机车唤起了大和民族爱摆弄机械的工程师本性，让其为此等“雕虫小技”玩物丧志，最后还让其坚定了“跟文明”走的决心。

礼物之二：带电池的电报机一台，三英里长的电报线以及其他相关附件。

佩里想表达的意思：再拿新玩意儿示尔等，比较一下到底是我们的“文明”好，还是你们的好。

达到的效果：过了头的好。大和民族很快就将这一礼物用于“征西”“征韩”和“日露（俄）战争”，最终膨胀的野心导致了和美国送礼人后代的冲突。

礼物之三：美国标准度量衡系列器具，四卷国会编年史，纽约州法律和官方文件集，纽约州参议院年鉴以及其他法律和政府管理方面的大量书籍。

佩里想表达的意思：不要说什么“日学为体，西学为用”，（这不是30年后的那个后生张之洞的论调吗？）学了“器”还得学我们的“文明制度”。我们真正厉害的是这个。

效果：日本人最能心领神会的就是这点，当西邻的李鸿章在奏折里说要学一二“西器小技”时，伊藤博文不声不响地五次去“文明国”取了真经。

礼物之四：五支霍尔来复枪，三支梅纳德步枪，十二把骑兵剑，六把炮兵剑，一把卡宾枪和二十把装的手枪一箱。

佩里想表达的意思：枪可以送你也可以打你，全看你的意思了。不要敬酒不吃吃罚酒。

效果：幕府全听明白了。接下这批枪，先壮大人民队伍，然后再来讨价还价。

这样的礼品清单能出自一个大老粗军人之手吗？相反，日本幕府送出的礼物却露出了他们无知和落后的一面。首先他们在清单上说：送给美国“皇帝”的礼物。美国那会儿哪有什么皇

带来美国总统的礼物。威廉·海涅绘，1856 年出版。原注译文：1854 年 3 月 13 日是个星期一，这天是美国人送日本人礼物的日子。这天的礼物装满了几大船，一支乐队和一支海军陆战队护送着这批礼物上岸。礼物立刻被放置在一个大棚下展览。礼物包括多件武器、电报器材和一套微型蒸汽火车系列等。从这幅画，你可以看到展出的各项礼品。注意在右下角有一个美国人拿着巨大的镰刀，一个矮小的日本人在旁边观赏。

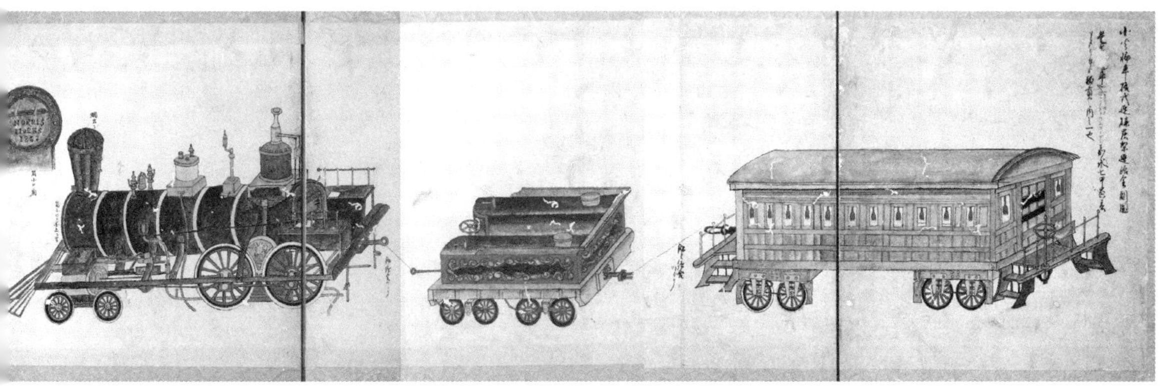

浮士绘《机车礼品全件图》。日本人很喜欢这个礼物。幕府当场叫画家“写真”，以挂在宫里慢慢欣赏。对照慈禧，李鸿章费尽心思在西苑给她安了一台蒸汽机车，最后却让她上演了一出马拉车头的闹剧，还说火车动了“龙脉”。

帝？至于幕府的礼物跟我们改革开放前出国人员携带的礼物差不多：漆金器具一件，漆金纸盒一个，漆金书盒一只，油漆桌一张，银支架青铜香炉一只，黄铜盆两只，十匹丝绸和五匹绉纱绸。从这份礼物就能看出日本那会儿的大概情况。

美国人送给日本的左轮手枪

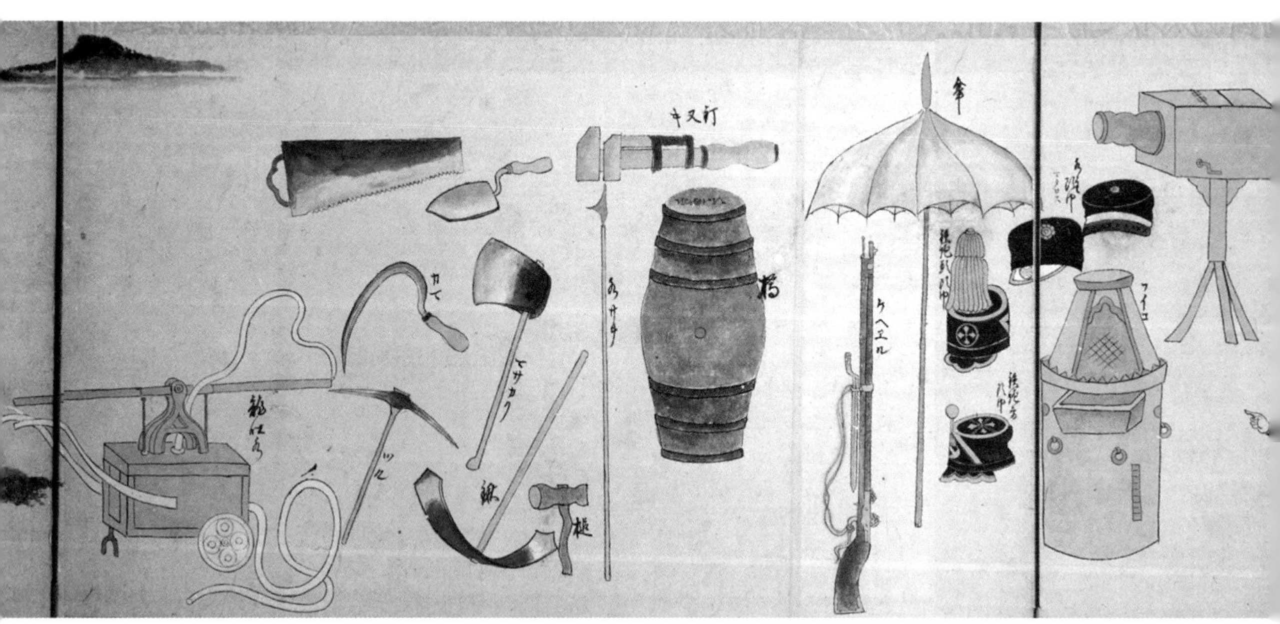

浮士绘《美夷农具图》

浮士绘《美夷示我电报机图》。两个美国工程人员正在向日本人示范电报机如何使用。

鸦片战争和《海国图志》唤醒了邻居

幕府的保守愚昧和社会上国民意识的觉醒形成了强烈的对照。“黑船事件”前后还有两件事影响了日本未来的走向，一件是鸦片战争。清室贵族当事人倒很快就“好了伤疤忘了痛”，人家日本上下却为此出了上百种通俗读物，如《鸦片始末》《阿片乱记》《夷匪犯境录》《清英近世谈》《鸦片风说书》等被大量翻刻，广为流传。这些书籍的传播使日本上自幕府官员、大名诸侯、各级武士，下至普通民众将美梦做成了噩梦。日本向推中国为“理想的国土”“圣贤的国土”“强盛之国”，然而，堂堂的“天朝上国”居然不堪一击，竟然被一个远隔重洋、曾被视为“夷狄小邦”的英国打败。日本知识分子问道：“西洋各国精研学术，国力强盛，就是周公孔子之国，都被它们掠夺，你想这是什么缘故？”连幕府的奏折中，都要“……放弃历来称外国为犬羊夷狄的愚论；改良以往取法于中国的朝仪；依据万国通例所规定的仪节，召见各国代表”。这些读物迅速在日本普及了一回“落后就要挨打”的教育。

另外一件是《海国图志》。1843 年，50 卷本《海国图志》之花在大清国的土地上开放。魏源的《海国图志》涵盖了当时西方国家的政治、经济、军事、历史、地理、文化等方方面面的内容。没想到问世后却少人问津，最终在国内的印刷数仅有千册左右。

1851 年，一艘中国商船驶入日本长崎港，日本海关官员在对这艘船例行检查时，从船上翻出三部《海国图志》。日本人如获至宝。前后共印刷了 15 版，价钱一路走高。到 1859 年，这部书的价格竟然比最初飙升了三倍之多。

当时著名的维新思想家佐久间象山在读到《海国图志》“以夷制夷”的主张后，不禁拍案感慨：“呜呼！我和魏源真可谓海外同志矣！”《海国图志》墙内开花墙外香，成了日本强盛的催化剂。

日本人有一个特点，一旦认准了一件事，便一条道走到“黑”。当日本刚刚打开大门，也就是明治维新后的 200 多天，人家就学着西洋国的做派来叩大清国的门了。这正像《筹办夷务始末》所说，“日本资本主义在一登场的时候，就扮演了帝国主义的角色”。

大清国的臣民对这个昔日的东夷还停留在过去的印象中。《中国史中的日本像》一书，将当时中国人的日本观从古至今进行了概括：隋朝以前朝贡时代的“宝物之岛”；遣隋遣唐使时代的“礼仪之邦”；元明时期的“海贼倭寇”；近代以来的“西学之师”。

带着“宝物之岛”“礼仪之邦”“海贼倭寇”的固定印象，当日本于 1870 年突然找到李鸿章的天津北洋通商大臣衙门，要和“西洋列国”享受“同等待遇”时，据说总理衙门的一些大臣都在暗自发笑。这个时候，唯独李鸿章对日本怀有三分敬意。他认为日本目前的情况是中国所不及的：“日本从前不知炮法，国日以弱，自其国之君臣卑礼下人，求得英法秘巧，枪炮轮船渐能制用，遂日、英、法相为雄长。”

隋朝以前朝贡时代的“宝物之岛”。隋朝统一中国时，正是日本圣德太子摄政，先后向中国派出了四次遣隋使(公元600年、607年、608年、614年)，带来了东瀛珍珠和玛瑙等宝物作为见面礼。所以当时日本给人以“宝物之岛”的印象。

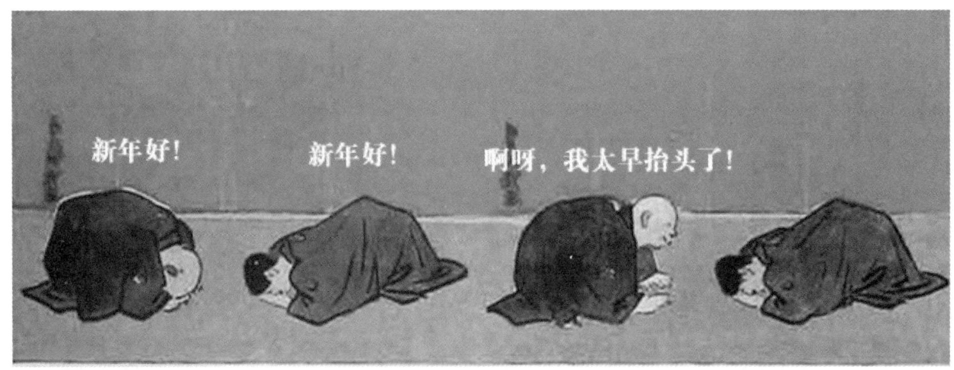

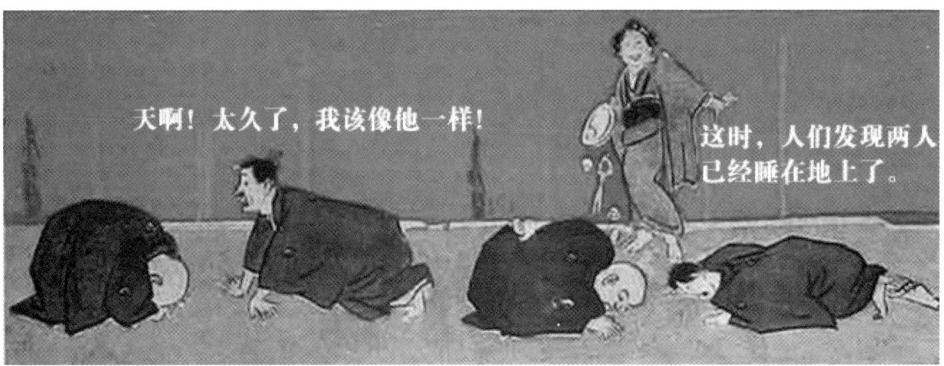

遣隋遣唐使时代的“礼仪之邦”。日本“礼仪之邦”的印象是在遣唐使时代留下的。日本人讲礼貌到了什么地步？请看图。这是西人早期的一幅漫画，讽刺某些日本人太重礼仪形式。(图中中文译文为笔者所加)

元明时期的“海贼倭寇”。“倭寇”之害在明代达到顶峰，后来还是在德川幕府将军的“禁船令”和戚继光的“戚家军”双重打击下才平息。

近代以来的“西学之师”。明治维新后，日本以西洋为师，一切向西洋看齐。这是1879年英国报纸卜刊登的一幅画。明治维新后皇族成员于宫内举办的生日晚会上，天皇和王公贵族带头着西服出席。

一生中最重要的一段话

1871年，李鸿章48岁了。从政履历表完整，“工农兵学商”均沾过，已经是一个手握重兵的封疆大吏，而且是封疆大吏之首的直隶总督，又兼着北洋通商大臣的职务。一年中在保定和天津之间来回地跑。他上有老师曾国藩护着，下有朝廷“野战军”的淮军弟兄拥戴，内为“两宫”倚重，外引恭亲王为同志。

士别三日，刮目相看。如今的李鸿章已经脱胎换骨成了“洋务领袖”了。这一切都要从他到大上海的那年开始。李鸿章1862年率淮军到达上海，亲眼目睹了“常胜军”的“落地开花炸弹”威力，他视之为“神技”，曾写信给曾国藩哀叹道：

深以中国军器远逊外洋为耻，外国利器强兵，百倍中国，内则狎处辇毂之下，外则布满江湖之间。外国猖獗至此，不亟亟焉求富强，中国将何以自立耶？

从赞誉“神技”，李鸿章开始了对旧式传统的批判。1864年，他给恭亲王奕䜣和文祥的折子里第一次谈到了他琢磨多日的想法：

鸿章窃以为天下事穷则变，变则通。中国士大夫沉浸于章句小楷之积习，武夫悍卒又多粗蠢而不加细心，以致用非所学，学非所用。无事则斥外国之利器为奇技淫巧，以为不必学，有事则惊外国之利器为变怪神奇，以为不能学。不知洋人视火器为身心性命之学者已数百年。一旦豁然贯通，参阴阳而配造化，实有指挥如意，从心所欲之快……前者英法各国，以日本为外府，肆意诛求。日本君臣发愤为雄，选宗室及大臣子弟之聪秀者，往西国制器厂师习各艺，又购制器之器，在本国制习。现在已能驾驶轮船，造放炸炮。去年英人虚声恫愒，以兵临之。然英人所恃而为攻战之利者，彼已分擅其长，用是凝然不动，而英人固无如之何也。夫今之日本即明之倭寇也，距西国远而距中国近。我有以自立，则将附丽于我，窥伺西人之短长；我无以自强，则并效尤于彼，分西人之利薮。日本以海外区区小国，尚能及时改辙，知所取法。然则我中国深维穷极而通之故，夫亦可以皇然变计矣……鸿章以为中国欲自强则莫如学习外国利器。欲学习外国利器，则莫如觅制器之器，师其法而不必尽用其人。欲觅制器之器，与制器之人，则我专设一科取士，士终身悬以为富贵功名之鹄，则业可成。业可精，而才亦可集。

历史学家蒋廷黻对这段话评价很高，他说：“这封信是中国19世纪最大的政治家最具历史价值的一篇文章，我们应该再三诵读。第一，李鸿章认定我国到了19世纪，惟有学西洋的科学机械然后能生存。第二，李鸿章在同治三年已经看清中国与日本，孰强孰弱，要看哪一国变得快。日本明治维新运动的世界的、历史的意义，他一下就看清了，并且大声疾呼地要当时的人猛醒与努力。这一点尤足以表现李鸿章的伟大。第三，李鸿章认定改革要从培养人才下手，所以他要改革前清的科举制度。不但此也，他简直要改革士大夫的人生观。他要士大夫放弃章句小楷之积习，而把科学工程悬为终身富贵的鹄的。因为李鸿章认识时代最清楚，所以他成了同治、光绪年间自强运动的中心人物。”

我们将这段被后人称为晚清里程碑折子的话几乎全抄录在此。想说明，李鸿章骨子里是有维新想法的。这也是60年代早期开始，慈禧太后重用他的原因。李鸿章内心是把日本眼下的改革当成中国由弱变强的楷模和榜样看的。当时不仅是李鸿章，连恭亲王奕䜣、慈禧太后等也在平“长毛”后的一段时间里曾经励精图治“搞建设”。甚至我们猜想曾经有这样的情况出现：当慈禧太后于1875年1月召见李鸿章时，两人谈了许久许久。李鸿章深感遇上了知己，甚至可能大谈“学日维新”的观点。想来慈禧赞许有加，也对李鸿章一吐“鸿志”。正如李鸿章说的：

廿二、三、六日，太后召见三次，悲伤迫切之中，大有励精图治之意。

否则就不会有后来百日维新后，于一片叫杀声中，慈禧责问李是否是“康党”，李居然说是半个“康党”。太后不语。好一个太后不语！因为李鸿章知道太后也是半个“康党”。有人说慈禧后来变成保守派了。其实慈禧一直没变，一直是半个“康党”，变的只是后来的形势。君不见孙中山一出，康有为就显得落后保守了，当年的半个“康党”就等于后来顽固不化的“后党”，这是后话。

不是冤家不聚头

历史吊诡的地方出现了。李鸿章“暗恋桃花”地恋着日本的变法维新，却恋来了一个李鸿章的“掘墓人”。更有甚者，当我们翻看李鸿章和日本维新的大事记表，却发现两个日后的死对头几乎在一个时期“崛起”。李鸿章以1862年带淮军进入上海为开端，此后进入了八年的上升期。最后于1870年从一个曾国藩帐前的“秉笔幕僚”（最多相当于一个部级领导的机要秘书，而且还不是正式公务员，最多只能算是曾国藩私人聘来的“合同工”，每月薪水才六两银子），“一路扶摇”到大清正一品的直隶总督兼北洋通商大臣。而恰恰这个时期，也是日本人赤脚奔跑，国力极速上升的八年。

日本是个小事精明的海洋民族，当其基本“脱贫致富”，而且是“小富”的时候，就在“周边有事”上下功夫了。他偕同新交的“男朋友”——美国，来现炒现卖那些“文明国外交”的货色。至此大清国遇上了一个“难缠”的家伙。这个东瀛的“程咬金”三斧头杀向大清国。

上图为日本维新改革派“全家福”。乱世出英雄，这时候涌现出一大批影响近代日本历史的改革维新人物。这其中有明治天皇（40）、伊藤博文（9）、井上馨（7）、大久保利通（12）、木户孝允（35，原名：桂小五郎）、西乡隆盛（13）、陆奥宗光（25）等。

左页图为1871年刚调任直隶总督时的李鸿章。李鸿章仅仅用了八年时间就做到了总督之首的直隶总督和北洋通商大臣，可谓一帆风顺。以前经历如下：1862年李鸿章率淮军赴沪作战，12月实授江苏巡抚。1863年李鸿章克苏州，赏太子少保穿黄马褂。1864年太平军兵败南京，李鸿章被封一等伯爵，赏戴双眼花翎。1865年任两江总督。1866年受命钦差大臣，专办剿捻事宜。1867年任湖广总督。1868年平捻，被赏加太子太保、湖广总督协办大学士。八年从一个默默无闻的外官、幕僚，以军功成为封疆大吏第一人，可谓春风得意。任直隶总督的第二年，苏格兰摄影家约翰·汤姆森找上门来，专门为中国的“总理”李鸿章拍了很多照片。美国报纸还将其中一张制成铜版画，写上中国“总理”李鸿章。

第一斧：中日建交的蛮缠

1870年10月，日本派明治天皇的小舅子柳原前光前来商谈中日通商立约之事。在京的清朝王公大臣没几个拿正眼瞧一下这个昔日的“蕞尔小国”，恭亲王和文祥自然将这事儿交给在天津的李鸿章办。

李鸿章的外交就是一句话——“以夷制夷”。柳原前光恭恭敬敬地在李大架子面前着实地将中日友谊发挥了一番，他说：“目下我国文化大开，交际日益广泛，近年来与西方各国订约，通商往来频繁，但与邻邦贵国，尚未通情好，结和亲。两国虽有商舶往来，但未修邻交之礼，这岂不是一大缺陷？愿中堂大人尽邻邦之友谊，为共同之利益修盟订约，以敦千秋睦邻友好。”

李鸿章看着这位老弟，做起了联合东方共同反对西方的美梦。他在给恭亲王的折子里这样写道：“日本距苏浙仅三日程，精通中华文字，其兵甲较东岛各国差强，正可联为外援，勿使西人倚为外府。”恭亲王虽然官比李鸿章大，但是去年的“天津教案”，李鸿章办得四面讨巧，八面玲珑，着实让成立了九年的各国总理衙门长了脸，开了大清国外交的新局面。所以受李鸿章的影响，他修改了前些日子定的政策底线，将“允许通商，但不订条约”改为“日本于明年特派使臣来华”，“会议章程，明定条约”。柳原高高兴兴地经由上海归国。

伊达宗城（1818—1892），幕府后期的大名，宇和岛藩第八代藩主，明治维新时期的政治家。明治维新后被授予侯爵爵位。1871年6月，日本派遣大藏卿伊达宗城为正使，柳原前光为副使，来天津商议条约。《中日修好条规》订毕后，日本朝野都不满，伊达宗城被迫辞职。

他高兴，我们也高兴，可是高兴得太早了。第二年，1871年6月，日本派遣大藏卿伊达宗城为正使、柳原前光为副使来天津商议条约时，李鸿章作为全权大臣仔细看了日本带来的草案后大吃一惊。他拉下脸来说：“去年送来的约章，均以两国立论。此次章约，全改为一面之词，而且综合西方各个条约择优采用。这岂非自相矛盾，将前稿作为废纸不成？未订交先失信，以后的事怎么办呢？”伊达宗城和柳原前光马上解释一番。最后，李鸿章提出了中国自己的草案，对伊达宗城说：“自主之国，应有自主之权，何必遵循他人呢？何况条约中无可使西人生疑之处。两国有来有往，与有来无往的西方不同，故立约绝不可与西方完全相同。”伊达宗城要求日商和日货均入内地，李鸿章说：“华人前往西国，随处通行，并无限制。今日本系以八个口岸与中国通商，华人既不能到日本内地贸易，日本岂应入中国内地贸易？此系两国一致，确乎公允，何得引西约为例？”

李鸿章在谈判桌上慷慨激昂，其实这时的他还是采“联日”政策的。朝廷面前他视日本为“安心向化”，以敬佩的眼光看日本的维新变法。他认为日本自从与西方列强订约通商以后，大量购买机器、军舰，仿造枪炮、铁路，派人出国学习科学技术，“其志固欲自强以御侮，究之距中国近而西国远，笼络之或为我用，拒绝之则必为我仇”。1871 年 7 月 29 日，日本大体上按李鸿章的方案签订了《中日修好条规》18 条和《通商章程》33 条，其主要内容是：两国互不侵犯领土，互不干涉内政；一国受他国侵略时须互相支援；互派驻外使节；各通商口岸派驻领事；等等。

据说，中日两国谈判《中日修好条规》时，日本人不同意清廷在条约中自称“中国”。日本方面认为“中国系对己邦边疆荒服而言”，要求只写“大清国”。中国代表则力争，“我中华之称中国，自上古迄今，由来已久，即与各国立约，亦仅只约首，书写大清国字样，其条款内容皆称中国，从无写改国号之例”，双方陷入僵局。后经李鸿章亲自出面约定：“汉文约内则书中国日本，和文约内则书大日本、大清。”但日本代表团在誊正时，在其所持汉文本内，依旧用“大清”而非“中国”，导致李鸿章提出严正抗议，日本辩解。李鸿章息事宁人，未再坚持。从中可以看出，当时的日本对“中华文化”还是很在乎的。甲午战争后，就另当别论了。

这是自鸦片战争后，中国与一个主要的外国签订的第一个“公平合理”条约。说到底，外交还是硬实力的外延。这时候的中华帝国，刚经过一场内乱，乱世中涌现出一大批有为官员。中央有恭亲王、文祥，甚至年轻求才心切的慈禧太后。省一级的有曾国藩、左宗棠、李鸿章等。耶鲁大学的芮玛丽教授在她的著作《同治中兴》中说：“在恭亲王与文祥的保护下，有才能的汉族官员不仅在地方统治集团，而且在中央统治集团里也得以占据高位。人们认为：像曾国藩、李鸿章、左宗棠是地方行政权力的复兴者一样，恭亲王、文祥、沈桂芬、李棠阶是中央权力的复兴者。在梁启超看来 19 世纪 60 年代是‘文祥和沈桂芬的时代’。”

弱国无外交，这个阶段的中华帝国不是弱国。证据之一就是《中日修好条规》签订后应对日本出尔反尔的能力。条约订毕，伊达宗城回国受到谴责，被迫辞职。1872 年 4 月 9 日，柳原前光携带外务卿副岛种臣、外务大辅寺岛宗则的书信来到天津，要求改订前约，被李鸿章断然拒绝。4 月 30 日，中日交换《中日修好条规》和《通商章程》批准书。李鸿章和日本特使副岛“畅谈半晌”。这时候的日本满怀着牢骚和希望。副岛大骂西方列强领事裁判权有害于国家主权，宣称已派人去西洋谈判，谈得成谈不成还是一个问号。这些话得到了同病相怜的李鸿章的“极力怂恿”，他高兴地说：“好，希望日本成功，如果成功，请抄写一份给我，我大清也要效法日本修改中国的不平等条约。”日本人果然在 1910 年废除了所有对其不平等的条约。这时李鸿章受尽日本人的气，已经作古九年了。

第一次交手——日本难缠，但是中日打个平手。

第二斧：台湾、琉球事件

随着明治维新的顺利进行，日本的“周边有事”就开始多了。几个月以后，1871年底发生了“琉球事件”——66名到中国朝贡和贸易的琉球人，在回国途中遇上风浪，漂流到台湾岛，台湾岛上的原住民杀了其中的54名琉球人。

琉球群岛的得名，据该国1650年用汉语撰写的第一部国史《中山世鉴》称：“万涛间远而望之，蟠旋蜿蜒，若虬浮水中，故因以名琉虬也。”虬是一种龙。琉虬形象地道出了琉球群岛像一条在海上游动的龙落在台湾之北、日本之南的海面上。

1853年6月6日佩里舰队曾经到琉球访问。画家威廉·海涅在岛上画了很多写实风格的画，正好用于我们图说“琉球王国”。

自洪武十六年（1383年）起，历代琉球王都向中国皇帝请求册封，正式确定君臣关系。这种关系延续了整整五个世纪。琉球王国的官文、外交条约、正史等，都是用汉文写的。连其国都首里城的宫殿，都不是坐北朝南，而是面向西方，充分表示其归慕中国之意。

日本明治维新后，日本中央政府迅速接过萨摩藩当年三千人掠夺琉球的行为。但是，由于当时力量还不够强大，日本还不得不顾及琉球的宗主国——中国。

日本这时打的主意是攻台夺地，如果拿不下来，至少让国际社会认可琉球是日本的藩属。

在进攻台湾前，日本策划了一系列外交阴谋。首先，暗中将琉球国改为日本的藩属，切断与中国的关系。其次承认“琉美条约”，争取美国承认琉球是日本领土。最后为了探实中国对琉球和台湾的底线，柳原前光以琉球事件为由，拜会总理衙门的大臣，得到毛昶熙杀人者为“外化之民”一说。日本人如获至宝，认为“外化之民”就是不归中国管辖的外民。日本可以代琉球向台湾讨回公道。

李鸿章看出了日本人的险恶用心，知道日本人这是在为攻打台湾寻找理由。但是，他认为，日本目前的实力还不够，不会立即采取行动。

李鸿章哪里知道，日本早就做好边谈边打的准备，暗中兴“不义之师”想夺取台湾。

李鸿章的外交还有一个特点，强调一个“理”字。“理在我，我不怕”，李鸿章认为台湾人杀琉球人是“其曲在我”，虽然他已经做好了兵力部署，但是他希望列强出来调停。但是，在这个问题上列强因为“同病相怜”，开始是同情日本人的。加上一般西人还糊涂地认为琉球归日人管辖。这在当时上海英文报纸《北华信使报》1872年10月24日上转载《日本文摘》的文章中可窥见一斑：“最近从萨摩县（今鹿儿岛县）送来了台湾食人事件的报告，令日本的政府高官感到非常战栗。被认为是隶属于萨摩藩主所管的琉球群岛，有数艘戎克船漂流至台湾的海岸边。根据送到日本的消息是，戎克船上的乘员被岛人所吞食……此外，日本方面则有所苦

佩里访问“首里城”。1853 年 6 月 6 日佩里舰队曾经到琉球访问，佩里看到的是琉球王国首都“首里城”的第二道门——“守礼门”。公元 1429 年，中山王尚巴志统一琉球，定都首里城，是为“琉球王国”的开始。

中等收入的琉球人的着装。威廉 · 海涅 1853 年绘。走在琉球街上，到处可见琉球的中国文化痕迹，包括衣食住行。

琉球人。据 1650 年成书的琉球人的汉语国史《中山世鉴》称：“盖我朝开辟，天神阿摩美久筑之。”琉球深受中国文化影响，特别是受到福州人的风俗习惯的影响。左图是那霸地方首席行政官。右图是琉球的摄政王，一个“可尊敬的老人”。1853 年，琉球王只有 12 岁。老摄政王出面接待了佩里一行。

情，即日本对琉球的领有权等相关疑问。然而，在我们的印象中则以为，日本对琉球的领有权应该是被国际所承认的。”正因为这样，开始的调停并不顺利。另外，以前一直避谈的一个原因是琉球王病急乱投医，竟然去找了日本人。《纽约时报》1872 年 10 月 24 日有则来自旧金山的消息说“琉球王派遣使者前往江户，试图在报复措施上求取援助”。

日本等了多时的机会到了。1874年5月7日，日本乃在“清国无法处理此等情事”的幌子下，派 3600 人在陆军中将西乡从道指挥下于台湾琅乔登陆，杀台湾 30 多人。这才震醒了李鸿章。朝廷于 1874 年 5 月 14 日派沈葆桢前去台湾，后又命沈葆桢为钦差大臣。李鸿章在台湾布置了一万兵力，甚至将淮系提督唐定奎部铭军枪队 6500 人由轮船分批航海赴台，“稍壮声援”。清兵奉李鸿章的命令按兵不动，给日本以威慑。

日本人登陆台湾后，不熟悉地形，又水土不服，还经常受到高山族人的袭击，伤亡病死者达 1/3。这样，日本重新回到谈判桌上了，7 月中旬派柳原前光与李鸿章会谈。李鸿章指斥日本：“大丈夫做事，总应光明正大。虽兵行诡道，而两国用兵，题目总要先说明白，所谓师直为壮也”，“中国十八省人多，拼命打起来，你日本地小人寡，吃得住否”。他还担心日语翻译郑永宁“传话不清”，特地取案上纸笔大书曰：“此事如春秋所谓侵之袭之者是也，非和好换约之国所应为，及早挽回，尚可全交。”

出乎意料的是，日本的出兵却引起英、美为首的列强干涉，因为他们担心中日之战将影响他们的资本输出和经济活动。他们指责这是违反国际公法的行为，并说这次出兵将不会被国际社会承认。这时美国驻日公使一职已改由约翰·宾翰担任，他对日本的行为改采强硬姿态，并追随英国的做法，禁止任何美国人和美籍船参与此项出兵计划。

在英、美等国压力下，在中国万人大军的严阵以待下，日本没敢轻举妄动。中日之间也没有直接发生冲突。最后在英国驻华公使威妥玛的斡旋下，1874 年 10 月 31 日中日双方签订《北京条约》，内容如下：一、日本国此举为保民之义举，中国不得认为有错；二、所有遇害难民的家属，中国必须给予抚恤银两，日本在台建筑及所修道路，中国愿留自用；三、两国永为罢论此事，中国当设法管束台湾生番，以保难民安全。

对于这样的结果，英国驻日公使巴夏礼评论说：“被侵略者却必须交付偿金的道理，令人感到费解。日本实无收受偿金的资格。”李鸿章对于赔付日本虽然不满意，但是他又认为，避免了一场战争的庞大耗费，把战争的费用节省下来，可以用于筹备海防。大清国眼下还需要忍气吞声，以待振兴。清廷也做了总结：“日本为此也花费了三四百万两，今后势必会坚戒类此之愚行。”实际上日本此次出兵共花费了近约 770 万两银子，对当时已濒临破产边缘的日本新政府财政而言，打击很大。整个事件的幕后黑手岩仓具视和大久保利通等被要求处分。同时日本借由这次事件，加紧了“琉球并合”的行动。1879 年 3 月，日本向琉球秘密派出军警人员，采取突然行动，在首里城命令琉球王代理今归仁王子交出政权。4 月 4 日，日本悍然宣布“废

美国探险队扎营在琉球。威廉·海涅绘。可以看到 1853 年琉球尚未被日本强行并入时社会的安定、祥和景象。

午后琉球人在闲聊。威廉·海涅早就听说琉球男人悠闲得很，原注：一次，他们看到这三个“悠闲者”坐在树荫下抽着旱烟喝着茶，正在神聊……他们喝够了茶和抽足了烟，便拿出米酒轮番狂饮。而这个时候，妇女们却半赤着身子在毗邻花园的烈日下锄地耕作。

琉置县”，即将琉球国改为冲绳县。

日本人为什么敢冒天下之大不韪？原来日本“乘俄事未定，图占便宜”。中俄自 1871 来，俄国乘乱出兵占领了新疆伊犁。1878 年左宗棠肃清阿古柏势力，收回伊犁，解除了西北边疆危机。但是清廷特使崇厚对伊犁和俄国情况均茫然无知，与俄国签订了《交收伊犁条约》和《陆路通商章程》。崇厚订约消息传来，大臣们要求诛崇厚，毁新约。

就是看准了中国不能东西同时用兵，日本吞并了琉球。清廷内部对“联日抗俄”和“联俄拒日”出现了争论。朝廷想对日妥协，“联日拒俄”，令曾纪泽对俄采强硬姿态，争取收回伊犁全境。李鸿章通过台湾之事对日态度发生了 180 度转变。他主张“远交近攻”，“联俄拒日”。他认为当时日本弱小，俄国强大，中日两国比较，“强弱之势，曲直之理，贫富众寡之形，皆在我而下在彼”。他分析日本对俄是“畏俄如虎，诡谲嗜利”，而中俄接壤约万余里，“彼有铁路以调兵，则旬月可以云集，中国行师绝塞，非经岁不能到防，彼有电报以通信，则瞬息可以传命，中国递文边界，非三数月不能往还”。因此，抗御俄国就要在边防、海防上“加募数百营劲旅”，并“训练水师，增购船炮”，每年至少花费“巨饷数千万金”，经济上划不来。他建议“勿为浮言所摇惑”，宽免崇厚，暂依崇约，和平了结中俄争端，腾出手来对付日本。

但是这一次，总理衙门受“联日拒俄”的影响，竟和日本达成初步协议，“仅割琉球南岛，而更改旧约，许以利益均沾及内地送货各事”。李鸿章反对这样做，主张等俄约定后，“决计翻改前约”。

大久保利通（1830—1878），明治三元勋之一，自称“东洋俾斯麦”。明治维新以后，大久保利通跻身于政权中枢。他为了巩固新政府，实行了版籍奉还和废藩置县两大政策。1874 年 8 月担任全权辩理大臣，到中国和清廷谈判台湾问题，逼迫清政府交付 50 万两白银的赔款。1878 年遭袭身亡，时年 49 岁。大久保死后，日本政府追赠其为右大臣、正二位，并且为他举行了维新以来的第一场国葬。

保定府唇枪舌剑

看历史，我们往往喜爱引用奏折里的话，其实奏折即便不能说全是“正确的废话、假话”，以八股文式的累赘，也是看不出什么所以然的，特别是在观察一个历史人物的时候往往让人更加不知所云。因为奏折里的话大多看不出说话人的脾性和真性情。倒是一些随意性的非正式交谈，往往可以看出不少的真金白银。下面的这段对话就是如此，让人知道李鸿章到底在想什么。

当时，崛起的日本已经成了清廷的麻烦事，这类事情大多让李鸿章来主刀，因为个中的复杂不是我们用“主战”或者“主和”能说清楚的。

在中日频繁的私下政策辩论时，李鸿章于1875年12月28日在保定的总督府接待了日本使臣森有礼的拜访。收录在李文忠公全集中的这段对话是从双方论中西文化开始的（以下标题为笔者所加）：

论中西文化

问（问和答均为李鸿章，下同），森大人在京总理衙门见过各位中堂大人？

森使云，见过。

问，森大人多少年纪？

森使云，整三十岁。

问，森大人到过西洋？

森使云，自幼出外国周游，在美国学堂三年，地球走过两周，又在华盛顿当钦差三年。现在外务省官大辅。

问，中西学问何如？

森使云，西国所学，十分有用，中国学问，只有三分可取，其余七分仍系旧样，已无用了。

问，日本西学有七分否？

森使云，五分尚没有。

问，日王衣冠都变了，怎说没有五分？

郑署（译员）使云，这是外貌，其实在本领尚未尽学会。

森使云，敝国上下俱好学，只学得现成器艺，没有像西国从自己心中想出法儿的一个人。

答云，久久自有。

笔者读到这段后感到，闲谈间两人已经开始比较中日“洋学”的胜负得失了。而中日之间，中国先论理，而日本则只认实力。

上图　1865 年日本首批出国留学人员在荷兰照相馆拍摄的照片。江户时代日本兰学之留学生：后排左起，伊藤、榎本武扬、津田正道、英寸。前排左起，SawaTarozaemon（飞驒HamaGoro）、赤松则良、西周英寸、内田正夫和俊平田口。

森有礼 1871 年拍摄的照片。森有礼（1847 年 8 月 23 日－1889 年 2 月 12 日），日本现代教育先驱，首任文部大臣，被称为日本“明治六大教育家”之一和“日本现代教育之父”。森有礼出身于日本鹿儿岛的武士家族，1865 年，被选派赴伦敦大学学习近代科学。1875 年为日本驻华公使，斡旋朝鲜半岛问题，曾与李鸿章有多次交谈。1885 年，日本首位内阁大臣伊藤博文建立内阁，森有礼是伊藤的故交和校友，受邀出任内阁文部大臣（首任），从而发动日本国内的重大教育改革。1889 年 2 月 11 日，大日本帝国宪法颁布当日，准备出席大典的森有礼被国粹主义支持者西野文太郎以“参拜伊势神宫时态度不敬”为由刺杀，延至翌日伤重不治，年仅 41 岁。

日本只认实力

森使云，当初游历各国，看地球并不大；未在局中，看各国事极清楚。如贵国与日本国在亚细亚洲，可惜被西国压住了。

答云，我们东方诸国中国最大，日本次之，其余各小国，均须同心和气，挽回局面，方敌得欧罗巴住。

森使云，据我看来，和约没什用处。

答云，两国和好，全凭条约，如何说没用。

森使云，和约不过为通商事，可以照办，至国家举事，只看谁强，不必尽依着条约。

答云，此是谬论，持强违约，万国公法所不许。

森使云，万国公法亦可不用。

答云，叛约背公法，将为万国所不容。因指桌上酒杯告郑署使云，和是和气，约是约束，人的心如这酒杯，围住了这酒不教泛溢。

森使云，这个和气，无孔不入，有缝即去，杯子如何拦得住。

答云，森大人年少气盛，发此谬论。郑署使是我们立约时的人，须要详细告他。

对话读到此，笔者看到了森有礼的日本，举国上下抛弃了“理”字，改任“力”字。这次交锋，日方核心诉求就是朝鲜。

端出了高丽事

森使云，高丽与印度同在亚细亚，不算中国属国。

答云，高丽奉正朔，如何不是属国?

森，各国都说高丽不过朝贡受册封，中国不收其钱粮，不管他政事，所以不算属国。

答云，高丽属中国几千年，何人不知。和约上所说所属邦土，土字指中国各直省，此是内地，为内属，征钱粮，管政事。邦指高丽诸国，此是外藩，为外属，钱粮、政事向归本国经理。历来如此，不始自本朝，如何说不算属国?

森使云，日本极要与高丽和好，高丽不肯与日本和好。

答云，不是不肯与贵国和好，是他自知国小，所以谨守不敢应酬。各国皆然，不独日本。

森使云，日本与高丽是邻国，所以必要通好。高丽如何不肯?

答云，平秀吉扰高丽之后，恐不能无疑虑。

郑署使云，平秀吉之后，日本与高丽也曾往来，中间忽然断了，前数年与高丽约定接待使臣后，因日本改变衣冠，国书字体也变了，他就不受。

答云，这个自然高丽不敢与西国相通。日本既改西制，他自应生疑，恐与日本往来，他国即随进来了。

郑署使云，从前不过拒使，近来日本兵船至高丽海边取淡水，他便开炮伤坏我船只。

答云，你兵固是去高丽海口量水。查万国公法近岸十里之地，即属本国境地。日本既未与通商，本不应前往测量。高丽开炮有因。

森使云，中国、日本与西国，可引用万国公法，高丽未立约，不能引用公法。

答云，虽是如此，但日本总不应前往测量，是日本错在先，高丽遽然开炮，也不能无小错。日本又上岸毁他的炮台，杀伤他的人，又是日本的错。高丽不出来滋扰，日本只管去扰他做什么？

郑署使云，日本臣民俱怀愤恨，要与高丽打仗。森大人说从前看高丽能谨守不与外国相通，尚是可爱之国，今可恨了。

答云，既知是可爱，故不要去扰他。日本是大国，要包容他小国。

郑署使云，森大人也是此意，所以压住本国不要用兵。自请到中国，以为高丽是中国属国，必有上策令高丽与日本和好。

答云，高丽非不欲与日本和好，但恐各国相因而至。中国若代日本说项，将来各国都要中国去说，所以料得高丽未必答应。

大韩帝国皇帝高宗李熙（1852—1919），朝鲜王朝第 26 代国王，大韩帝国开国皇帝（1864—1907 年间在位）兴宣大院君李昰应之子。1864 年以王室旁支身份继位，成为新任朝鲜国王。1897 年自称皇帝，建年号“光武”，改国号为“大韩帝国”。1907 年退位，1919 年病逝（一说被日本人毒死），葬于洪陵。他的死引发了“三一运动”。高宗李熙处于朝鲜半岛历史上最动荡复杂的时期，他本人一生先后被父亲大院君（右图）、妻子闵妃以及日本人摆布，形同傀儡。

谈话中，日使已露出他日用兵高丽的心

森使云，西洋各国均无必通高丽之意。

答云，这谁保得？

森使云，我可保。

答云，须日本国家保得。

森使云，日本国家亦可保。

郑署，森大人来到中国，有三宗失望的事。一是不能保全要与高丽和好的意思。二是总理衙门不明白他要和好的心思。三是恐本国臣民知道中国不管，定要与高丽打仗。

答云，总署不是不明白实是要和好的意思，凡事不可一味逞强，若要逞强，人能让过，天不让过，若天不怕、地不怕，终不有天地所容。从前我两国甫经换约，未及半年，日本即用兵台湾。我曾责备柳原，他亦无解。如今不可又错了。

森使云，台湾之事，日本原不能无错，但因误听人言，生番系中国化外之地，尚属有因。后来接着总理衙门的信，国家即派大久保前来说明。

郑署使云，森大人来京本望中国设法，俾日本与高丽无事。

答云，高丽断不出来寻事。日本不可多事。

郑署使云，日本现又遣使往高丽，仅使臣一人前去与之商量，看他如何？如果可商，并不要与他通商，不为多事，只要议定三件。一、高丽以后接待我使臣。二、日本或有被风船只，代为照料。三、商船测量海礁，不要计较。如果使臣到彼，再不接纳，该使回到本国，必不能无事，一定要动兵了。

答，遣使不纳，古亦有之，元时两次遣使至日本，日本不纳。北条时宗并将元使杀了。

森使不答。但云以后恐不免要打仗。

答，高丽与日本同在亚洲，若开起仗来，高丽系中国属国，你既显违条约，中国怎样处置？我们一洲自生疑衅，岂不被欧罗巴笑话？

森使云，欧罗巴正要看我们的笑话。

答，为什么要给他笑？

森使云，这也没法。日本百姓要去打仗，恐国家止不住。

答，日本是民政之国抑君主之国？

郑署使云，是君主之国。

答，既系君主之国，则君与大臣为政，如何任听百姓违条约行事，尚得为君主之国乎？

李鸿章摆明：高丽用兵只能伤和气

郑署使云，森大人因总署说中国不管高丽内政，所以疑不是属国。

答云，条约明言所属邦土，若不指高丽，尚指那国？总署说的不错。

森使云，条约虽有所属邦土字样，但语涉含混，未曾载明高丽是属邦，日本臣民皆谓指中国十八省而言，不谓高丽亦在所属之内。

答云，将来修约时，所属邦土句下可添写十八省及高丽、琉球字样。

郑署使云，总要求总理衙门与李中堂设法，令高丽接待日本使臣。

答云，日本炮船被击固有不平之气，高丽炮台破毁、兵士被杀，谅亦有不平之气。高丽国虽小，其臣民之气一也。正在气头上，即当人解说亦无益。我劝日本，此事且可缓议。俟一二年，彼此气平后，再通好也不迟。

森使云，西国人言，日本办事性过急，中国办事性过缓，急性遇着缓性，难以商量。

答云，事有宜急、宜缓，如学机器技艺等事，此宜急者也。如两国相争，急则不相下，缓则气自平。所全者大。

森使云，承教！承教！试思日本就得了高丽，有何益处？原是怄气不过。

答云，高丽地瘠，取之诚无益。且闻俄罗斯听见日本要打高丽，即拟派兵进扎黑龙江口，不但俄国要进兵，中国也难保不进兵，那是乱闹起来，真无益处。

因书“徒伤和气、毫无利益”八字授郑署使。郑署使与森使阅毕，即将原纸携去。

森使云，此指与高丽伤和气而言。

答云，若真要打仗，非但伤高丽和气，连中国也怕要伤和气。

因于纸尾加书“忠告”二字授之曰：我为两国相好开心见诚奉劝，非有别意。

森使、郑署使首肯云，日本打仗亦可暂时压住，务求中堂转商总署，设一妥法，劝说高丽。

答云，总署回覆你的节略，明是无可设法，但你既托我转说，我必将这话达到，看从缓商量，可有法否？

遂辞去。

笔者认为，这段看似漫谈式的对话，其实来者是有备而来，为朝鲜而来。甲午年的事情，这时候已经看出日本的猴急。答者也是绵里藏针，针锋相对。最后，李鸿章将该警告的话都明说了。“森有理”什么也没得到，除了一张“忠告”的题字和一句传话总理衙门的承诺外。那会儿李鸿章说话的底气要比马关春帆楼足多了。

以往选录这段对话，往往只录前面中华和西洋对比的那段，恰恰漏掉的是这后面一段，这段才看出李鸿章稳健持重的外交风格。

铜版画作，和太平天国作战时湘军的长江水师。自那以后，清廷买了不少英国军舰。到 1881 年后“超勇”和“扬威”俩英国造成军，李鸿章说话口气硬多了。

铜版画作。1886 年 5 月，醇亲王（中）至天津校阅北洋水师，与李鸿章（右一）、善庆留影于海光寺行辕。

李鸿章的底气

时间很快就到了1880年。这时中俄谈判在曾纪泽的努力下逐渐露出了转机，清廷腾出手来，决定废除中日间曾经签订的那个关于琉球的初步协议。

1881年初，日使宍户玑愤而回国。李鸿章认为“初意本在要挟，旋闻中俄修好，即已夺气，未敢显启衅端”。他表示倘若日本胆敢“藐视中国”，中国就不妨“撤防俄之劲旅，分军三道，载以轮舶，直趋长崎、横滨、神户三口”，“制其死命，或封琉球，或重议约章，皆惟我所欲为矣”，同时中国要“蓄锐扬威，待时而动，一面整理水师，购办船械，声威既壮，敌胆自寒”。

李鸿章说这话是有底气的。光是北洋水师一家，从1861年筹建到1888年成军27年间，朝廷在海军建设一项上就花了一亿两白银，每年合计300万两，占当时年度财政支出的4%—10%。而日本政府从1868年到1894年，26年间共向海军拨款9亿日元，折合白银才6000万两，每年合计白银230万两，只有中国投入的60%！

大家一说到晚清，总认为昏天黑地。其实，1864年后的十多年里，清廷上下也有一段好时光。哥伦比亚大学历史学家唐德刚对此有段论述，这时“所幸国内的内战已暂告结束，外战减缓。朝政，尤其是省级政权，由开明派掌握，国力迅速恢复。朝中两位年轻寡妇垂帘，也颇能招贤纳谏。总理衙门由恭亲王和大学士文祥主持，久历坫坛，亦熟谙外情。而外国公使长驻北京，酬酢频繁。中外相处，也颇能互信互谅。尤其是美国由惨烈内战，转为国内建设，对华无领土经济野心，遇事且可开诚相助。同治七年（1868年）美国驻华公使蒲安臣，竟被文祥说动，向华盛顿辞去本职，接受清廷委派，为中国出使欧美钦差大臣，颇多建树……总之，在此所谓‘同治中兴’的巅峰，衰老的大清王朝，一时颇有复振气象。此时中国海关在赫德的科学管理下，贪污敛迹，收入甚丰。总理衙门因策动廷议，以海关收入的60%，约400万两，作为建设新式海军之用。斯为中国近代史上第一个新型的‘国防预算’。”

1871年李鸿章提出，刚刚经过明治维新的日本“日后必为中国肘腋之患”，加上英法联军攻陷大沽炮台犯京。所以在筹建水师时，恭亲王和李鸿章就将北洋水师作为重点，一来防护京畿，二来防御日本。唐德刚说：“李鸿章及总理衙门复参照洋员建议，将新建海军按英制训练，德制统率。英国海军制度系由海军上将三人，分工合作联合指挥。德制则听命于海军总司令一人也。”

台湾和琉球事件后，李鸿章在1880年7月间的奏折中向清廷申述：“近来日本有铁甲三艘，遽敢藐视中土，至有台湾之役，琉球之废……今欲整备海防，力图自强，非有铁甲数只，认真练习，不足以控制重洋，建威销萌，断无惜费中止之理。”由于有了明确的防范目标，中国的海防建设从此进入一个新的阶段。

这是日本的浮士绘作品，描绘的是甲午战争时，天皇在广岛大本营，深夜在灯下展开地图，听取参谋本部次长川上操六报告军情。明治时代的进步至今仍是日本人的骄傲，其中的传播就是靠这大约十多张“历史画作”。令人无话可说的是，明治天皇的确在甲午战争中亲临广岛大本营指挥，并不是无中生有的宣传伎俩。

甲午失败为哪桩

中国准备了 20 多年，北洋海军李鸿章花了半辈子的心血，却饮恨甲午，输给了一个人口仅为我 1/10，刚刚摆脱困顿愚昧的日本手里。

其实大清臣民不知，数据显示甲午战争前的日本经济已经不是蕞尔小邦了。从财政收入比重看，日本财政收入占国民收入的比重已接近 30%。清廷只有大约 3% 到 4%；以税收种类看，清廷主要依靠 37% 的田赋、8% 的盐税、23% 的关税、18% 的厘金，税种单一，财路不宽。1892 年，甲午开战前两年，日本的财政开支总预算中，用于军费的部分，已经达到了 41%。到了甲午年，又比上年猛增四倍！日本俨然一个武装到牙齿的真老虎了。

甲午之战按当时西方的论点：清国可能会输，但是没想到是一触即溃的输。当时那些担心自己利益受到损害的列强，本有一二想跳进来拉一把落水者，可是他们却被这“一触即溃”吓得缩了回去。连日本自己都没想到。他们的参谋人员出兵前还做了两种不测准备，其一为小输，大军退回日本等待大清东渡后的老拳。其二是大输，全体军民人等退到北海道，甚至西伯利亚荒芜之地。

一开始国人都把宝压在了大清帝国身上。曾记否，战前的那些分析还历历在目呢！上海的《申报》认为：“以中国幅员之广，人民之众，饷粮之厚，兵卒之多，与倭国相较，虽三尺童子，亦知其非我敌！”日本间谍向野坚一在回忆录里也不得不承认：“日清战争对于我国来说，因为是首次向外国开启战端，我们一般国民也是非常紧张的。”

这些推测和押宝如果是在战前还情有可原，可是当战争进入后期，战局已经开始呈现一边倒趋势时，前来解辽东之围的湖南巡抚吴大澂，还能写出如此豪气的劝降檄文就实属滑稽了。我们不妨拜读一下这份檄文摘要：“本大臣讲求枪炮，素有准头，十五、六两年所练兵勇，均以精枪快炮为前队，堂堂之阵，正正之旗，能进不能退，能胜不能败。本大臣专派仁慈廉干人员收尔入营，一日两餐与中国人民一律看待，亦不派做苦工。事平之后即遣轮船送尔归国。”

可是战战兢兢者赢了，大大咧咧者输得很难看。李鸿章纸糊的老虎被小小蜜蜂给扎破了。这出好戏成了当时西人好事者的漫画佐料。

任何一次的失败，都不是敌人的强大而是自己的虚弱，或者说因为无知产生的虚幻所致。大和民族是世界上最“工于心计”的民族，它只会在鸡蛋有缝的时候才来找事。这就不难理解为什么一次小小的邻国“有事”，就能迅速地蔓延成一次中日对决？

上图　日本资料馆收藏了大约50张甲午战争期间上海民间小报编印的“甲午战争大捷图”。这是其中的一张，描写李鸿章以胜利者的姿态去日本议和。画面上不光西人低眉折耳，连日相也萎缩潜行。这类画作能在上海大行其道，说明民智未开的国人好这口“日相吓尿了”的爽，市场便推出这类意淫产品。

下图　上海民间小报上的《各国钦差会同李傅相议和图》，更是无中生有。马关谈判就中日两方几个人关门谈的，关西方人啥事？日本打败清国，西方舆论大呼过瘾，说教训下这个睡不醒的大块头是件好事。但当时清廷封锁战败消息，此类画作，刻意在淡化和美化上做文章，民智未开的国人看了欢呼雀跃。您看历史上的大宋，即便被金人生擒了，还说是“二帝北狩”！这就是国人的劣根性。

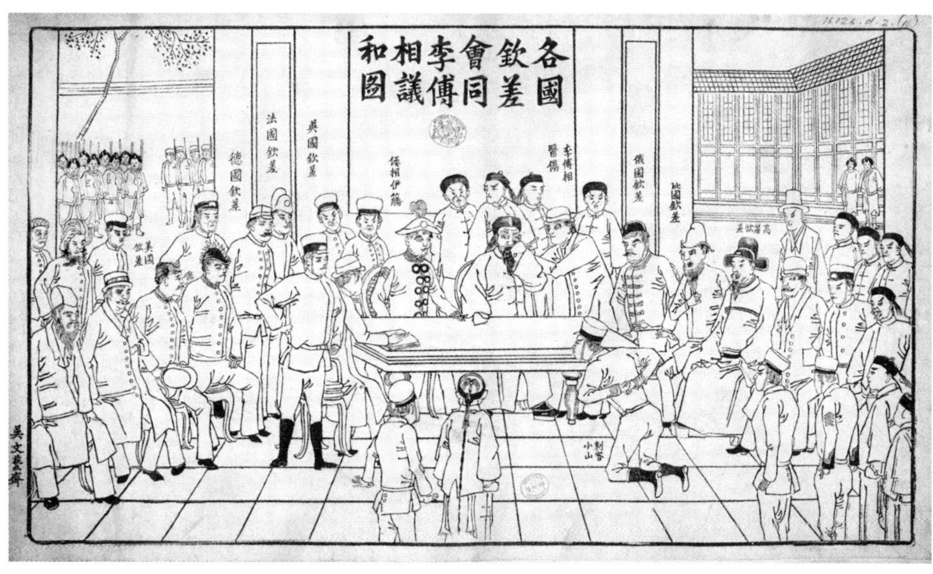

贫弱是玩不起战争这个奢侈品的

甲午战争的失败可以有一千个原因，究其根本就一个字——“穷”。甲午战争前的世界，几乎所有的大国都在为生存进行改革。清廷也是这么想的，但是一直没有跨过“吃饭财政”这个坎儿。打仗打的就是后勤，就是钱，我们比人家的困难不知道多多少。

首先就是暴涨的人口。从 17 世纪末起到 18 世纪末为止，中国人口翻了一番多，从 1.5 亿增加到了 3 亿多。到了 1850 年人口已达 4.3 亿左右。再多的收入最终都被这个庞大的人口吃掉了。

一个是人多吃穷，另外还因为落后保守的观念，不懂得“无工不富”“无商不活”的道理，几个世纪以农为主，怎能不穷？《剑桥中国史》说：“在 20 世纪以前，中国的经济几乎没有不属于农业部门或不与它发生密切关系的。”农业社会是支撑不了大规模的战争的。当时一发克虏伯炮弹 30 两银子，相当于一个农民一年的收入。这点李鸿章看得很清楚，他说：“中国积弱，由于患贫，西洋方圆千里，数百里之国，岁入财赋以数万万计，无非取资于煤铁五金之矿、铁路、电报、信局、丁口等税。酌度时势，若不早图变计，择其至要者逐渐仿行，以贫交富，以弱敌强，未有不终受其敝者。”

清廷不会理财，又不懂得广开财源，中央政府的财政收入一直没能真正地增长。从 1712 年到 1850 年，清廷记载的法定收入没什么大变化。据国外学者推算，清朝后期中国的收入总额约为 2.5 亿两白银。但是作为中央政府的清廷只在这中间收到 1/3 左右的款项。而且即使对这一部分，中央政府也只能使用其总额的 40%。纵然清廷将这其中大部分用为军事预算，也不能与西洋和日本明治维新后的新式财政所产生的经济力量相抗衡。一个是吃饭财政，一个是积极型财政，为战争提供的支持完全是两码事。以农业社会对工业社会，以手工业社会对商业社会，结果可想而知。

穷和民智不开是一对孪生兄弟。为什么“穷”？因为思想禁锢、民智不开。因为民智不开，就越发穷。堂堂四亿人的大市场，就是坐收商品流通的过路费也能腰缠万贯。为什么不行？一句话，清廷思想保守，不思进取，不学无术，根本就不知道改革经济制度。到了后来，就是想，基本上也无伸缩余地了。一是“吃饭财政”出不起制度改革的成本，曰动弹不得。二是因为关税率未经条约列强的一致同意，不得变动，还是动弹不得。恶性循环，越来越穷。穷是玩不起战争这个奢侈品的。有人说，翁同龢为报私仇故意不批给李鸿章北洋海军军费，其实是不当家不知道柴米贵。翁同龢当的不是大英帝国财政部的家，他手里实际上没有几个钱。

THE SWEETS OF VICTORY: A STREET SCENE IN JAPAN AFTER THE WAR

DRAWN BY OUR SPECIAL ARTIST WITH THE JAPANESE, C. E. FRIPP, R.W.S.

美国《图片杂志》插图。原标题为“胜利的甜意：甲午战争后日本大街上的景象”。当时的日本民意就是学西方列强的样子，多掠夺些领土，多占些利益就是好，整个国家都处在一种骚动中。一个男子当兵打仗会受到整个社会的尊崇。前方打仗靠男子，后方生产靠女性和老人，形成了上下一心的局面。反观清国，打仗历来是朝廷的事情，官不为民，所以也别想民会为朝廷去死。所以历朝历代的中国军队出征，后面都有一支督战队。

输在民智未开

晚清时代，各国都拼命发展工商业，清廷也想，但是贫穷国家，如俄国、日本以中央政府的预算来带动经济；富裕国家，如法国和德国，在中央政府的预算之外还有民间的商业银行系统配合融资。晚清中央政府一项都没有。当时中国的银行体系几乎完全超不出山西票号式的汇兑银行和地方性的“钱庄”范围。

国家整个停留在“中古”经济层面上。中国以中古之经济对人家现代之经济，以中古之社会对人家现代之社会，成败早在决战之前已经定了。并不是李鸿章畏缩不前，他依托的就是这么一架老式机器，就只能产生这点马力。他当然只能采取战略守势。后人不考虑当时清廷面对的人多钱少、坐吃山空的现状，以为只要改“主和”为“积极进攻”就能赢，此乃清谈。

但是有一点是对的，就是李鸿章怀有私心，想保存实力。他能在这把椅子上坐20多年，靠的就是淮军。以前读史总为光绪的满腔激愤感动，现在看来光绪也少不了“内斗”的嫌疑。他作为最高军事统帅不会不知道自己的实力，但是他一味喊打，像个“愤青”一般。甚至明知道没有实力也草率宣战。这里除了不成熟外，难道没有削弱“后党”实力的嫌疑？说得好听点儿，是为以后的戊戌变法做组织上的准备，说得难听一点，借日本人的刀灭“后党”。中国这种宁予外人、不予家奴的事儿还少吗？否则为什么在错误的时间、错误的地点，打这么一场错误的战争？

知道会有人说这是日本人早就预谋好的，根本由不得光绪。事情就在这儿：为什么人家日本人就能在天时、地利、人和都不利的70年代成功地避免了战争？为什么战争总是在大清最不需要的时候“一拍即合”？除了无能一说，就不允许我们脑子里多一根弦？

这虽然扯到了另外一个问题，其实要说的还是民智不开，大清国根本不懂得现代外交这个缓冲武器。一有事儿，就粗着脖子大叫一声“拼了”。连马克思也说大清臣民是“半野蛮人”。

民智不开还有一半责任在朝廷自己。清廷毕竟是满清一族，老怕人口占多数的汉人抢江山，战争来了又不敢发动人民敌后骚扰，坚壁清野；甚至窝藏私心，“龙兴之地”的东北迟迟不让进人，留着被汉人推翻后当退守之地。这样，日军进入东北，当地一些“闯关东”的新移民根本就没有丧失故乡之痛，也没有保朝廷卫“国家”的国民意识，甚至在金钱的驱使下，还有人半推半就地当了日军的“支前”小队长。

法国刊物上的老图。高升号被击沉后，淮军士兵纷纷入水。丰岛海战发生于1894年7月25日清晨，日本海军在朝鲜牙山湾口丰岛西南海域袭击和击沉英籍高升号商船，造成清军950人除200余人生还外，余皆殉难。1894年8月1日，中日两国政府宣战，甲午战争开始。

北洋海军再强，无奈非海洋型国家

在海军建设上，中国历来就不是强项，因为中国传统意义上是大陆型国家。黑格尔说："中国是一个与海不发生积极关系的民族。"

地理大发现后，中国人的东面屏障突然变得岌岌可危。海防建设总是捉襟见肘，海军建设也屡屡受挫。1888年后，户部基本上没有拨过银子买船，根子就在于大陆型国家意识作怪。不管什么屁大的事儿，钱不够，众人马上想到的就是挪用这个受气的海军军款。慈禧太后、翁同龢为什么不敢在治黄款、救灾款和旗人钱粮上伸手？战败后，李鸿章说："平日讲求武备，辄以铺张靡费为疑，致以购械购船悬为厉禁。一旦有事，明知兵力不敌而淆于群哄，轻于一掷，遂至一发不可复收。"

其实李鸿章说得漂亮，他自己骨子里也这样。丁汝昌战前提出在主要舰船上配置速射炮以抵消日舰速射炮的优势，需银60万两。李鸿章声称无款。黄海海战战败，他才上奏，前筹海军巨款分储各处：汇丰银行存银107.29万两，德华银行存银44万两，怡和洋行存银55.96万两，开平矿务局领存52.75万两，总计260万两。钱不用在刀刃上，不知道他想干什么？

另外，中国那时有海军是开天辟地第一回，完全是新生事物。对于新手来说，硬件再强，也有一只看不见的手在背后起作用。赤壁之战，曹操的军队输就输在北军不谙水性。否则怎么解释北洋海军一玩起真格的，就那么多意外事故：一会儿船进港撞了，一会儿开炮先炸了自己……对手不管怎么说就是当"倭寇"都当了几个世纪。这就是差距。

甲午黄海海战战败，这是百年来众口一词的结论。但是笔者在拍摄纪录片《多国视野下的甲午战争》时采访美国海军学院院长马汉少将时，这位世界海权论权威却另有看法："考虑一下战斗结果，可以说这次海战尚处于胜负未决之间。总计1.5万吨的铁甲舰二只，完全可以对抗1.9万吨的半装甲舰五只。"马汉似乎意犹未尽，他继续说："此战可以说，重炮代表了对动力系统的射击；速射炮则代表了对兵员的射击。鸭绿江海战无论从其结果来看，还是作为一次海战来看，要说日本胜利还为时过早。"我在美国宾夕法尼亚州采访时，在美国官方历史纪念牌下也看到了"鸭绿江海战打了个平手"的字样。甲午海战胜负未决？这可是一个颠覆性的结论！最新研究发现：原来日舰无力完成既定的击沉"定远""镇远"这两艘巨无霸的终极目标，只击沉了北洋海军五艘老旧船只。这也是日舰为什么匆忙撤出战场的原因。但最终北洋水师在刘公岛被日本舰队全歼，确是事实。

可以这么说，甲午战争黄海海战是中国百多年来打得最好的一次现代化高强度海战，并不似今人说得那么不堪一击。定远号、镇远号这两舰军舰中弹极多，但是因为铁甲坚固，只受到了一般的破损，并没有完全失去战斗力。两舰上的305毫米口径的主炮发威了，镇远号的两枚命中了松岛号左舷下甲板，其中一发炮弹命中了四号炮的钢盾，把120毫米阿姆斯特朗火炮炮身炸得弯曲抛出，并引爆了附近的弹药。定远号用舰艉的150毫米口径的克虏伯炮，一炮击中了日舰赤城号，当场打死水兵两名，还击中了正在观看海图的坂元八郎太舰长的头部，鲜血及脑浆洒在海图台上，坂元八郎太当场毙命。然而也就是北洋水师有些许亮点，陆军却输得一塌糊涂。

日本绘画作品《勇敢的水兵》。这场准备了10年、历时5小时37分的人类历史上第一次蒸汽铁甲船海上大战，被无数次地展现在人们面前。在熟悉的画面中，我们看到了这张不熟悉的日本画——被北洋军舰击中的松岛号上的三浦虎次郎，在重伤弥留之际，询问长官："难道定远还没有沉吗？"长官安慰他说："我们把它打得动弹不得了。"日本人拿此事大做文章，不但为这个三等水兵立了碑，还让人写了首军歌《勇敢的水兵》，到处煽情渲染日军的英勇。忧伤的调子和死不瞑目的遗憾背后，可以看到北洋水师也不是吃素的。

参军为口饭，这样的军队别指望太多

大清陆军失败是必然的，而日本陆军在15年的时间内已经在各个方面成功转型为新式陆军，很多进军方案都由参谋人员早早地在东京计划好了。1880年日本参谋本部长山县有朋将清廷的情况调查得一清二楚，他在调查报告中指出，大清帝国平时可征兵425万人，战时可达850万人之多。山县有朋总结道“邻邦之兵备愈强，则本邦之兵备亦更不可懈”，正如人云：“甲午之战是高度西洋化、近代化之日本，战胜了低度西洋化、近代化之中国。”大清国的陆军指挥官不是冷兵器时代的武夫就是“八股文”秀才带兵，士兵不是义务征兵制的产物，而是沾亲带故来找饭吃的江淮灾民。

湘军和淮军的创建，就是建立在沾亲带故基础上的。中国中部地区，历来人口众多，土地稀缺，每到青黄不接的时候就会有饿死人的情况发生。晚清那会儿，一个青壮年能找到一个安稳的吃饭场所，就是祖辈烧高香的结果。所以一旦有了一些活路，带兵的首先考虑的就是家乡的父老乡亲。这样老乡在军中的关系就成了生死之交，所以打仗比八旗军勇敢。然成也萧何，败也萧何，这样的兵遇到现代化训练的日军就找不到北了。

淮军不行，湘军更不行，最不能指望的是八旗军和绿营兵。有人这样描写：“人与马都很瘦小，还没走出城南就已挥汗如雨，马鞍上挂着鸦片烟枪，一些士兵手里端着鸟笼，吐出嘴里的食物喂鸟，另一些人则显得又饥又渴，眉头紧锁。”

中国陆军为什么不转型？说到底，我们还是被中华文化优越感害了。我们这些孔子的后代，历经几次的失败硬是拒绝觉悟，总在一些枝节上找开脱的理由，就是不敢往根儿上想。

其实纵观世界，越是历史悠久、文化灿烂的国家越是难转型。罗马人的后裔意大利人、雅典人的后裔希腊人就是例子。

最可恨的是当时的清流，只会以不变应万变，用祖宗之法吓人，而且每每得手，引来掌声。早在恭亲王奕䜣当红时，大学士倭仁就敢阴阳怪气地说：“窃闻立国之道，尚礼义不尚权谋；根本之图在人心，不在技艺。”当时的“鬼子六”恭亲王还有权有势，对这种似是而非的言论也只能一一理论，不敢训斥。他耐着性子说：“该大学士既以此举为窒碍，自必别有良图。如果实有妙策，可以制外人而不为外人所制，臣等自当追随大学士之后，竭其捣昧，悉心商办。如别无良策，仅以忠信为甲胄，礼义为干橹等词，谓可折冲樽俎，足以制敌之命，臣等实未敢信。”倭仁敢“极左”，说明当时的社会普遍信这个。“躲在小楼成一统”的感觉真好，中华民族非要再摔几跤才会惊醒。

上图　西方报刊老图。1894 年 11 月 21 日，仅一日之战，号称远东第一要塞的旅顺便落入敌手。清军统领无法控制大军崩溃的局面，在日军的追击下，清军朝金州方向败走。

下图　西方报纸上绘制的淮军中的精锐部队——聂志诚所部正在行进。日军一位叫稻垣三郎的日本连级骑兵副官给朋友写信说："队中有喇叭长达两米，其声音好像是我国年糕铺卖年糕吹的小号，进退时必吹。淮军所部只有聂士成部有坚定射击到底的勇气，但是当我军逼近并且亮出刺刀的时候，清军每次都转入崩溃。"

民族的血里就少“专业精神”

为什么打仗打仗不行，办外交外交不行，搞经济经济不行？这隐藏着一个国人的大毛病——没有职业道德，缺少专业精神。外官吃火耗银子，京官吃外官，管带吃“承包费”，水兵吃船上的，就连李鸿章也把北洋当成职业介绍所吃。看似应该归为贪污腐败，其实是农业社会的国人没有专业精神所致。干什么不精什么，还想干什么吃什么。

英国琅威理1882年受聘为北洋水师总教习，人家倒有几分英国人的敬业，“颇勤事，为海军官佐所敬惮，中外称之”。据说“长崎事件”时，北洋海军的水兵已经被他训练得相当能战，这家伙甚至主动向李鸿章请战，想借“长崎事件”和大日本海军干一仗。可是这样的人才硬是让大伙儿齐心协力地给排挤走了。为什么？这样的人在，挡了一些人“吃船”的道儿。而且老外腿是直的，连个弯都不会打，收买不了。没办法，风气使然，法从来是不敢罚众的。再说此时的李鸿章已经进入细胞不活跃的“尚能饭否”之年，全没了当初淮军在上海的那股子虎气。制度定了，李老气喘吁吁地管不动，也就等于没有了制度。

马关谈判中有一段李鸿章与伊藤博文的对话，以前被看成是李鸿章自甘受辱，在我们看来，恰恰证明国人办外交的马虎。实录于下：

李：本大臣有电回国，奏明业已抵达及会谈要旨等，可否？

伊藤：中堂之要求可格外通融，前张、邵二氏来此，本大臣未曾允电。

李：多谢厚意。张、邵二人以敕书不完备，致未完成使命，我深感惭愧。彼二人毕竟不熟悉对外事务。

伊藤：中堂谓张、邵二氏对外国事务生疏，而张氏曾任驻美大臣多年。

李经方插话：张大使不过一个普通公使，从未担此大任。

伊藤（目视伍廷芳）：张、邵之失败，此人亦不能无过。

李经方：伍参赞乃奉命自天津随行，未预闻敕书之事。

伊藤：无论预闻与否，既系随行，亦难辞其咎。

李：若当时贵大臣不提出此带专门性之异议，我亦未必不顾年迈之躯而前来贵国也。

伊藤（微笑）：忽视外交上专门性事务者，不仅贵国而已，他国亦间或有之。中堂应该承认，不遵守外交之惯例，不能受到应有的礼遇。

李：贵国上有圣明之君，下有辅弼之贤相，故国运昌隆。而我国尾大不掉，徇私舞弊，积重难返，兴利除弊至难也。

清军行进中的大旗。稻垣三郎近距离观察到清军士兵的一举一动，对清军的大旗有独到的视角："清国步兵经常好像是 200 乃至 500 人一群，这一群里必有大旗两面，并有 6 厘米炮两门。携带的兵器，全是毛瑟枪、格拉枪等优良步枪。旗帜挂在长 10 米的大杆上，有 10 平方米大，中间写着他们需要的文字。进退常用此旗指挥，所以向洼地行进时，没等看见队伍，根据先出现的旗帜，就可知道他们的兵力的概要。总之清兵的武器都很好，不过他们每个营的枪支都不一样。清人的个头都将近六尺，清人看我为侏儒，也并非谎言。然而在勇气这一点上，则远在我军之下。"

看了这段，我们没有受辱的感觉，更多的是对伊藤博文的刮目相看，人家好歹也是一“日理万机”的总理大臣，竟连敌方当时的一个小小随从伍廷芳的事儿都一清二楚。

还是咱们的李经方“大气”，人家连驻美公使这个“副部长级”的人也敢说：“张大使不过一个普通公使，从未担此大任。”李经方和他老子的差距不是一点点。这一桌子的中国人还就李鸿章有点专业精神，和伊藤博文能进行一些“心灵交流”。

日本国小人少，凭什么打败清国，就凭这“认真”二字。不专业，不敬业，喜欢响亮的口号，爱搞个一惊一乍的“震撼”，凭一腔子热血办事，感性大于理性。所以中国人干的活儿总是显得“不细腻，有点糙”。

甲午战争，大家事后找了很多失败的原因，很多就是这类“小节”问题。枪打不准，用错炮弹（不用开花爆破弹，用了穿甲弹甚至训练弹。为什么不用开花爆破弹？因为打仗时竟然将开花弹不带上舰，均存放在旅顺、威海基地的弹药库里），不知道充分利用鱼雷打击日舰，出海护航时竟然连弹药都没有带足，船开回来自己先撞了。干什么都像个生手，永远甘当外行。咳，也难怪。怪只能怪“细节决定成败”，这句时下流行语传到我中华太晚。

反观人家日本兵。在朝鲜平壤之战后，日本兵摸透了清兵的特点，故先躲在战壕里让清兵猛烈开火，等对方子弹打得差不多了，日本兵一个冲锋准能赢。这就是专业和业余的差距。这仗本就不是在一个级别上打的。

日军为了最后拿下刘公岛，广岛天皇大本营早已选定了山东荣成作为秘密登陆点。为此登陆前三个月，日舰就沿荣成的桑沟湾、爱伦湾和龙须湾多次探测水文。这些日本人“斥候”，从容完成了全部调查测算工作。由大本营最终选定了龙须湾，这个既易于抢滩，滩底又适于受锚的平缓地带作为登陆点。

等仗打输了，所有的人充当局外人，立刻寻找一个替罪羊——“国人皆曰可杀，万口一词”，让自己的心灵得到解放，这是最好的心理治疗。

大家从来没有也不想触及自己的灵魂深处，下回老毛病再犯。正如赫德在日记中回忆他和翁同龢说的：“我告诉他们，一切取决于他们将来能实实在在地做些什么。如果他们决心明天开始就正经地着手改革，今天的损失是无关紧要的；然而若是根本无意于推动改革，今天的损失就毫无意义，只是向狼群投掷一片片的肉，使他们暂时不追上来，直到把马累死为止。”

右页上图　西方报纸上的铜版画《日军的东线战争》。上图上描绘的是日军强渡鸭绿江进入辽东地区，上图下为鸭绿江江防之战。此后，清廷陆军几乎没一场战役是真正打赢的。

右页下图　1895 年初，大山岩军长指挥的日军第二军在山东半岛的荣成地区登陆。这是其第二师团在荣成龙须湾登陆时的情景。选择在这里登陆，日军大本营是经过周密策划的，因为这里海滩平坦，都是细沙，便于辎重上岸。

榮城縣龍睡灣ニ於ル第二師團糧食縱列ノ揚陸
前山ハ龍睡島ニシテ海濱屋舍ノ所ハ小西莊ナリ
明治廿八年一月廿三日撮影

“文明战胜了野蛮”？

战争打赢了，第一个高兴的是福泽谕吉。听听他怎么说的：

我听到这一消息真是欣喜若狂。由于我军的开战而博得了胜利的大荣誉确实可喜可贺。我军的勇武再加上文明精锐的武器，打他的腐败国的腐败军队，胜败的结果本是明明白白的。恰似挥日本刀斩草无异，所向披靡，无可阻挡，原不足为怪，与预想的完全相同。

……最可喜的是日本军人果真勇武，文明的利器果真好用，绝非出于侥幸。日清战争就这样在世界面前展开，文明世界的公众到底如何看待？战争虽然发生在日清两国之间，而如果要问其根源，实在是努力于文明开化之进步的一方，与妨碍其进步的一方的战争，而绝不是两国之争。

……本来日本国人对支那人并无私怨，没有敌意，而欲作为世界上一国民在人类社会中进行普通的交往。但是，他们却冥顽不灵，不懂普通的道理，见到文明开化的进步不但不心悦诚服，反而妨碍进步，竟敢无法无天，对我表示反抗之意，所以不得已才发生了此战。

……也就是说，在日本的眼中，没有支那人也没有支那国，只以世界文明的进步为目的，凡是妨碍和反对这一目的的都要打倒。所以这不是人与人、国与国之间的事，可以看作一种宗教（信仰）之争……

……几千清兵无论如何都是无辜的人民，杀了他们是有点可怜，但他们不幸生在清国那样的腐败政府之下，对其悲惨命运也应有所觉悟。倘若支那人鉴于此次失败，领悟到文明的力量多么可畏，从而将400余州的腐云败雾荡涤一空，而迎来文明日新的曙光，付出一些代价也值，而且应当向文明的引导者日本国三叩九拜，感谢其恩。我希望支那人早早觉悟，痛改前非。

战争打输了，这时的李鸿章开始在日本的开国元勋、当时的总理大臣伊藤博文身上打主意。两个人在19世纪70年代就相互留下了深刻印象。李说：“该使（伊藤博文）久历欧美各洲，极力摹仿，实有治国之才。”伊藤博文后来在谈判期间说：“前在天津见李中堂之尊严，至今思之犹悸。”和别人比，伊藤博文算是半个鸽派，又和李有20年的私交和书信往来。据说日军之所以没有乘胜直捣京师，是因为伊藤博文估计，清廷如迅即垮台，列强会群起干涉，日本反会成为众矢之的。于是1894年11月19日，李鸿章让曾经和伊藤博文有一面之交的德籍洋员德璀琳携带照会及私函各一件去见伊藤博文。

不久德璀琳无功而返，伊藤博文倒是有点念旧情，无奈外务大臣陆奥宗光极力反对，怕西洋人进来搅局。最后伊藤博文找了个使节手续不全的借口回绝了。

最后李鸿章出场了。1895年3月14日一大早，李鸿章乘德国商船公义号驶离天津，开始其赴日和谈的艰辛历程。

面值一万日元纸币上的福泽谕吉。福泽谕吉，日本近代著名的启蒙思想家，是日本觉醒的启蒙者。出生于大阪、倡导“脱亚入欧”的福泽谕吉告诉日本人，一个民族要崛起，有三个方面：第一是人心灵的改变，第二是政治制度的改变，第三是器物层面、经济层面的改变。这三个层面的顺序应该是先是心灵的改变，然后是政治体制的改变，最后才是经济的改变。他是带领民智半开的日本人出埃及的摩西。日本人以这样一位没有财权、没有行政权的秀才为使用率最高的纸币上的人物，说明日本毕竟比我们离现代文明近一些。

铜版画《迷信的中国人》。1876 年上海英商修筑上海到吴淞间的一段小铁路，叫吴淞铁路，全长约 14.5 公里。当时国人看见这个冒着黑烟、“呜呜”作响的怪物都不能接受，认为破坏了传统的宁静秩序，影响农作物生长和禽畜养殖。特别是 8 月 3 日一名行人被火车轧死后，民愤更加强烈，民众鸣锣聚众数百人将吴淞铁路公司办事处的家具等捣毁。清廷让李鸿章办理此事。李鸿章委派盛宣怀、朱其诏赴沪与英商谈判，最后以白银 28.5 万两将吴淞铁路赎回拆除。中国最早的铁路运营不到一年就这样夭折了。

大清乞和，满足了日人的虚荣心

李鸿章亲自到日本来乞和，为日本文人的“爱国主义情操”提供了炮弹。一位诗人用当时日本人喜爱的汉诗和汉字佐以汉韵写下了一首七绝：

四亿人中第一翁，败余来仰圣恩隆。
卑辞厚礼请和议，不似平生傲慢风。

1895年3月20日下午2时30分，双方全权大臣首次会谈。李鸿章和参议李经方、参赞罗丰禄、马建忠、伍廷芳以及日文翻译卢永铭和罗庚龄登岸，坐轿赴春帆楼。李鸿章在楼下略事休息，于3时5分步入楼上会议室。日方出席会议者亦七人，除伊藤博文、陆奥宗光外，还有多人。

伊藤博文与李鸿章寒暄数语后，即提出：“本日应办第一要事，系互换全权文凭。”李鸿章将其所带之黄绸包袱打开，从绘有黄龙图案的筒中取出敕书，连同其英文译本交给伊藤。伊藤亦打开锦袋，将敕书及其英译本交于李鸿章。李将日方敕书交卢永铭看，将英文译本交李经方、罗丰禄看。双方对敕书皆未提出意见。

伊藤博文问李鸿章，“此次贵国修好之心诚否？”李鸿章说：“我国若非诚心修好，必不派我；我无诚心讲和，亦不来此。”李鸿章还说：“此次战争，实获两个良好的结果：其一，证明欧洲式之陆海军组织及作战方法，并非白种之民所独擅，黄种之民亦可应用并取得成功；其二，贵国之长足进步，使我国从长夜之迷梦中觉醒，得益匪浅，此实为贵国促成其发奋图强，帮助其将来之进步。我曾审时度势，上疏论列，然未能如贵国之收到实效，殊以为憾。今我国人虽有多数怨恨贵国，而我对贵国反多感荷。缘我国有识之士，鉴于今日之大败，必有所觉悟。”

外交辞令后是实质性谈判，日方的停战要求是：要求大沽、天津、山海关等地的清军全部向日军缴械，天津至山海关铁路交日本军务官管理，且停战期间日本一切军费由中国承担。李鸿章听完罗丰禄的口译后，完全出乎意料，为之大惊失色，口中连呼：“过苛，过苛！”“贵方所指之天津、大沽、山海关三地，实北京之咽喉，直隶之锁钥也。倘贵军占此等要地，我方则反主为客，岂不令人有宛如异国领土之感？”

李鸿章接着说：“我为直隶总督，三处皆系直隶所辖，如此于我脸面有关。试问伊藤大人，设身处地，将何以为情？”“我两人忠心为国，亦须筹顾大局，中国素未准备与外国交争，所招新兵未经训练，今既到如此地步，中日系切近邻邦，岂能长此相争，久后必须和好。但欲和好，须为中国预留体面地步，否则，我国上下伤心，即和亦难持久。”李说了半天伊藤只回答：“现在两国相争，中国忽然要求停战，对日军士气大有妨碍，所以要先占据险要之地作为抵押，才不会吃亏。”并且限三天内答复。

马关春帆楼位置图。马关春帆楼位于日本山口县的下关市。春帆楼以河豚菜为全日本第一号店。春帆楼这个名字是伊藤博文起的。伊藤博文想表达的是“春天之海的帆船”，故亲自题笔命名为“春帆楼”。

《马关条约》谈判签字时的老春帆楼，后为战火烧毁。据说当时谈判会场的候选地还有长崎、广岛等，不过，在临会前一周伊藤博文决定在“下关的春帆楼”。下关就是我们说的马关。

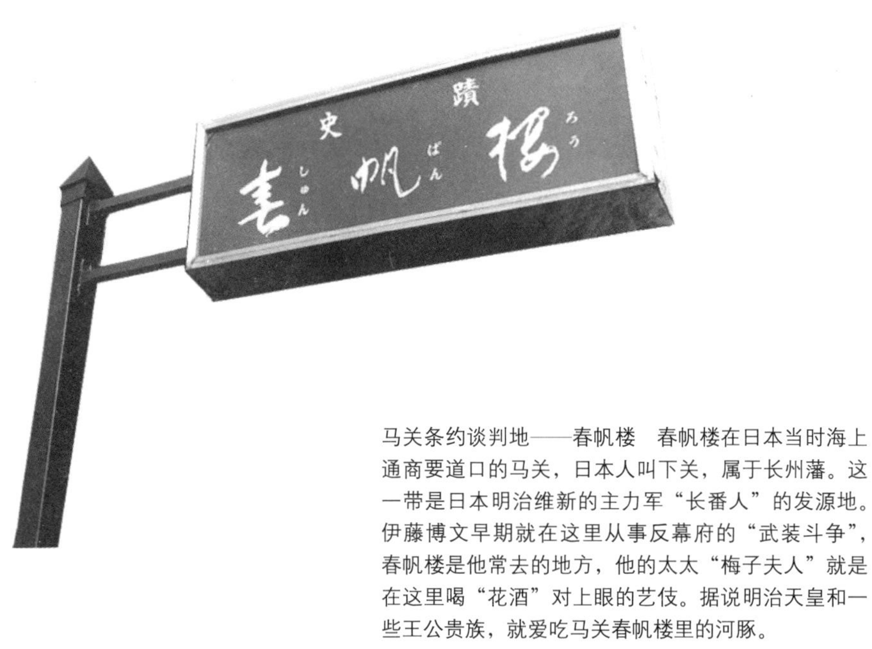

马关条约谈判地——春帆楼　春帆楼在日本当时海上通商要道口的马关，日本人叫下关，属于长州藩。这一带是日本明治维新的主力军“长番人”的发源地。伊藤博文早期就在这里从事反幕府的“武装斗争”，春帆楼是他常去的地方，他的太太“梅子夫人”就是在这里喝“花酒”对上眼的艺伎。据说明治天皇和一些王公贵族，就爱吃马关春帆楼里的河豚。

这幅日本浮士绘的《春帆楼》画作几乎有着和《马关条约》一样长的历史。春帆楼所在地原来是个寺庙，日本庆应四年三月“神佛分离令”后成了废寺。后眼科医生藤野玄洋买下这个“方丈的痕迹”，明治十年在这里开了一家叫月波浪楼的医院。后来医生的妻子又在这里开了兼烹调的旅馆。

日本发行的马关谈判明信片。李鸿章的这张照片就是1895年在日本马关净土宗引接寺时拍摄的。照片上没有任何文字说明，怎么证明这是那时的照片呢？因为我们发现照片的背景是日式风格的屏风图案，而我们在马关李鸿章下榻的净土宗引接寺里发现了这个屏风。

左图　净土宗引接寺里陈列的屏风。屏风被当作珍贵文物用玻璃墙隔着，旁边有文字说明，说这是当年李鸿章谈判时用过的物品。

右图　李鸿章1894年的照片，与上面在马关的照片一比较，仅仅一年，李鸿章似乎老了十岁。马关的照片如同泄了气的皮球。“李大架子”已经散了架，人称“云中鹤”的他这时只是一个弯腰驼背的“病夫”。他整个人像塌了下来一样，没了脊梁骨。是啊，这一年，“平壤之败，痛哭流涕，彻夜不寐”，“旅顺失守，愤不欲生”，“李二先生”沦为“举国皆曰可杀”，人在马关还要听伊藤博文这个后生教训！

西方报刊上的李鸿章漫画，画中的伊藤博文指着条约说：“李中堂，今天你签也得签，不签也得签，全无商量！”

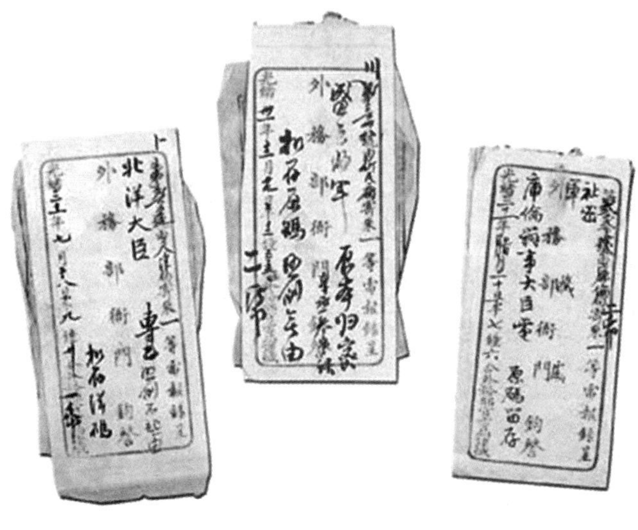

李鸿章当时使用的电报记录单。谈判期间日方早侦破中方密码，知道光绪帝的赔款底线。其实甲午战争期间，中国军队的调动，日军也是了如指掌。因为他们破获了清军的电报密码。

甲午战争期间日本民间印刷的宣传品。依照日本民间被煽动起来的胃口，马关条约是根本不能满足其期望值的。在这里，画匠把战争中的每一个阶段都画上去了，画着画着便意淫起来——打到北京，降服清帝。这就是日本浪人向李鸿章开枪的原因——哪有胜仗打到一半，便谈和的？吊诡的是清国这里也一味地骂李鸿章卖国。其实当时的这一枪，是开向天皇和伊藤博文这些“官家人”（日本人对文人的称呼）的。因为只有这些精英才知道胜利的一方要适可而止，否则会引起列强的干预，甚至清国全体臣民的反对。需要说明的是，日本人进了东北，从大量的实拍照片看，中国草民是漠不关心的。日军抱怨，当地人一拥而上推销豆腐给占领军。后发现日军士兵喜吃豆腐，便不断提高价格，让日军陷入了豆腐价格一日三调的“人民战争的汪洋大海”。这才是符合国人特质的细节描写。

李鸿章老脸不要了

中日首轮谈判三日后，李、伊再次会谈。事毕，当李鸿章乘马车从春帆楼返回净土宗引接寺途中，被日本浪人行刺，面门中枪，血流如注。李被刺的消息传出，国际上掀起谴责日本的强大舆论，沙俄军队甚至公开进入东北地区。梁启超说："或见血满袍服，言曰：此血所以报国也。鸿章潸然曰：'舍予命而有益于国，亦所不辞。'其慷慨忠愤之气，君子敬之。"

李鸿章挨了一枪，陆奥给天皇的奏折上这样说："我观察内外人心所向，认为如不乘此时机采取善后措施，即有发生不测之危机，亦难预料。内外形势，已至不许继续交战的时机。若李鸿章以负伤为借口，中途归国，对日本国民的行为痛加非难，巧诱欧美各国，要求它们再度居中周旋，至少不难博得欧洲二三强国的同情。而在此时，如一度引出欧洲列强的干涉，我国对中国的要求亦将陷于不得不大为让步的地步。"

由此，一颗子弹换来了日人无条件停火，此后谈判进入了关键的赔款数额之议。伊藤将三万万两减为二万万两。李鸿章一而再再而三地要求再减，伊藤博文心中大怒。因为日方早侦破中方密码，知道光绪帝的赔款底线。而这个李鸿章还在这里一分一分地为主子争。

下面将这一天两人的对话抄录在这里。对话胜过转述，最能了解当时的实情。

李说：赔款二万万两，数额过巨，实非今日我国所能承担。能否再减轻？

伊：如既已言明，本备忘录是在尽量予以减轻而后所拟定，实无再减余地，尚乞谅解。今后如战争继续，赔款数额将不止于此，贵国土地富饶，人民众多，富源广大无比。

李：即使我国富源广大，但尚未开发，毫无办法。

伊：贵国人多，超过四亿，比我国人口多出十倍，如欲开发富源，实轻而易举。

李：虽国大人多，无人杰可奈何！

伊：举步艰难之际，英雄辈出，至执掌国政者亦有之。即可用以开源。

李：（微笑）愿向我国政府建议，礼聘阁下为敝国宰相如何？

伊：敝人一身已献给我国天皇。如蒙陛下恩准，不拘何时，亦不拒绝为贵国竭尽微力。

李：今日我国实困难至极，希阁下给以充分同情与体谅。纵令现在得以订立讲和条约，赔款金额如此巨大，将立即为世人所知晓。外国之资本家将乘我国困难之机，贪图非常之高利，彼时，我国必将陷入更加困难之境地。

伊：关于此事，以敝人之地位不能进行任何谈论。

李：当然。但另方面，若订约即不可更变，否则我国将成为不履行条约之背约行为，必将再惹贵国以背约作为再开战端之理由。故在尚未发生此种不幸之前，不能不再乞阁下减轻所提

西人老图《李鸿章出发去日本马关议和》。行前，英国驻清大使欧格纳透露："这时他（李鸿章）拿出一份文件说这是拟议中的英中秘密同盟条约的草案，并让他的秘书罗丰禄把它翻译成英文。该文件大意是说，英国政府应代表中国同日本谈判，换言之就是要我国出面结束战争，并使中国不丧失任何领土。为报答这一帮助，中国将实际上把整个国家的管理权交给英国若干年。在此期间由英国独揽改组并控制陆海军，修筑铁路，开发矿山和对我国贸易及商业开放若干新口岸的大权。"这说明在李鸿章出发前，朝廷已将各种方案都拿到桌面上来讨论了。

条件。切望阁下斟酌我国情形，再加以考虑。

伊：条约一旦缔结，贵国则不能不认真履行。如贵国背约，我方不得已而将再次诉诸武力，当然不排除这种可能性。

李：正因为如此，敝人才不得不再请求阁下采取宽大措施，使条件减至今日我国可能履行之程度。

伊：此备忘录之条件，已充分体谅贵国情形，在可能减轻之限度内，业已减轻，因此不能允许再减轻分毫。

李：贵国为战胜者，我国为战败者。战胜者之要求，无论何等条件，败者亦必服从。但以如此苛刻条件指令我国，终非我国所能忍受。

伊：（立即严肃起来）敢问，阁下所言，可否解释为坚决拒绝本大臣所提出要求之意？

李：否，绝非如此。我国政府自不待言，本大臣亦求和心切，早为阁下所谅察。敝人只是坦率表达我国之情况而已。

伊：既如此，我方除备忘录所记述之事项外，丝毫也不能减轻。

李：其次，愿就土地问题一谈。历观欧洲各国交战，未有将占据之地要求全行割让者。以普法战争为例，德国所占领之法国疆土，虽非常广阔，而实际所提出之割让要求，却极为宽大。今约内将奉天南部所占之地，要求全行割让，此外对未被占领之台湾亦要求割让，岂非已甚？

伊：否。其事例甚多，不可以普法之一例论之。

李：英法两国兵临北京城下时，彼等亦未要求割让寸地。

伊：彼另有意在，不可以彼例此。

李：即如营口而论，乃系通商口岸，东西南北货物云集之地，实为我国政府之一大财源。贵国一面命我国负担苛重赔款，同时又夺取我之收入源泉，岂非过于残酷？

伊：是乃不得已之结果。

李：（边笑边说）譬如养子，既欲其长，又不喂乳，其子不死何待？

伊：（亦边笑边说）中国岂可与孩提并论。

李：台湾全岛，日兵尚未侵犯，何故强让？

伊：阁下似说未占领之土地即无要求割让之理，贵国何以将东西伯利亚割让给俄国？

李：将东西伯利亚割让与俄国，并非战争之结果。

伊：割取台湾，在和谈上亦为合理之要求。

李：台湾与黑龙江有霄壤之别，完全不能相比。黑龙江殆为化外之瘠土，人烟稀少，尚未施政。相反台湾土地肥沃，物产丰富，民亦服从王化，设官署置吏员，纯如本土。

伊：但在割占中国主权所及版图一点上，毫无不同之处，无须论及土地之肥瘠。

李：如此岂非轻我年耄，不知分别？

日本绘画《马关谈判》

伊：中堂见问，不能不答。

李：总之，现讲三大端：二万万两为数甚巨，必请再减五千万；营口还请退出；台湾不能相让。

伊：如此，即当遣兵至台湾。

李：台地瘴气甚大，从前日兵在台，伤亡甚多。台民大都吸食鸦片烟，以避瘴气。

伊：但看我日后踞台，必禁鸦片。

李：台民吸烟，由来久矣。

伊：鸦片未出，台湾已有居民。倭国鸦片进口，禁令甚严，故无吸烟之人。

李：至为佩服。

谈判结束时，李鸿章与伊藤博文握手告别，再次请求将赔款大幅减少。伊藤笑着摇头说：不能再减。遂散。

李鸿章将结果电告北京，不时就收到复电："如竟无可商改，即遵前旨与之定约。"4 月 17 日李鸿章与伊藤博文正式签署《马关条约》。

带着《马关条约》草约和脸上的绷带，李鸿章回国了，他发现自己成了举国憎恨的"李二先生"。但是全体军机大臣在上奏给皇帝的一份奏折中说过的"中国之败全由不西化之故，非鸿章之过"，这句话令李鸿章老泪纵横。七年后梁启超说：甲午战争是李鸿章"以一人而敌一国"。

《马关条约》中日双方全权大臣签字影印件（日文版）

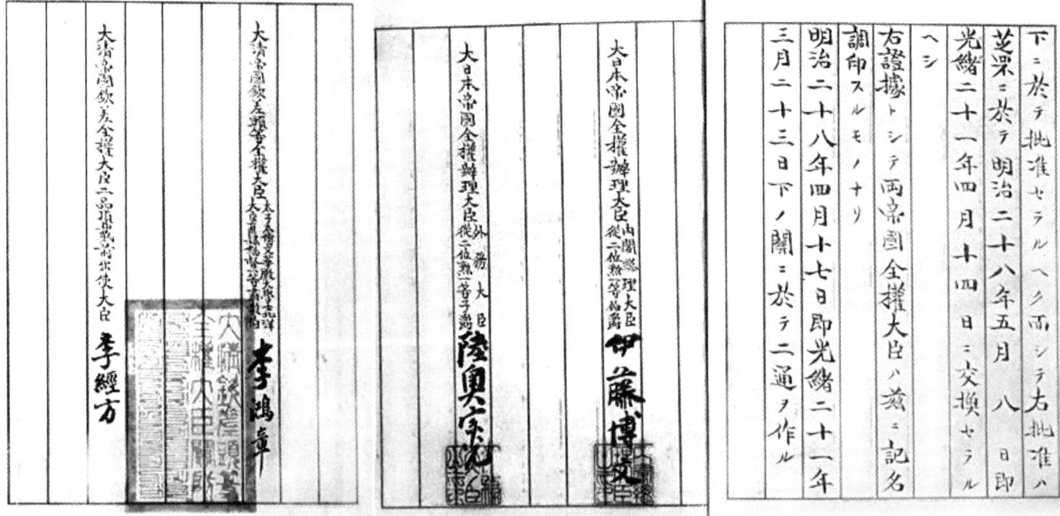
下ニ於テ批准セラルヘク而シテ右批准ハ
芝罘ニ於テ明治二十八年五月八日即
光緒二十一年四月十四日ニ交換セラル
ヘシ
右證據トシテ両帝國全權大臣ハ茲ニ記名
調印スルモノナリ
明治二十八年四月十七日即光緒二十一年
三月二十三日下ノ關ニ於テ二通ヲ作ル

大日本帝國全權辦理大臣内閣總理大臣從二位勲一等伯爵 伊藤博文
大日本帝國全權辦理大臣外務大臣從二位勲一等子爵 陸奥宗光

大清帝國欽差頭等全權大臣太子太傅文華殿大學士北洋大臣直隸總督一等肅毅伯 李鴻章
大清帝國欽差全權大臣二品頂戴前出使大臣 李經方

第五章

带血的黄马褂

历史，距离我们越远，有的会越来越模糊，有的却越来越清晰，而李鸿章就属于后者。一件黄马褂，血染东瀛，让50万纽约人追捧，也让百年后的我们看清了李鸿章的真实面影。

黄马褂与三眼花翎

黄马褂本来只是清代官服的一种。清昭连《啸亭续录·黄马褂定制》中说："凡领侍卫内大臣，御前大臣，侍卫，乾清门侍卫，外班侍卫，班领，护军统领，前引十大臣，皆服黄马褂。"

为什么侍卫穿马褂？因为马褂衣长只及股，袖长至肘，行动起来方便利索。为什么后来唯独清朝能将"黄马褂"这个符号普及到"文武百官"？是因为清廷好这个，说到底清朝是"枪杆子里出政权"。

根据清官规定，三类人可以穿黄马褂：

第一类是皇帝出行时，各内大臣、御前大臣、御前侍卫等随从，必须穿着黄色的马褂以壮行色。这种黄马褂称之为"行职褂子"，没有花纹及图案。因为是因职而穿，所以离开工作岗位，或者不与皇帝同行时便不能穿。

第二类是皇帝狩猎校射时所赏赐的。这种黄马褂称之为"行围褂子"，按规定只有跟随皇帝狩猎时才可以穿。平时无故穿上属于犯禁，是要被治罪的。

最后一种黄马褂是因特殊功勋而得到的奖赏。这种赏赐又称"武功褂子"，得赏的人可以在任何隆重的场合穿。这才是我们平时所说的"赐穿黄马褂"。

据考证，这种赏赐方式在清初并不盛行，大概是在道光或咸丰以后才开始出现。特别在对太平军作战的时候，赏赐了不少黄马褂给那些镇压太平天国的有功者。

后来慈禧太后把规矩给坏了。一次，慈禧太后一高兴，生生地将一件黄马褂赏赐给了为她开火车的司机。

李鸿章的这件黄马褂和这根三眼孔雀花翎故事非常多。当李鸿章过七十大寿时，"两宫赐寿，赏戴三眼花翎"。《异辞录》有一段话说："同光以来，每逢庆典，李文忠常得异数。紫缰三眼翎，本朝赐近支八分，今以当古之九锡，人臣所不能有。"

七十大寿这个时候，是李鸿章事业的巅峰，朝廷给他的荣誉和实惠，很多方面已经超过他的老师曾国藩。

查有清一朝，能同时被赏黄马褂和三眼花翎的并不多。清廷在赐予大臣这两样荣誉时，也是非常谨慎的，并不像如今的颁奖大会，光一等奖常常就是十多名，一、二、三等奖发下来，台上站了百多号人，成了名副其实的滥发。所以李鸿章得了这两件宝贝如获至宝，不仅在外交场合穿，有时在朝廷的正式和非正式场合也会穿上炫耀一二。

但是这一切因为一场战争刹那间被"拔去"和"褫去"了。

这是李鸿章 1896 年 8 月访问英国时，英国《范尼特菲》杂志刊登的李鸿章像。这张画颇有点玩味价值，一是李鸿章身着黄马褂入画，罕见；二是李鸿章顶戴“三眼花翎”，少见；三是李鸿章“戴眼镜”，不多见；四是李鸿章因甲午战败，被画家瞬间捕捉到的“忧郁状”，难见！唯一诧异的是李鸿章“6 英尺”的身高（人约 1.83 米左右），却被画成 1.7 米的样子。这有一点儿矮化我们的“李老”。

一枪等于打掉了日本一个师

1894年9月16日，平壤失守，次日翁同龢抨击："合肥（李鸿章）事事落后，不得谓非贻误。"光绪皇帝一气之下，给李鸿章予以"拔去三眼花翎，褫去黄马褂"的处分。这相当于现在的"行政记大过""党内严重警告"处分。

"戴罪立功"的李鸿章后来还是没打赢仗，黄海海战爆发后，北洋舰队全军覆没，让人家从海陆两路夹击攻占了辽东，威胁京畿。

甲午战败后，清政府派代表赴日本谈判，日本不予接待。1895年2月12日，慈禧看了美国驻华公使田贝转来的东京来信，说："所指自是李某，即著伊去，一切开复，即令来京请训。"2月13日，光绪谕令李鸿章"作为头等全权大臣，与日本商定和约"，"赏还翎顶、黄马褂，开复革留处分"。

《纽约时报》1894年8月6日有一篇报道叫《李鸿章黄马褂被清廷褫夺，戴罪领军》，说的就是这件事情。报道说："李鸿章黄马褂被褫夺，算不上什么划时代的事件。然而引人注目的是，这可被视为大清朝廷力图以加强法纪来整合民心所用权术的一个范例。对西方观察家来说，本想弄明白如下事实，即为什么李鸿章在头天被任命为清军最高统帅，而次日甚至同日又被褫夺清国贵族的最高荣誉？这项荣誉赋予清国臣民身着'黄马褂'的权力，而这种'黄马褂'据说是大清皇族专用服装，禁止非皇族人员穿用。这个矛盾的结果令人感到啼笑皆非！"

熟悉清国人传统习惯和思维方式的人指出："虽然朝廷颁布了禁止李鸿章再穿黄马褂的命令，但并没有同时撤销任命他为帝国军队统帅的圣旨。虽然李只能穿他的普通官服，但这并不妨碍他继续做清军统帅。如此看来，黄马褂的回收只不过是个警戒，希望这位帝国司令警惕，在抗击日本军队时必须有上好的表现。如果成功了，他可以指望重获黄马褂的殊荣，这无疑将是对他丰功伟绩的最高奖赏；但如果失败了，等待着他的可能是割掉他的马尾辫子甚至砍掉脑袋。"

差一点掉脑袋的败将李鸿章，来到日本马关的春帆楼和伊藤博文"媾和"谈判。1895年3月24日下午4时，第三轮谈判结束过后，满腹心事的李鸿章步出春帆楼，坐轿子返回驿馆。谁知，就在李鸿章乘坐的轿子快到驿馆时，人群中突然蹿出日本浪人小山丰太郎，朝李鸿章脸上就是一枪。李鸿章左颊中弹，血染黄马褂，倒在血泊之中。迷迷糊糊中，他还不忘叮嘱随员，将换下来的黄马褂血衣保存下来，要求不要洗掉血迹，然后一声长叹："此血可以报国矣！"

日本马关春帆楼旁有一条“李鸿章道”。这条道现在成了长崎的一个观光点，游客大多为中国人。瞧，细心的日本人还在左上角插了块中文字的牌子。

春帆楼旁李鸿章遇刺方位图。开始笔者以为在“李鸿章小道”上，因为那里道路狭窄，杂草长得一人高，是很典型的伏击“良地”。后来知道弄错了，恰恰就是在大道上行刺的。说是大道，这是我们今天看到的情景，可能在李鸿章时代也是一条石板路。苦在无从稽考。

纽约50万人争睹黄马褂

李鸿章血染风采的这档子事儿，欧美的报纸都有实时的详细报道。李鸿章和“yellow jacket”（黄马褂）多次上了他们的版面。

他的黄马褂、三眼花翎得而复失、失而复得，而且还有一股子血腥味，这些让西方读者浮想联翩——原来，在那个遥远的东方国家，一个将军打败了，只要脱去他的黄马褂，就等于责罚了他。当黄马褂被重新还回，就意味着一个官员重新被信任。原来血袍可以“报国”。他们马上联想到《灰姑娘》童话中的水晶鞋，魔力无限。

美国记者在莫斯科报道沙皇尼古拉二世加冕典礼时，特别指出：“中国皇帝的特使穿着满人的黄马褂，头上插着美丽的孔雀羽毛，给热闹的大街增添了令人难忘的画面。”

如今穿黄马褂的人要来他们这里访问了。《纽约时报》1896年8月23日从英国发回的新闻中用了一个醒目的标题——“李鸿章已经起航了！”几个字把美国人等不及了的心态全表达了出来。报道的副题是——“这位伟大的中国政治家现在正在去美国的路上！”新闻报道中也提到了“那件著名的黄马褂”。

黄马褂本身比李鸿章还要出风头，所以，1896年8月28日，当李鸿章踏上纽约时，成千上万的美国人走上街头欢迎他。纽约警方说当天欢迎人数在50万左右。估计相当大一部分人是来看“那件著名的黄马褂”。

美国国会图书馆编辑的《美国故事》中有这样一段描写：“当李鸿章1896年8月到美国访问时，美国人列队街头，欢呼声一片，大家都希望能一窥这个重要访客和他那件著名的黄马褂。儿童们用黄色丝带将自己的自行车打扮得漂漂亮亮，以期引起这位贵客的注意。”每当有客人到，孩子最激动，展现纽约街头孩子激动的场面的照片没找到，费城的欢迎场面倒有一张。

关于李的黄马褂，《纽约时报》说得最仔细：“卢杰将军与李总督通过翻译在作寒暄的时间，是仔细研究总督外表服饰的绝好时机。李穿着著名的黄马褂，这种马褂有点像披肩，看不出有什么实际的用途。”

“马褂里面是深蓝色的织锦软绸外套，再里面穿着深红色的袍服，上面凹印着许多暗花的纹饰。他穿了一双白色厚底靴，把人的个子垫高了许多，戴的帽子是现已不再时兴的清朝官帽，从上到下往里收束，露出刮得光亮的头皮，只剩下黑色的一小片，帽子后面垂吊着用丝带束编至膝的长辫。帽檐是黑色的，帽冠镶着金边，用灯芯绒制作的软织物从顶戴内向外披散出来。顶戴的正中有一个宝石纽扣，顶戴上还斜插了一根三眼花翎，在他的右手小指上戴了一颗光彩耀眼的钻戒。”

李鸿章从纽约的轮船码头到华尔道夫饭店路线图——李鸿章是搭乘美国轮船公司的“圣路易斯”号邮船到达纽约的。《纽约时报》没有说停靠哪个码头，但是经查美国轮船公司“圣路易斯”号通常停靠在布鲁克林大桥旁的福顿街码头，然后车队经百老汇大街，过华盛顿广场，入第五大道，最后到达公园大道上的华尔道夫饭店。

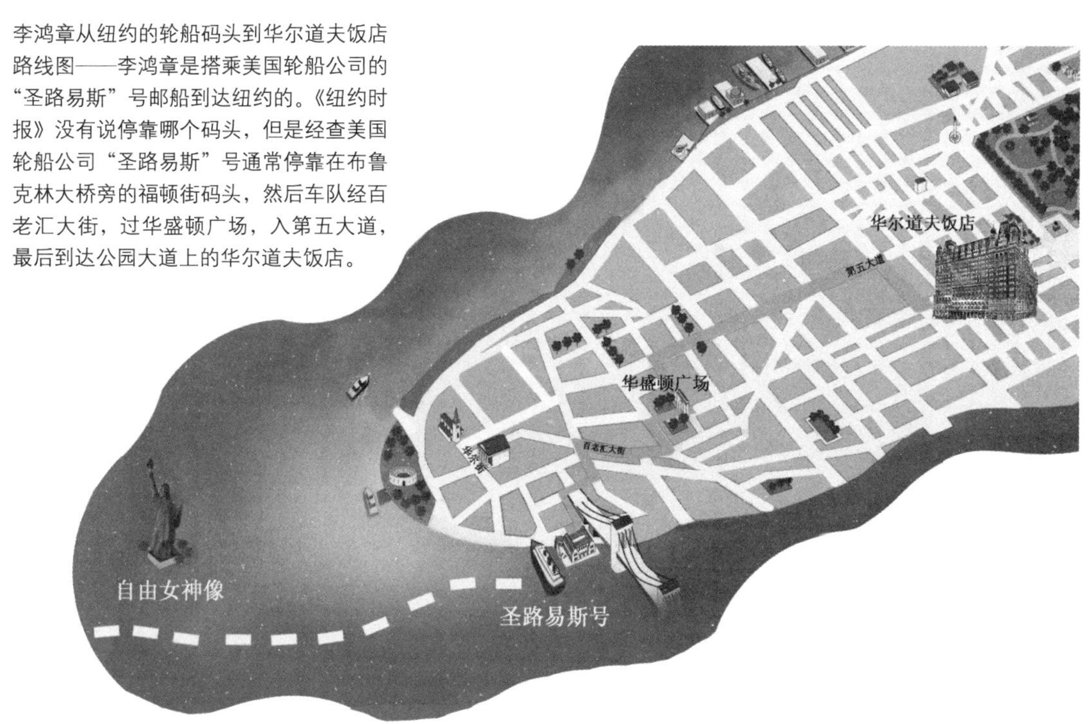

李鸿章乘坐的“圣路易斯”号在纽约市停靠的码头。这张照片是李鸿章到达纽约那年（1896年）拍的，地点就在李鸿章登上的纽约市的富顿街码头。当时李鸿章应该可以抬头遥望这宏伟壮观的布鲁克林大桥，心中一定有无限感慨，代表美国政府先期上船欢迎的卢杰将军一定会告诉中国客人：“这个桥我们已经造了30年了！”

上图　李鸿章一行穿过纽约华盛顿广场。1896 年 8 月 28 日，李鸿章一行的车队通过纽约市华盛顿广场。这个广场很小，面积最多相当于北京老式小区的小花园，地理位置偏西，平时鸽子喜欢到此聚会，所以地面上都是鸽子的排泄物。唯一的亮点是四周为纽约大学所包围，挂满了紫色的纽约大学校旗，但是李鸿章去的那会儿，这里一定很热闹，因为“世界大家庭中最年轻的国家”一定想安排一个最佳路线展示给“世界大家庭中最古老国家”的代表看。而且那会儿，美国把“门户开放，利益均沾”天天挂在嘴上。说白了，就是想不费一刀一枪在中国得到好处，所以对中国的公关更不能马虎。

左图　美国欢迎人群在纽约码头外等待李鸿章的出现

李鸿章一行访问费城。照片中的人们等啊等啊，终于有人说："来啦，来啦！"首先是美国骑兵护卫队，然后是李鸿章的行李车，接着是李鸿章庞大的随行团。估计拍照的人一见到穿黄色衣服的中国人，就联想到黄马褂的李鸿章，迫不及待地按下了快门，可惜照到的最多是两个三四品的"处局级干部"。但是就这样已经让人们目瞪口呆了。细细一看，你会发现，已经有不少人把眼神迅速地移到后面的马车上去了。后面的马车一定是体积更大，坐着的人年龄更老，说不定就穿着"那件著名的黄马褂"。

黄马褂成了主角

《纽约时报》最后说："其他成员由于官阶不同，他们服饰的花色也不同，穿戴各异。有的人顶戴上斜插一眼花翎，有的则什么也没插。"

感谢《纽约时报》这种近似于小说的描写。不说别的，这至少为我们留下了不少史料。按照咱们专家的话说：为我国清代纺织史、织造史、绣花史、印染史和服装史留下了颇有价值的史料。

再者，美国记者的观察力不错，细节处经得起岁月的推敲。而且视角独特：看到李鸿章的黄马褂首先想到的是实用性。另外，弱弱地问一句，中堂大人也不怕热？8月下旬，纽约有时会达到华氏近百度（38—39摄氏度，大约相当于同时间的北京天气）。老先生黄马褂里穿得不少，仅记者看到的就有两套，而且是密不透风的长袍，里面应该还有呢。总之，那会儿一没有电风扇，二没有空调，想来也没有一个像埃及那样扇扇子的侍从。否则，这位爱细节描写的记者，一定会写上。

查了一下清朝黄马褂的着装规定，发现李鸿章的这身穿着打扮和朝廷的要求，竟没差多少！能不能这样看，李鸿章怕不怕热？怕热，但是人家讲职业道德。为了大清国的"风度"，人家不要温度，战高温斗寒暑，心中只有一句话："外事无小事，事事都是大事。"难怪人家说他是"中国外交第一人"。

说到李鸿章是专业外交家，这话一点儿也不假。《纽约时报》说他是一位"面容慈祥的总督"。"李总督脸上的表情，有一种引人注目的慈祥，目光明亮，闪烁着睿智的光芒，眼睛里饱含了幽默和机智，鼻梁上架着一副老式的硬框眼镜，颧骨高而不瘦，皮肤黝黑却看上去显得很健康，显而易见，他过着悠闲和舒适的生活。"

"总督对正在举行的水上表演仿佛视而不见，甚至没透过舷窗向外看一看，一举一动都是那样怡然自得，使旁边的人习惯于服从，而他本人又不显得傲慢。他是那种从不向他人提出什么要求，但又总能获得满足的人士。他很能轻松地与人交谈，而不使对方感到紧张。"

《纽约时报》记者从邮轮进纽约海域时就上了船。这时候，美国政府代表已经先期上了船。记者站在旁边，开始观察"李总督"和美国代表的交谈："宾主之间的谈话在漫不经心地进行，'圣路易斯'号邮轮拉响气笛，慢慢驶进港口。谈话主要以总督发问的方式进行，他提问的方式是如此的随意，使人容易忘记他的身份和声誉，就像是老熟人之间的聊天，而不是这个特殊人物在提问。他的问题在舱房内不时激起一阵温文尔雅的欢笑，交谈的气氛平静、融洽。"

1896 年春，74 岁高龄的李鸿章，被清廷任为特使，赴俄参加沙皇尼古拉二世的加冕典礼。

老外也看上黄马褂

黄马褂在“文明社会”出了名，这里有来自“半开化地区”李鸿章的不少功劳。黄马褂享誉海内外，以至于后来老外到了中国，总想方设法要求赏赐件黄马褂过过瘾。

英国退役海军少将贝思福爵士（Lord Charles Beresford）来中国，不知走了谁的后门，弄了件黄马褂，还让人给画了张像。

他1898年9月30日抵达香港，到1899年1月9日离开上海，三个多月里在中国走南闯北，不但访问了包括北京、天津、汉口、广州、厦门、上海等城市，也视察了一些中国军队，到过所有的主要海防要塞，去了七个主要兵工厂中的六个，并访问了恭亲王、李鸿章以及八个总督中的六个。回国后出版了他的报告《细述中国》。

贝思福通过考察发现，中国存在许多问题：

中国政府极其腐败、贫弱，朝令无常，不遵守条约税则。各地税务繁杂，内地关卡林立，关税、子口税、厘金等等，名目繁多，无章可循，外国商人尽受其累。

……汉阳这个兵工厂由湖广总督管辖。工厂的设备是第一流的各种德制机器。我特别注意到许多现代化的铣床。非常好的步枪厂，每年可以出产现代化毛瑟步枪8000支。还有一个很大的炮厂，现在每年可以生产前面提到过的一磅炮大约20尊……

这个厂的生产情况，是又一个资源浪费在无用军械上的例子。在厂内我看到到处都是昂贵的重机械，打算用来制造12寸口径50吨重的克虏伯大炮。可是没有一部机器是装设完整的。我又目睹了大量制造火药的机器，也没有装设起来。

这样的言论在他的《细述中国》里比比皆是。清国老打败仗，怪东怪西就是不怪自己的脑子。这只是冰山的一角。贝思福把这个疤一下子揭开了。就凭这，贝思福应该被赏赐黄马褂。

晚清那会儿，赐老外黄马褂成了一种时髦。镇压太平天国有功的英国人戈登也成了穿黄马褂的外国军人。1860年9月17日，英国皇家工兵军官戈登在上海上岸。不久他发现有一支由各色洋人组成的“洋枪队”在1860年卷入了清军与太平军的战斗中。1863年3月24日，戈登被任命为“常胜军”统领。

戈登率军先后攻克常熟、太仓、昆山、苏州等重镇。功成名就后，常胜军被解散。清廷赐予戈登总兵衔并赐穿黄马褂。所以历史上也留下了穿黄马褂的戈登将军的铜版画。

左图　穿黄马褂的戈登将军

右图　穿黄马褂的英国人贝思福爵士。贝思福爵士，1898 年受英国总商会的委托，到中国考察。这件黄马褂可能是见恭亲王时，慈禧太后赏赐的。因为这位海军少将提出了一个清廷关心的观点。他鼓吹英、美、日、德建立商务同盟，实行门户开放，共同保全中国，帮助清朝训练军队，以保护英商利益。清国中央大员、地方督抚起初普遍对贝氏的练兵建议感兴趣，中国商界也希望由英国人助华练兵和管理财政金融等。但是反对最激烈的是英国政府，因为这摆明了四国结成同盟公开把俄罗斯人从东北撵出去，英国政府怕俄国迁怒于英国。

第六章

李鸿章出洋记

从1896年3月到这年的年底，俄罗斯、德国、比利时、荷兰、法国、英国、美国和加拿大，半个世界和整个“一等国”的人都为一位从“半开化国”来的老寿星着迷。

半个世界为他着迷

从1896年3月到这年的年底，俄罗斯、德国、比利时、荷兰、法国、英国、美国和加拿大，半个世界和整个“一等国”的人都为一位从“半开化国”来的老寿星着迷。

西方报纸上天天是年近八十的李鸿章的消息。大多数时间，“李鸿章新闻”出现在各家大报第二版的右下角，多为一句话新闻：

美联社8月4日11时电：中国总督李鸿章到了伦敦！

伦敦9月2日电：李鸿章给德国下了三艘军舰的订单。

美联社9月11日温哥华电：李鸿章启程回中国啦。

……

纸媒大国英国的报纸几乎每天都在猜测李鸿章。李鸿章在圣彼得堡，英国报纸说他和俄罗斯做了笔辽东某港口的秘密交易；李鸿章离开德国，英国人讥讽日耳曼人：出了银子没拿到大订单；李鸿章到了法国，英国人报道高卢人的埋怨：“他来，为什么要我们纳税人掏银子？”

笔者是纪录片导演，11年来，一直在跟踪这位“老寿星”的八国之行，想拍一部纪录片《李鸿章出洋记》。通过这个片子想让国人知道，百年前中国领导人受洋人欢迎的程度一点儿也不比“我们的朋友遍天下”的今人差，甚至还有过之而无不及。

原来以为李鸿章的此类国事访问大多是些“中方”（清方）“英方”的枯燥官样“老八股”，谁知道1896年这出“出洋记”让李鸿章演得五彩缤纷、跌宕起伏。

比如，在船过英吉利海峡到了英国的南开普敦港时，“英夷”也学咱们的样儿，“围观外宾”李鸿章。此时李鸿章竟拿出官袍里的新式眼镜，“红光满面、神采奕奕”地向“英国群众”走来，并“频频招手致意”，俨然一副“伟大领袖”兼好莱坞巨星的范儿。

又如在法国首都巴黎，1.83米的“李大架子”拿着军用望远镜，叼着烟斗，站在法人为其特别建造的“消音屋”里，让人家大总统福尔陪着观看法军野战炮兵演习，活脱一个五星上将麦克阿瑟他爹的模样。

李鸿章这次八国行，国内无甚响动，时至今日，国人大多认为这只是一场“卖国秀”而已。然而翻开藏于各国档案馆的那些落满灰尘的资料和陈年旧报一看，一个“联络西洋，牵制东洋”，为增加我国海关税收和学习西方先进经验而奔波的李鸿章跃然纸上。

李鸿章在欧洲访问时的留影

“借路”是为“联俄制日”

《马关条约》签立后，不断崛起的日本给中国造成巨大威胁，清政府想利用俄国和日本在中国东北的矛盾，联合俄国来限制日本在中国的扩张。1896 年 5 月 26 日，沙皇尼古拉二世举行加冕典礼，俄国政府邀请清政府派员参加，清廷最终决定由李鸿章率使团赴俄，顺访英、法、德、美等八国。

3 月 28 日，李鸿章一行共 45 人，随员除其子李经方、李经述外，还有兵部主事于式枚、洋员德国人德璀琳、总税务司英国人赫德的弟弟赫政、英国医生伊尔文等，在俄、德、法、英、美五国驻华使馆人员的陪同下，乘坐法国邮船“爱纳斯脱西蒙”号从上海出发。经过一个月的航行，于 4 月 27 日到达俄国港口城市敖德萨。

俄国特使、华俄道胜银行董事长乌赫托姆斯基公爵率文武官员一同登上邮船，热情迎接这位来自远方中国的外交使臣。俄国士兵手持中俄旗帜，列队护送李鸿章登岸，并配以具有亚欧风情的音乐。其场面之隆重，前所未有。

4 月 30 日，李鸿章一行乘坐专列抵达圣彼得堡，和沙皇财政大臣维特举行会谈。

5 月 3 日，维特向李鸿章提出在中国境内“借地修路”问题，并以俄国“支持中国的完整性”作为承诺。

5 月 7 日，尼古拉二世会见李鸿章时强调：“我国地广人稀，断不侵占人尺寸地。中俄交情，近加亲密。东省接路，实为将来调兵捷速，中国有事亦便帮助，非仅利俄。华自办恐力不足，或令在沪俄华银行承办，妥立章程。由华节制，定无流弊。各国多有此事例，劝请酌办，将来倭、英难保不再生事，俄可出力援助。”

5 月 26 日，尼古拉二世举行加冕典礼，李鸿章前往祝贺。

5 月 27 日，各国政要入宫庆贺。李鸿章被安排在首席贺臣的行列中，同英国皇太子、德国亲王、日本皇弟等人平起平坐，可谓风光一时。

6 月 3 日，李鸿章与俄秘密签订条约，史称《中俄密约》。主要内容有：一、中俄两国遇有战事，互相援助；二、中俄两国不得私自同敌国订立和约；三、如遇紧要战事，中国所有口岸允许俄国军舰驶入；四、中国允许俄国修筑一条从黑龙江、吉林到海参崴的铁路等。

英国报刊画家笔下李鸿章到达圣彼得堡时的情景。注意李鸿章穿的这件“著名的黄马褂”。在俄期间，李鸿章和沙皇本人就联合防范日本多次密谈。史学界多认为这次“借路联俄”是李鸿章的老来失算。但就我们掌握的资料来看，其实清廷早就拟定了让俄罗斯“借路”，以“联俄制日”的方针。李鸿章离开北京后多次见记者公开说，去俄罗斯要谈给俄国铁路借道的事儿。

上图　李鸿章率领的中国使团全体人员在莫斯科的合影。李鸿章并未被安排在国宾馆住宿，而是住在一位名叫巴舍夫的商人家中。巴舍夫是俄国著名的巨商，富比王侯。李鸿章到巴舍夫私邸时首先看到的是一座中式大牌楼，上面插满龙旗，中间竟镶着李鸿章的照片。李鸿章受到了巴舍夫一家最隆重的接待。财政大臣维特负责全程接待李鸿章一行。维特是第一次世界大战以前欧洲最为杰出的外交家之一，可见俄国政府对中国使团的重视。维特尤其注意在细节上照顾这位风烛残年的老人。按照外交惯例，公开场合吸烟极不礼貌。维特考虑到李鸿章吸烟的习惯，每次专派两人伺候，将点燃的香烟送到其口中。

右页上图　敖德萨市市长、退休海军少将泽列诺伊出席沙皇加冕典礼时，与一个月前刚结识的“新朋友”李鸿章一行合影。此前，人们一直以为这是李鸿章和英国首相沙士勃雷的合影，依据是李经迈1928年的题识：“光绪丙申先文忠公奉使过英，其相沙侯邀游园邸，共摄此影。越三十二年，戊辰，男经迈谨志。”但据著名历史学家黎鸣先生最新考证，这是李鸿章与他刚踏上俄国国土时结识的敖德萨市市长、退休海军少将泽列诺伊等人的合影。相隔32年，李经迈显然是把时间、人物弄错了。(详见黎鸣《互联网时代，如何考据老照片上的历史人物》，腾讯 · 大家，2015年10月15日)

右页下图　后排左起：胡春利（音）、黄建欧（音）、卡普 · 巴尔 · 诺尔基上校、麦信坚、柏斌、史特 · 罗特姆 · 马尔契科、基特 · 索夫 · 卢丹夫斯基、张柳、联芳。二排左起：(未知)、薛邦龢、塔克什讷、林怡游、李经述、波尔赫 · 别尔诺、波尔赫 · 瓦卡波、李经方、柯乐德、罗丰禄、洪冀昌。在上述人士中，塔克什讷是同文馆培养的俄语翻译，罗丰禄是原驻英公使，亦是李的英文翻译。联芳是总理衙门官员，林怡游是早年福建船政学堂派往法国的留学生，使团的法语翻译。张柳、柏斌、洪冀昌曾随李鸿章赴日参加《马关条约》的谈判，当时张柳的身份是随员，柏斌、洪冀昌的身份是学生。麦信坚是随团医生，薛邦龢的职务不详，而李鸿章的重要幕僚于式枚在照片中没有出现。

两个俾斯麦惺惺相惜

1896 年 6 月 11 日，李鸿章离开俄国赴德国访问，行前，英国驻俄使节向李鸿章探询中俄是否有密约，李鸿章斥为谣言。之后他电文总理衙门说，“此间并无传播”中俄密约。

6 月 13 日，李鸿章乘火车自俄国前往德国柏林，途经但泽市，李鸿章下车参观了当地的造船厂。从进入德国国境的那一刻起，李鸿章就受到了比俄国更为隆重的礼遇，规格之高，俨然国家元首。德国御前大臣等一众官员到车站迎接，还备有马队、卫队护送。当晚，他下榻于柏林最豪华的恺撒大旅馆。

6 月 14 日，李鸿章前往皇宫晋见德皇威廉二世，呈递国书，并致颂词，对德国介入归还辽东，帮助中国训练军队、购械铸船事表示感谢。

6 月 15 日，李鸿章应德皇之邀，到行宫参加国宴，随后德皇邀请李鸿章阅兵。见德军阵势变化，缓急有序，李鸿章由衷道：“我如果能有这样的十个营，甲午一战就不会败给日本。”

当日，李鸿章还拜访了德国外长马歇尔，谈及英国放弃中国，短见自私，中国不能不与俄国友好。

6 月 27 日，李鸿章专程赶到汉堡附近拜访了俾斯麦。

右页图　1896 年 6 月 13 日，李鸿章乘火车抵达德国，下榻于柏林最豪华的恺撒大旅馆。德方招待规格很高，“不但饩牵丰腆，供张华美而已……凡口之于味，目之于色，耳之于声，莫不投其所好”，甚至连他喜欢抽的雪茄和喜欢听的画眉鸟都事先安排妥当，寝室内高悬他本人及“铁血宰相”俾斯麦的照片，以示敬重。

Carl Heintze.
HOTEL ROYAL

李鸿章向德国皇帝威廉二世递交国书，之后，德皇夫妇专门摆设国宴，隆重宴请中国代表团，并亲自陪同李鸿章观看军事操演；德国首相、外交大臣等轮流宴请中国代表团……凡此种种，都远远超越了接待一国特使的应有规格。同期到访的日本名将、著名政治家山县有朋，就没能享受到这些高规格的接待，山县在接受记者询问时，只有自嘲说："中国毕竟是大国嘛。"

李鸿章到达俾斯麦家乡小镇上的火车站。俾斯麦的老家福里德里斯鲁庄园，坐落在离汉堡20多公里的一个小镇奥姆勒。德意志帝国政府在庄园附近为首相专门铺设了一条直通柏林的私用铁道，李鸿章就是坐着火车来拜会俾斯麦的。俾斯麦由于年迈，没有亲自到火车站来迎接。这个火车站离俾斯麦的居所大约200步远，算是很近了。当时俾斯麦和德皇威廉二世因德国扩张殖民地之事，意见相左，已经被罢官闲置在家几年了。李鸿章要求拜会俾斯麦，这使德皇颇为不快，但又无可奈何，而俾斯麦则高兴异常。

“副国王”（当时德国翻译官不懂“直隶”之意，将“直隶总督”译为“副国王”）李鸿章和他的随从于下午 1 点 49 分抵达，俾斯麦在私邸大门口以最高礼遇迎接。他穿着威廉一世皇帝赠送给他的军礼服，佩上军刀，制服上挂着黑鹰星章和铁十字勋章。一开始，李鸿章夸奖俾斯麦，大意是说：早就听说您的大名和伟大功绩，今天能见到您，看到您的眼神，更觉您的伟大。俾斯麦也回敬说：也很高兴能招待一个建立伟大功勋的总督。李鸿章谦虚地表示：不能与阁下相比，您的贡献有世界意义。他俩在阳台上共同见证了俾斯麦家乡小镇居民热烈欢迎远方来客的盛情。俾斯麦家二楼阳台曾是德意志民族在崛起过程中的政治中心。想当年，俾斯麦大权在握，连他的国王上司、后来的德意志帝国皇帝威廉一世都不得不经常让着他。一有风吹草动，这阳台就成了俾斯麦的“天安门城楼”，是当年俾斯麦检阅爱骚动的日耳曼人的地方。

李鸿章和俾斯麦在阳台上交谈，他们之间的翻译是李鸿章的德国幕僚德璀琳。李鸿章告辞之时，两位政治家互相凝视不语。最后，李鸿章说："我希望能来祝贺您 90 岁生日。" 火车徐徐开动，俾斯麦挺着胸膛，右手举到帽檐，行着军礼。而李鸿章站在火车上，两手握在胸前，频频摆动，用一种虔诚的姿势，为俾斯麦祝福。俾斯麦一直注视着李鸿章，直到火车离去。显然，他的内心也受到了触动。

铜版画《“东方俾斯麦”见到了真正的俾斯麦》

据说两人会见中，到吃饭的时候，俾斯麦不让李鸿章随从搀扶李，而是亲自扶着李的手臂走到饭厅。李鸿章说，自30年前普鲁士战胜奥地利，就仰望俾斯麦大名，缘悭一面，如今总算如愿以偿。俾斯麦设法推据这种恭维，就换个话题说："我已不如前，我已经老了。"李鸿章立即关心地问俾斯麦的健康，什么地方不舒服？平日做些什么？俾斯麦笑着回答说："什么都不做，不愿再找气受。我目前一身轻，只是一个村夫，喜欢到森林和田野中去散步，不再问政。"

“千岁李鸿章”

1896年7月4日，李鸿章率领自己的随行人员来到了风车之都——荷兰。荷兰王室对李鸿章的来访，给予了隆重的礼遇。有中国儒家经典《论语》的荷兰语译本最新推出，有皇家马车队前往迎接。

7月5日，李鸿章一行到达荷兰海牙，出席了荷兰王室在库哈斯大酒店为他举行的欢迎宴会和晚会，晚会期间海滩上空放起焰火，烟花在天空中组成“千岁李鸿章”字样。李鸿章品尝着西方美味佳肴，欣赏着“珠喉玉貌，并世无双”的歌舞，飘然欲仙之际，即席赋诗一首：“出入承明五十年，忽来海外地行仙。盛宴高会与丝竹，千岁灯花喜报传。”席间，皇太妃赏赐李鸿章金狮子大十字宝星一枚。

7月8日，李鸿章一行离开荷兰，到达比利时首都布鲁塞尔。

7月9日，李鸿章晋见了比利时国王利奥波德二世，并同比利时国王商谈了卢汉铁路（今京广铁路北段）的修筑问题。当时列强正在争夺卢汉铁路修筑权，俄国支持法、比承修。

比利时国王设宴款待李鸿章。席间，李鸿章按捺不住，竟点着烟抽了起来。按照西洋礼节，这是对主人的不尊重。但比利时国王并不介意，而是巧妙地拿出各种烟卷分发给各位宾客。

在比期间，李鸿章观看了比利时军队的军事演习，参观了克革列枪炮厂，对比利时军队的武器装备表示惊叹。李鸿章对一尊新式大炮兴趣浓厚，赞不绝口，迟迟不肯离去。军火商见其十分喜爱，说愿赠送一尊。李鸿章顺水推舟道：“烦劳您送抵京城。”军火商果然于当年冬天将大炮运抵京城。

7月13日，李鸿章抵达法国巴黎。

7月14日，恰逢法兰西共和国国庆日，李鸿章前往爱丽舍宫觐见法国总统富尔，中午，富尔在总统府设宴招待中国使团。宴毕，邀请李鸿章参加了国庆活动，观看了军事演习；在法国外交部长汉诺多等陪同下泛舟塞纳河，欣赏国庆焰火。

7月15日，李鸿章应邀往外交部，与汉诺多就中国提高海关税，即“照镑收税事”进行磋商。汉诺多则言法国同意照镑收税之事，但此事必须各国皆允。作为交换条件，他要李鸿章允许法员襄助福州船政局，并划定一处未定的中越边界。李鸿章见汉诺多同意了自己的要求，也就接受了他提出的条件。不过他最后以玩笑的口吻说：“贵侯所言，迹近要挟，颇碍交情。”汉诺多也开玩笑说：“由法员襄办船政，友好划定边界，总比中法两军在安南边境开战为好。”最后，汉诺多满足了李鸿章在法各地观访的要求，陪着他参观学校、报社、博物院、工厂、矿山，直至他8月2日率团乘专轮赴英国。

李鸿章觐见法国总统富尔的铜版画与照片。法国对李鸿章的这次访问，就关心三条：第一，南中国和印度支那殖民地问题；第二，天主教传教问题（法国一直以世界天主教代言人自居）；第三，军火买卖问题。所以由总统出面接见，提高李鸿章访法的规格。当时在整个欧洲，各列强之间，谁都不想在中国这块“唐僧肉”面前缺席。李鸿章到一国，另外几个列强便瞪大眼睛观察，生怕别人接待规格超过自己，为此各国还不停地调整接待规格，尽量把李鸿章这个“金主”哄舒服了。在列强中间，法国对华的利益是最虚的，美国次之。英国商业利益最重。俄罗斯和日本只对领土感兴趣，是列强中的“土豪”。

上图　李鸿章观看法国军火商的马克西姆重机枪实弹表演。李鸿章时代，法国对华销售武器一直不很顺利，一是法国武器质量并不特别优秀；二是法军打仗屡战屡败，让中国人看不到其武器的优越性。最重要的是中国近代以降，主政者大多欣赏专制的德意志，不感冒强调民主自由的法国。这真的让法国感到很憋屈，其实近代科技很多来自法国，这是一个善于创新的民族。所以法国争取对清出售武器成了此次访问的重头戏。

右图　李鸿章在巴黎拍摄的肖像照。李鸿章在法国整整停留了 21 天，他的一举一动、一言一行，都成为法国报刊追踪的焦点。在李鸿章到访之前，国会专门讨论了接待规格，最后确认采用高规格，并拨出公款为大清代表团租赁豪华宾馆。

LI-HUNG-CHANG AU HAVRE. — Le vice-roi suivant sur un miroir les opérations de tir.

西方旧报上的绘画《李鸿章参观位于勒阿弗尔市的兵工厂》。勒阿弗尔是一个远离巴黎，和英国隔海相望的城市。

天下不可端倪之物，尽在英伦！

1896年8月2日，李鸿章结束了对法国的访问，离开法国哈伦港，渡过英吉利海峡，抵达英国南安普敦港，来到大不列颠及爱尔兰联合王国，开始了对英国为期20天的访问。

8月4日，李鸿章与英国首相兼外交部总长沙士勃雷密谈了一上午，双方从两国的经贸合作谈到外交政策，包括增加关税问题。

下午，李鸿章来到港口城市朴次茅斯，参观了英国皇家海军大演习，和朴次茅斯造船厂。李鸿章惊叹皇家海军各舰“行列整肃，军容雄盛”。他感慨：“余在北洋，竭尽心思，糜尽财力，俨然自成一军。由今思之，岂直小巫见大巫之比哉？”

《伦敦新闻图片报》上所绘李鸿章抵达南安普敦港时的情景。中国海关总税务司赫德之弟赫政、前东方海军提督脱来西、驻汕头英领事师古德前往迎接。在七辆车的开道下，李鸿章冠缀三眼花翎，外罩黄马褂，出现在伦敦街道。英国民众纷纷脱帽高呼，欢迎远道而来的贵客。为便于出入，特地安排李鸿章下榻在伦敦市中央的原考登侯的故邸。

1896年8月4日，李鸿章一行与英国首相沙士勃雷等合影，左起：罗丰禄、李经方、李经叙、沙士勃雷、李鸿章、寇松。当日两人谈的是李鸿章环球访问中最重要的事情，即要求列强，特别是其霸主英国，同意清廷海关在自己的国家里提高海关税率。李鸿章对首相不愿增加关税表示不满，说道："惟知贵国之让日人，不闻日廷之谋琼报也。今贵国不肯移待日之道以待敝国，又惟知英人之歧视东土，而任华人之憾抱向隅也。"

8月5日，李鸿章在奥斯本行宫觐见维多利亚女王。

8月5日至9日，李鸿章相继拜访了伦敦中国会、戈登墓以及肯辛顿博物院等。

8月10日，汇丰银行经理喀密伦盛情邀请李鸿章一行。随后几天，李鸿章相继参观了国家银行、邮政总局和商务总局。

8月13日，李鸿章来到乌里治造船厂，观看了英国炮兵的操练。至水雷厂时，对水雷制造的办法、如何定购以及水雷价格等都进行了仔细询问。之后，乘轮船沿泰晤士河历览了英国船坞、船厂、枪局和炮局。

8月15日，李鸿章来到格林尼治天文台，同时受到海底电缆公司总办的宴请。宴席前，总办将两条长一尺的英美大洋电缆线赠与李鸿章。随后的发电厂一行，发报人员当场将68字的电报发至上海轮船招商局，25分钟后，即收到了盛宣怀的电报。李鸿章不胜感慨。

8月16日，李鸿章离开伦敦，前往外省参观。首站前往哈华墩，拜访英国前首相格兰斯顿。两大佬一见如故，对中英间的贸易关系做了亲切的交谈。会谈结束后，李鸿章由威尔士经英吉利来到了苏格兰，观看了英国铁路自报警号。在巴罗参观钢厂、钢轨厂和造船厂时，李鸿章对英国的实学风气尤为赞赏，认为中国“应当借重英之实学，庶造船开炉之类，皆有门径可寻”。

8月18日，李鸿章来到格拉斯哥，游览铸造铁甲局和车机局。他不顾舟车劳顿，不耻下问，对其生产成本和利润都详加询问。同时李鸿章还诚邀英国专家来华效力。面对天下第一桥福赐桥，李鸿章对该桥上通轮车、下通轮舶惊叹不已，并希望在中国的渤海也能架设这样一座大桥。英国先进的科技和机械化生产，令他感叹不已，说：“天下不可端倪之物，尽在英伦！”

8月20日，造访了英国铁路创始人史蒂文森的故乡纽卡斯尔，1881年和1887年，北洋水师曾两次遣队前往纽卡斯尔，接收在这里建造的“超勇”级和“致远”级巡洋舰。

李鸿章在外省访问七天，8月22日回到伦敦。在离英告别辞中，李鸿章高度赞扬了英国的风土人情：

> 贵国之聪明才智、天财地宝、物力人材，向尝心仪之，今得目击之，且见其日积月累，高不可攀。于此而不能刻骨铭心以载之东归者。……回华之日，再握大权。……以一人之所知，补一国之所缺，分在则然，责无旁贷也。
>
> 泰西格物之功效，致力之材能，某皆默而识之，学而不厌。他日身归故国，后半生无涯之大事，将重整其旗鼓，忝颜而将中军；且较诸前半生之仅效微劳者，冀于中国尤有裨益。然华人难于图始，欲假数年之心力，遽奏万祀之肤功，不得不求助于大英，而望化难为易也。

8月22日，李鸿章一行乘“圣路易斯”号邮轮横渡大西洋前往美国访问。

1896 年英国杂志上的插图《清国特使李鸿章向英国女皇维多利亚递交国书》。女皇对李鸿章以极高的礼遇，授予他“维多利亚头等大十字宝星”勋章，这也是首个获此殊荣的外国人。英国太子妃还亲自为他摄影留念。

李鸿章拜访英国前首相格莱斯顿。格莱斯顿被称为“当今天下三大佬”（格莱斯顿、俾斯麦和李鸿章）之一，两大佬一见如故，对中英间的贸易关系做了亲切的交谈。格莱斯顿高度赞扬中国对英贸易的低关税制度，并希望两国能够加强商贸往来。李鸿章则批评了“各国以重税寓制人之道，固不可谓为良法”。

英国杂志《画报》（The Graphic）当年报道李鸿章拜访格莱斯顿时的插画

英国杂志《画报》（The Graphic）当年报道1896年8月李鸿章访英期间，在伦敦卡尔顿宫的阳台上接待一位访问者。

1896 年 8 月 22 日，李鸿章登上“圣路易斯”号轮船时的情景。李在英国逗留了 20 天。

英国报刊旧图原注：李鸿章观看了斯皮特黑德舰队的演习——皇家帆船通过战舰队列。斯皮特黑德是英吉利海峡中的一个小海峡，特别适合做港口。

轰动美国朝野的十天

在结束对英国的访问之后，李鸿章开启了美国之行。1896年8月28日，经过六天的海上航行，李鸿章一行于28日上午9时抵达美国纽约港。

码头上等待“圣路易斯”号停泊的欢迎人群早就守候在这里，画面有军人的仪仗队、马车等。当时的媒体报道说，当“圣路易斯”号进港时，政府官员分别乘坐小舟、快艇从纽约港口出发来到游轮旁，迎接李鸿章。“美国政府在港口排列了几十艘装饰一新的白色军舰，队形威武，当中有‘迈阿密号’‘得克萨斯号’‘联盟号’……当‘圣路易斯’在舰队前驶过时，舰队鸣19响礼炮……左右翼十艘兵舰升起国旗，并一齐奏起庆祝得胜的音乐”，李鸿章像是一位凯旋的将军，受到“史无前例的礼遇”。

“圣路易斯”号的乘客们聚集在甲板上。报道称：从他们衣着料子的昂贵质地就能看出他们是些上流人士，其复杂的服饰与纽约人所熟悉的唐人街里的华人截然不同。这种区别使人容易产生好奇心，据说在清国不同花纹的衣服代表不同的官阶，这是个值得弄清的问题。卢杰将军代表总统欢迎李鸿章，李鸿章在一位随从的搀扶下来到欢迎地点。他那6英尺高的身材由于上背有些佝偻而明显变矮。的确，他毕竟是一位74岁的老人了。他与照片上人们熟知的李鸿章十分相像。卢杰将军盯着这位老人的面容说：“我受美国总统的派遣，来此迎接阁下到来，并带您访问这个自由的国家。欢迎您的来访。”

李鸿章和一大批清国官员、美国欢迎人员在码头上。报道称：正当总督聊得越来越起劲时，“圣路易斯”号已靠拢了码头。客人们将从富尔顿街上岸。李问从这里到华尔道夫饭店有多远，旁人回答大约三英里。他们不知道这个回答是否令他高兴。紧随在总督之后的是他的侄子和嗣子李经方、卢杰将军的部下和一大群华人。担任译员的罗丰禄重复着欢迎的话语。

李鸿章端坐在铺着豪华红色绒毯的软轿上，由四名水手从“圣路易斯”号抬下来。报道称：他穿着黄马褂，饰有孔雀羽毛的冠帽上镶着朱红的宝石，头顶还打着一把黑丝伞。当他一到码头背阴处时，余总领事就接过遮阳伞。他透过金边眼镜注视着欢呼雀跃的人群，脸上显现出慈祥好奇的神情。“圣路易斯”号的乘客们都纷纷拥挤着想看他离船的情景，护卫警察连忙冲上来，用人墙打开一条通道。

李鸿章和美国陆军东部战区司令卢杰将军。报道称，他很敏捷地进入了一辆敞篷马车，那两匹拉车的栗色马真是非常漂亮、精神。卢杰将军陪总督坐在马车后座，助理国务卿诺克赫尔与总督的秘书坐在前排。

英文原注是李鸿章和纽约市长同乘坐一辆马车，但是从《纽约时报》的文章看，可能是刚出码头的街道上。报道描绘：总督的其他随从由美方人员陪伴坐在后面的马车里，总督的儿子在第二辆马车，清国总领事在第三辆，而华尔道夫饭店的公共马车则载着总督的仆人们。当一切准备就绪后，骑警沿西街开路，随后是总督的四轮马车，其他马车跟在后面，最后是美国第六骑兵旅的小伙子们。整个队伍从西街经炮台公园进入百老汇大街。沿街人如潮涌，真成了曼哈顿街头一道难见的奇景。人们尽力向总督的马车靠拢，道路两旁的警察很难将他们推回原位。在几个上尉军官的帮助下，警督柯莱特所做的警卫部署非常出色。为了更好地完成任务，他比原计划多抽调了 30 名警力，因此承担这次警卫任务的警察总数达到了 300 人。在第五大道 19 街，有一个小男孩向李的马车扔了一个煎柠檬，幸好李很敏捷地躲过了这“飞弹”的袭击，未造成任何伤害。

8 月 29 日，美国总统克利夫兰在前国务卿惠特尼的私人住宅举行欢迎午宴。双方讨论了“照镑加税”问题，美国谈判对李鸿章说：“各国如允，美无不从。”下午，李鸿章返回行邸后，俄国驻美公使前来拜访。晚上，美国前国务卿约翰 · W · 佛斯特在华尔道夫饭店举行欢迎晚宴，一些曾出使过大清国的外交官和前驻华领事出席了晚宴。

8 月 30 日，李鸿章前往美国前总统格兰特的墓园拜谒。

9 月 1 日，李鸿章在纽约参加由当地著名教会组织的弥撒布道及大型欢迎会并发表演说，受到热烈欢迎。他在演说中比较了基督教和孔子及中华传统。中午，美国华侨盛宴招待。下午，他登车时不小心伤指，晚上未能参加纽约华人晚宴。

9 月 2 日，上午，李鸿章在其下榻的华尔道夫饭店举行记者招待会，向美国新闻界发表演说并回答了《纽约时报》记者的提问。在采访中，他谈了对美国的观感，抗议美国的排华法案及歧视华工，并讨论了清朝的对外政策。

9 月 3 日，李鸿章临行前接见纽约华商，当日乘专车到达费城，在那里参观了美国独立厅、自由钟。下午，离开费城。

9 月 4 日，李鸿章到达华盛顿，参观了美国国会和图书馆。晚上，美国著名造船厂主顾兰德前来拜望，二人倾谈。

9 月 5 日，李鸿章本拟拜望华盛顿故居和其陵墓，为雨所阻，遂改计划参观华盛顿市政厅，观赏市容。李鸿章看到华盛顿市民男女皆骑自行车感到好奇，有人赠送李鸿章一辆自行车，李大喜，但不知如何骑行，请馈赠者示范并问明了价格，欣然接受。当日，葡萄牙驻美大使前来拜会。

9 月 7 日，李鸿章离开华盛顿。临行前，他再次用字正腔圆的合肥话，接受了《纽约时报》的专访。

右页上图　1896 年 8 月 30 日上午 10 点 30 分至 12 点钟，李鸿章拜见美国总统克利夫兰。报道称，美国总统将在惠特尼的寓所接见李总督。坐落在纽约第五大道 57 街一角的前国务卿威廉 · C · 惠特尼的漂亮住宅昨天准备就绪，美国总统克利夫兰将在这里为清国总督李鸿章举行一个盛大的午宴，午宴将在金碧辉煌的宴会厅举行。届时，总督与总统将并肩站在壁炉架旁。镀金的美国鹰饰国徽悬挂于壁炉之上，衬托着两面清国国旗，在此之上是星条旗。整个宴会厅周围和入口处都摆放了棕榈树盆栽。

右页下图　李鸿章到达华尔道夫饭店。报道称：当第一辆马车到达饭店门口时，美国前国务卿约翰 · W · 佛斯特迎上前去，两人像老朋友一样亲切握手，并肩进入饭店。从前厅大堂到走廊，各处都挤满了饭店的客人。夫人们也跟着鼓掌欢迎清国总督。但所有这一切好像都未能感染总督，他环视左右衣着时髦的上流妇女，面容表情严肃。尤其当他穿过华商们夹道欢迎的队伍时，对他的同胞也面无表情。电梯缓缓而上，他被引进客房，格兰特上校已在那里迎候。

李鸿章一行访问美国造币厂

William H. Rau, Photographer, Phila.

李鸿章与《纽约时报》记者涉及中美差异的访谈：

美国记者：尊敬的阁下，您已经谈了我们很多事情，您能否告诉我们，什么是您认为我们做得不好的事呢？

李鸿章：我不想批评美国，我对美国政府给予我的接待毫无怨言，这些都是我所期待的。只是一件事让我吃惊或失望，那就是你们国家有形形色色的政党存在，而我只对其中一部分有所了解。其他政党会不会使国家出现混乱呢？你们的报纸能不能靠国家利益将各个政党联合起来呢？

美国记者：那么阁下，您在这个国家的所见所闻中什么最使您感兴趣呢？

李鸿章：我对我在美国见到的一切都很喜欢，所有事情都让我高兴。最使我感到惊讶的是20层或更高一些的摩天大楼，我在中国和欧洲从没见过这种高楼。这些楼看起来建得很牢固，能抗任何狂风吧？但中国不能建这么高的楼房，因台风会很快把它吹倒，而且高层建筑若没有你们这样好的电梯配套也很不方便。

美国记者：阁下，您赞成将美国或欧洲的报纸介绍到贵国吗？

李鸿章：中国办有报纸，但遗憾的是中国的编辑们不愿将真相告诉读者，他们不像你们的报纸讲真话，只讲真话。中国的编辑们在讲真话的时候十分吝啬，他们只讲部分的真实，而且他们的报纸也没有你们报纸这么大的发行量。由于不能诚实地说明真相，我们的报纸就失去了新闻本身的高贵价值，也就不能成为广泛传播文明的方式。

1896 年 9 月 2 日上午 9 时许，李鸿章在其下榻的纽约华尔道夫饭店举行记者招待会，接受了《纽约时报》记者的采访。图为《纽约时报》的整版报道及其精心绘制的李鸿章像。

温哥华：为李鸿章立牌坊

1896年9月5日，李鸿章一行离开华盛顿，乘美国政府特备之专列赴加拿大。在美加国境处，改乘马车，参观了著名的尼亚加拉大瀑布。李鸿章颇为其气势震动，“徘徊不忍去”。在美加两国共享的大桥上，加拿大方“盛饰公车，迎于桥左”。

9月6日，首先前往多伦多。在多伦多稍事停留后，李鸿章一行来到加拿大西海岸城市温哥华。

9月14日，李鸿章一行搭乘美国太平洋轮船公司的轮船回国。

10月2日，李鸿章到达日本横滨港，需要换乘中国招商局的轮船回国。当年离开马关的时候，李鸿章曾表示“马关议约之恨，誓终身不履日地”，换船时，当他看到周转的是一艘日本的船只时，坚决不肯上船。侍从们无奈，只好在美轮和招商局的轮船之间搭起一块跳板，冒着掉到海里的危险将他扶上招商局的轮船。

10月3日，李鸿章转乘招商局的“广利”号轮船回到天津。

李鸿章到达温哥华时的情景

李鸿章到达加拿大西海岸的温哥华。李鸿章为什么要绕道加拿大回国。美国《纽约时报》记者曾经问他："阁下，您能说明选择经加拿大而非美国西部回国路线的理由吗？是不是您的同胞在我国西部一些地区没有受到善待？"李鸿章回答："当我在清国北方港口城市担任高官时，听到了很多加州清国侨民的抱怨。这些抱怨表明，清国人在那里未能获得美国宪法赋予他们的权利，他们请求我帮助他们使他们的美国移民身份得到完全承认，并享受作为美国移民所应享有的权利。而你们的《格利法》不但不给予他们与其他国家移民同等的权利，还拒绝保障他们合法的权益，因此我不希望经过以这种方式对待我同胞的地方，也不打算接受当地华人代表递交的要求保证他们在西部各州权益的请愿信。"

李鸿章离开温哥华前的码头。码头上有温哥华华人专门为欢迎李鸿章访问加拿大搭建的牌坊。

第七章

惊心动魄贤良寺

上海楼多，香港钱多，北京寺多。据说，北京大大小小的寺，最多时有上千座。贤良寺，一个名不见经传的小寺，却在晚清近代史上留下了重重的一笔。

贤良寺，因名人而出名

北京城里热闹地段的王府井，昔日有一座不显山不露水，却在中国近代史上地位十分重要的寺庙——贤良寺。

贤良寺的名声在外，主要是因为它作为“驿站”，曾经迎来大批名声显赫的寄住者，排在首位的就是曾国藩。

曾国藩同治七年12月13日到京。当晚由吏部接到北京东安门外金鱼胡同贤良寺寓居，并传达谕旨：“赏曾国藩紫禁城骑马，明日养心殿召见。”同治九年9月25日曾国藩又一次入京，他在日记中记下了当天的行程：

黎明起，早饭。饭后行十二里至通州。乔鹤侪在东关外迎接，在庙内与之一谈。旋至仓场总督署内拜乔鹤侪。出西门，走二十五里至定福庄，又走二十里，至齐化门。进城，走七里许至金鱼胡同贤良祠居住。

1884年，年逾古稀的左宗棠为“中法的事”再一次来到了北京。于贤良寺住下后，他开始奔波于京师，分析中法战争的利弊，研究战斗方略，为再次出征做准备。这次，左宗棠在贤良寺住了三个月。

张之洞早年进京时也在贤良寺住过，后进了军机处，在北京找了白米斜街11号作为固定居所。其宅面积很大，门外有照壁、上马石、八字门墙，后临什刹海前海。

康有为落脚贤良寺的时间不长，后来在菜市口米市胡同置了房。从此他在米市口一住就是16年，一直到戊戌变法失败逃离北京。

刘坤一，湘军首领，官至两江总督，几次进京，均带着手下住在贤良寺。

袁世凯曾经在贤良寺里碰了一鼻子的灰。吴永的《庚子西狩丛谈》写道：

袁世凯曾去贤良寺对李鸿章说：“您不如暂且告老还乡，像东晋的谢安养望于长林之下，等朝廷一旦有事，闻鼙鼓而思将帅，不能不倚重您老臣，到时候羽檄交征，安车上路，才足见您的身价非比寻常。”李鸿章怒道：“慰庭，你是来为翁叔平（翁同龢）当说客的吧？他就想协办大学士，我开了缺，腾出一个位置，他就可安然顶替了。你去告诉他，教他休想，旁人要是开缺，他如了愿，与我不相干。他想补我的缺，万万不可能。诸葛亮讲‘鞠躬尽瘁，死而后已’，这两句话，我还配说。总之，只要我一息尚存，就决不无故告退，决不奏请开缺。”袁世凯只好顾左右言他……

贤良寺一不算京城首庙，二没有千年沉淀，同时周围还有十多处寺庙道观相邻，为什么众官皆选它？

因为贤良寺离皇宫近，又采开放迎客之势。无意中因为客人而使其清史留名。

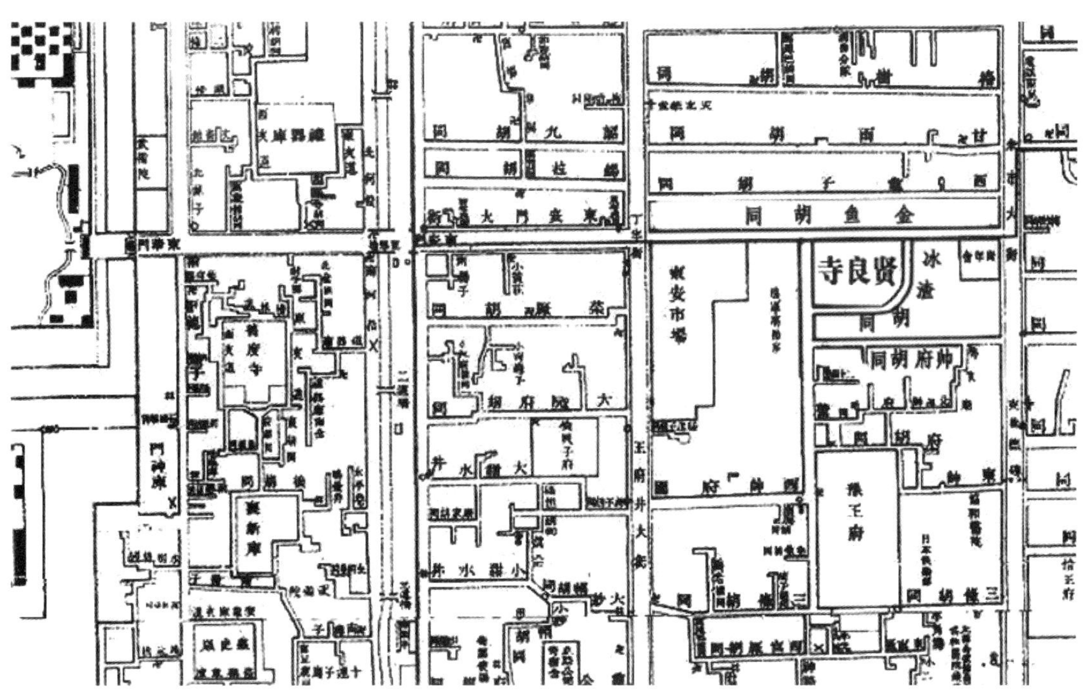

上图　民国初期地图上的贤良寺。1755 年，乾隆将贤良寺缩小至冰盏胡同。这比原来的面积小了 2/3。这张 100 多年后民国初的地图上还忠实地保留了这个史实。

下图　李鸿章居贤良寺时期的金鱼胡同。贤良寺的前门开在冰盏胡同，后门开在金鱼胡同。由于贤良寺达官贵人进进出出，故而带动了北京“骆驼祥子”们的生意。

挨着皇城近，贤良寺演义晚清历史

贤良寺坐落在王府井东边的金鱼胡同和冰盏胡同之间。后门距紫禁城东面的东华门只有里把地的路程，连个弯儿都不用拐。这路近有什么好处？那会儿上早朝，路远的大臣凌晨2点就得起来梳洗准备了。外省的地方官来京觐见，随时都得“候着”。所以地理位置好点儿、近点儿，对这些做臣子的，特别是外官进京的来说就是“硬道理”。

堂堂贤良寺为何当起“驿站”了？其实自古以来的寺庙并不是一个不食人间烟火的地方。也就是说寺庙一直在走“市场经济”路线，依赖出租“庙寓”维持寺里的日常开支，便是方丈们一条重要的生财之道。这种“留客”好处多多：一来拿到了住宿费，二来有了香火钱，这三还能找个“上层的”当靠山。

说到贤良寺，历史不算久远，却来头不小。原北平市政府秘书处编的《旧都文物略》中介绍得比较到位。原来，贤良寺是康熙皇帝第十三子胤祥的住宅。胤祥于雍正即位后被封为怡亲王，怡王府原在王府井东边的帅府园，面积很大，因胤祥生前表示，死后将宅改为寺庙，故雍正八年（1730年）他死后，雍正在此首建贤良寺。第二代怡亲王就又在朝阳门内建新府。

贤良寺原来占地面积特别大，山门开在帅府胡同，后身也到金鱼胡同。这个最早的“大贤良寺”被1750年完成的《乾隆京城全图》忠实地绘入图中。

乾隆二十年（1755年），乾隆又将该寺移建冰盏胡同（后称冰渣胡同），即今所在之地。移建后的贤良寺面积减少，但仍规模不小，主要建筑有山门、碑亭、前殿、正殿、经楼、东西配殿、寮房等。正殿面阔五间，为绿琉璃瓦歇山顶，悬木额“贤良寺”。其余建筑均为大式硬山灰筒瓦顶，还有乾隆皇帝御书心经塔碑。

民国时在寺配殿内附设有民众小学校。新中国成立初期，贤良寺内还有僧众。后来僧众被遣散，部分房屋被作为校尉小学的校舍。

1965年整顿地名时将冰渣胡同（前冰盏胡同）、二十四间房、西夹道并入，统称校尉胡同。冰渣胡同原先有两个出口，西口在校尉胡同，北口在金鱼胡同，贤良寺位于胡同路北。后来贤良寺四周的环境发生巨大变化，先是冰渣胡同向北拐处改建，北边的出口处被堵，变成东西走向的死胡同。

贤良寺还有块赐地在城外虎头峰下。塔院原有两处，当地俗称东、西塔院。现只存东塔院。塔院以东，有座完整的四合院，名曰贤良堂。

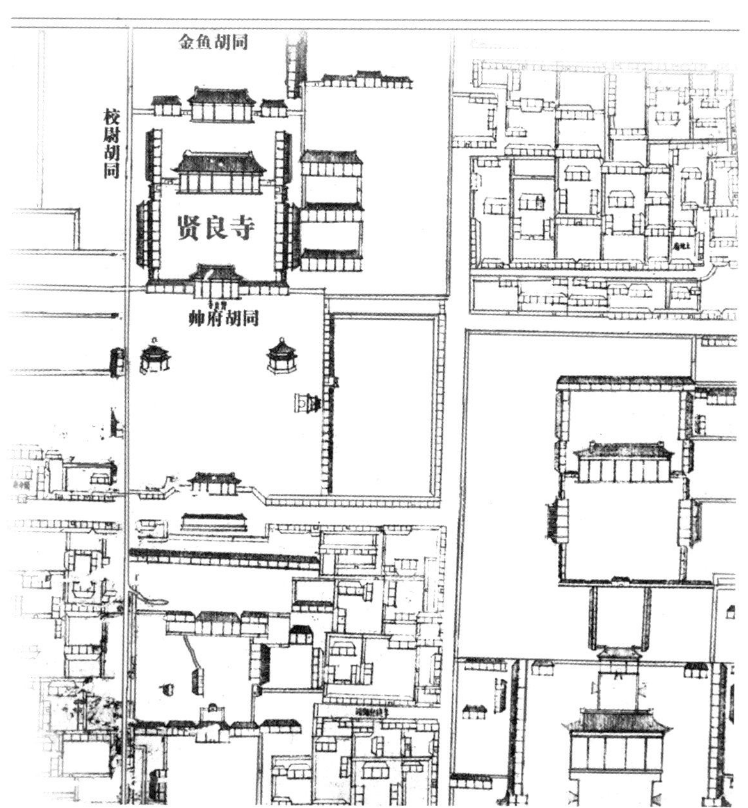

左图 《乾隆京城全图》原稿影印件的贤良寺部分。这张地图于1750年完成。5年以后乾隆将贤良寺由南朝北简缩了2/3。从这张图上，我们还能看到原来的大贤良寺，大门开在帅府胡同。1940年7月，日本“兴亚院华北联络部政务局调查所”曾将该图缩印出版，以《乾隆京城全图》为名，订成17本，附解说及索引。本图即摘自其中。

下图 笔者据1750年《乾隆京城全图》所绘的原贤良寺方位图。贤良寺离皇城东华门不远。

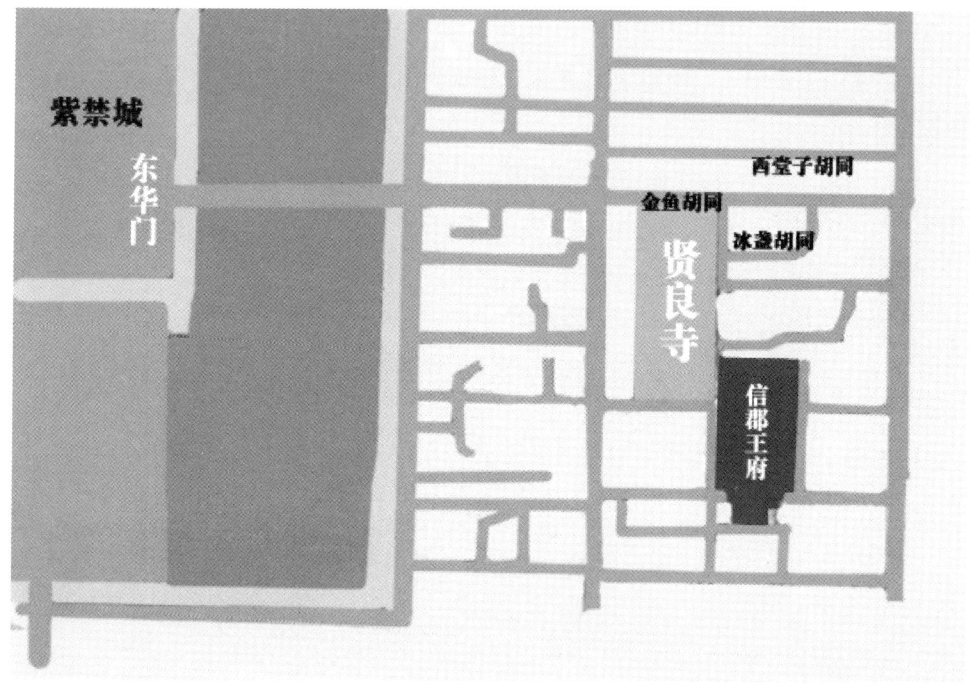

贤良寺：李鸿章的故事最多

贤良寺众多“留客”里数李鸿章的故事最多。

他刚在京城做官那会儿就住在贤良寺，前前后后，断断续续住了40多年，最后还终老于贤良寺。

甲午战争后，李鸿章有半年时间闲居在贤良寺西三跨院。这在他忙忙碌碌的职业为官生涯中，是从没有过的事儿，也是他一生中最投闲置散的一段时间。

面对门庭冷落车马稀，他索性关起大门讲究起了“养生”。看书、练字、锻炼、吃饭和睡觉成了他一天的功课。“早间六七钟起，稍进餐点，即检阅公事，或随意看《通鉴》数页，临王《圣教》一纸。午间饭量颇佳，饭后更进浓粥一碗，鸡汁一杯。少停，更服铁水一盅。即脱去长袍，短衣负手，出廊下散步，非严寒冰雪不御长衣。予即于屋内伺之，看其沿廊下从彼端到此端，往复约数十次。一家人伺门外，大声报曰：‘够矣！’即牵帘而入，瞑坐皮椅上，更进铁酒一盅，一伺者为之扑捏两腿……凡历数十百日，皆一无更变。”

这些李鸿章闲居贤良寺的细节都是由曾国藩孙女婿吴永一条条记下来的。吴永这时正在李幕下，被李鸿章“以通家子弟相待”，“晨夕左右，几逾一载”。

李鸿章经常与吴永枯坐庭院，“随意谈论”。闲聊时，李鸿章曾经深有感触地对吴说：我办了一辈子的事，练兵也，海军也，都是纸糊的老虎，何尝能实在放手办理？不过勉强涂饰，虚有其表，不揭破犹可敷衍一时。”

“如一间破屋，由裱糊匠东补西贴，居然成一净室，虽明知为纸片糊裱，然究竟决不定里面是何等材料，即有小小风雨，打成几个窟窿，随时补葺，亦可支吾对付。乃必欲爽手扯破，又未预备何种修葺材料，何种改造方式，自然真相破露，不可收拾，但裱糊匠又何术能负其责？”

看来李鸿章并不糊涂，中国的事情，有时候想和做完全是两回事。牵掣太多，坛坛罐罐太多，公公婆婆太多，一个人的力量又实在太小。有些事情李鸿章也没办法。

贤良寺最惊心动魄的故事无疑由李鸿章写就。1900年，义和团大闹华北平原，当八国联军打进北京城的时候，慈禧太后和光绪皇帝带着一大帮人“西狩”去了。

大臣投降的投降，战死的战死，自杀的自杀。当时干枯的护城河里到处都躺着补服花翎的尸首。

这时候，在两广总督任上的77岁李鸿章却在俄罗斯卫队的护送下回到了贤良寺。

李鸿章在俄国军队的护送下，进入北京，在居住地贤良寺西院内与随从和俄国军官合影。

贤良寺是整个京城唯一的清国领土

李鸿章是1900年10月5日由百名俄军护送，自天津乘船北上，于11日到达北京贤良寺西跨三院的。整个谈判期间，这里就是李鸿章办公的处所。俄人在整个庚子事变中采取两面通吃的做法，这软的一招是为了更大地榨取“东北利益”。当时占领者宣布除承认李鸿章住的贤良寺和庆亲王奕劻的住处是“由清国政府管辖的两个小院”外，其他均为占领军所有。庆亲王奕劻住宅外有日本兵持枪护着，李鸿章的住所有荷枪实弹的俄国兵把守，外国报纸评论云：奕劻“如一囚徒”，李鸿章“实际上是受到礼遇的俘虏”。

李鸿章到北京的当天，也就是10月11日，就会同庆亲王奕劻开始与德、奥、比、西、美、法、英、意、日、荷、俄多达十一国的谈判代表同桌进行艰难的谈判。

谈判前后进行了九个月。由于早年马关遇刺失血过多，李鸿章一累就有眩晕的顽疾。近八十的人了，他还亲自过问每一个细节。

一天，李鸿章在拜会英、德公使后回贤良寺的路上受了风寒，于是旧病复发。那会儿，洋人要价太高，他正好借着这病和联军打拖延战和消耗战。

1901年1月15日，李鸿章和庆亲王代表大清国在“议和大纲”上签字。签字后，李鸿章吐血不止，“紫黑色，有大块”，“痰咳不支，饮食不进”。

7月，李鸿章病情加剧，不能视事。9月，又患上伤风，“鼻塞声重，精神困倦”。

9月26日，相随李鸿章30余年，负责“办理京畿教案”的周馥在保定直隶藩司接“相国病危，嘱速入京”的急电后，匆忙赶往贤良寺探望李鸿章。他记录了李鸿章生命一步一步走到尽头的过程。

10月30日，李鸿章死前八天，还到俄国使馆议事，据说俄使对他竭尽恫吓胁迫之能事，归来后“呕血碗许”，经西医诊断，系“胃家小血管挣破”。

11月1日，李鸿章胃部感觉渐舒，能靠床坐，睡眠也安静。

11月5日，病情似乎有好转。早上起床后，幕僚感到李鸿章精神清爽。白天所谈，皆是公事时事。话多了，吐字有点不太清楚，精神也有些恍惚。事后想来，这正是回光返照的表征。晚间，李鸿章吃了少量梨汁、藕汁。半夜中感到他喉中有痰，呼吸带喘。

11月6日，李鸿章虽然已经不能说话了。但是，家人轻声的呼唤，他还能答应。

这一天，清廷发布谕旨，说李鸿章“为国宣劳，忧勤致疾，着赏假十日，安心调理，以期早日就痊，俟大局全定，荣膺懋赏，有厚望焉”。

周馥说：“相国已着殓衣，呼之犹应，不能语，延至次日午刻，目犹瞠视不瞑。我抚之哭曰：‘老夫子，有何心思放不下，不忍去耶？公所经手未了事，我辈可以办了，请放心去罢。’忽目张口动，欲语泪流。余以手抹其目，且抹且呼，遂瞑，须臾气绝。余哭之久，不能具疏稿。”

俄罗斯卫队护送李鸿章去谈判。这是八国联军攻占北京期间，法国《小日报》（Le Petit Journal）杂志上刊登的水彩画。李鸿章在俄军护送下经过天津到北京。从这时起李鸿章的贤良寺住所就由俄国人担任门岗。“俄国卫队建立了很严格的制度，出入必须有出入证，以防止闲杂人接近他。”俄人“保护”李鸿章，一是为了叫他在谈判桌上“让利”给俄国。二是俄人一直认为李鸿章是亲俄的。三是尼古拉二世在《中俄密约》后，对清干了很多坏事，沙皇想以此达到心理平衡。(此结论得自于《维特回忆录》)

死前，俄人还逼他签字拿好处

李鸿章临终前，守在身边的还有马玉昆。马周二人目睹了李鸿章逝世前的一个多小时，俄国公使还拿着文件来到李鸿章的病榻前，逼迫李鸿章在中俄交收条约上签字，甚至想强迫李鸿章的助手拿出李鸿章的官印。

李鸿章听了，闭上眼睛不答话。周馥大哭，哭声惊醒了李鸿章，他突然又睁开眼睛，把周围的人都吓了一跳。周馥只好安慰他说："俄国人说了，中堂走了以后，绝不与中国为难！还有，两宫不久就能抵京了！"

说到这段，我们以前均取周馥这一说，似乎有点孤证的味道。其实《纽约时报》记者在李鸿章逝世后的第二天就从北京发回一个报道，题目就叫《李的逝世是因为和外交官的争论》，副标题"在和俄国公使的激烈争论后吐血"。现转译如下：

北京 11 月 9 日电：和俄国驻华公使雷萨尔为满洲条约问题激烈争论，直接导致李鸿章的逝世。

这个外交悲剧事件使日本找到理由来阻止俄国人的计划。两星期前，日本公使馆对这个条约内容已经大致了解了。日本一直关注满洲现状改变的问题，根据公使馆的要求，日本请中国全权谈判代表不要让其成文。中国全权代表拒绝了这个要求。由此东京的日本政府联络了中国南方的总督们，诱导他们利用自己的影响力去说服慈禧太后反对这个条约。其后，太后要李鸿章在修改条约后，征求列强们对其内容是否满意。

李鸿章去见了雷萨尔（俄国公使），解释太后的这个懿旨，结果公使强烈反对透露条约内容给其他列强们，一个暴风骤雨的会见发生了。李鸿章回到家后，吐血不止，医生把这归咎于久病后虚弱身体的过度透支。

这事发生后，南方总督们上了一个奏折给太后反对这个条约。太后电告李鸿章取消签字。这个懿旨到时，李鸿章已经不省人事了，接着雷萨尔先生要求在条约上用印。先期从保定府来的周馥此时已经临时接了直隶总督的位子。

美国公使馆已经降了半旗。致哀者和李鸿章家属将根据中国传统为李伯爵烧纸钱，供他在另一个世界里用。大街上挂起了致哀的旗子。所有衙门里的随从人员都穿着丧服，很多人的衣着呈传统风俗化。鼓手们在房子周围敲打着鼓。

对于死后李鸿章的财产处置，美国记者不忘加上最后一笔交代：

李鸿章的不动产将由他的大儿子继续使用，而他也将负责供养家庭中的其他成员的生活。

看来，俄使气死李鸿章的传闻确有其事。李鸿章在久病虚弱的状况下，还以 79 岁之躯亲自前往俄国公使馆商谈，确实有点"生命不息，冲锋不止"的意思。

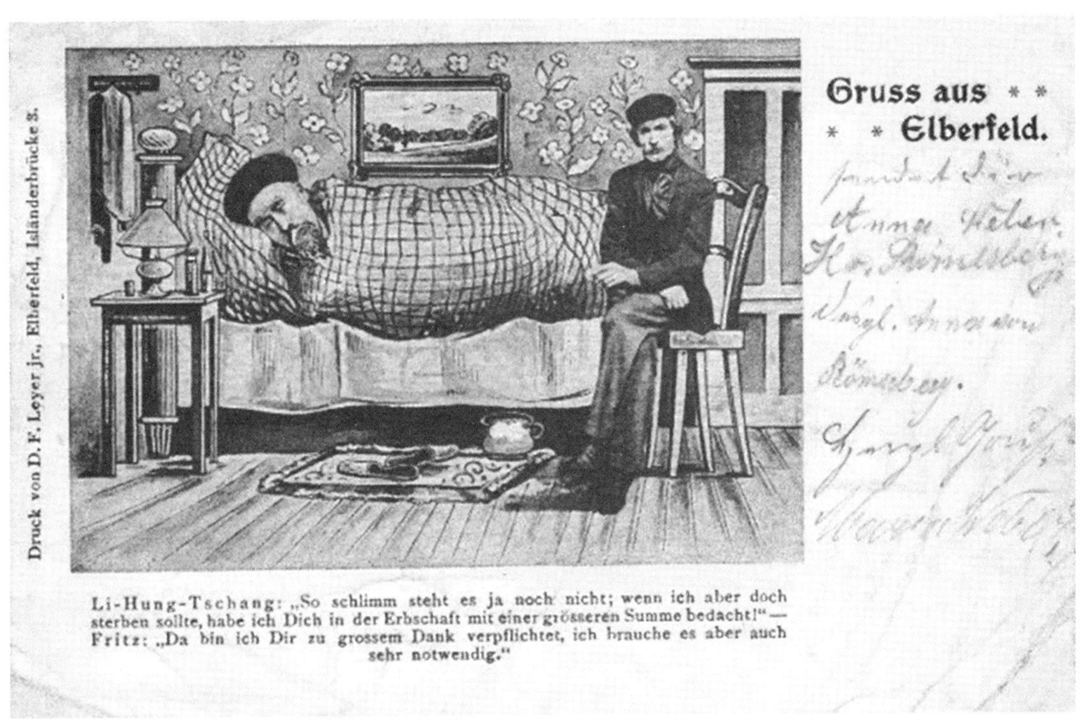

西方老明信片上的李鸿章漫画，让我们看到一个破旧帝国糊裱匠的无奈。正如他晚年诗作里写到的："劳劳车马未离鞍，临事方知一死难。三百年来伤国乱，八千里外吊民残。秋风宝剑孤城泪，落日旌旗大将坛。海外尘氛犹未息，诸君莫作等闲看。"

1901 年俄军进北京。李鸿章住在贤良寺里，门外由俄军护卫队守卫。俄军这次一共来了 15570 人，亡 160 人。

客死贤良寺，难道他没钱在京买房？

一位驰骋大清国政坛40多年，显赫时能呼风唤雨的“傅相”，一位学生弟子上百，手上掌握着帝国最重要经济命脉，被西人称之为“东方俾斯麦”的老人，却客死在暂住地贤良寺。难道他没有钱在北京买一所永久居住的宅子？

当然不是，李鸿章的钱虽然没有后人想象的那么多，但是绝对可以称之为“李合肥”。他在全国多处地方均有不动产，恰恰在北京没有。西单北大街西侧的一处“李家老宅”应该是李瀚章所置。崇文门外西总布胡同是李鸿章京师表忠祠。

李鸿章将自己的生命最后交付给了贤良寺，还是因为自他住进这里，他的事业飞黄腾达，仕途一帆风顺。他将它看成一块风水宝地，情愿自掏腰包，也要在这里善始善终。

李鸿章死后两个月，曾经想暗杀他的梁启超就写出传世之作《李鸿章传》，说：

自李鸿章之名出现于世界以来，五洲万国人士，几于见有李鸿章，不见有中国。一言蔽之，则以李鸿章为中国独一无二之代表人也。

读中国近世史者，势不得不曰李鸿章，而读李鸿章传者，亦势不得不手中国近世史，此有识者所同认也。故吾今此书，虽名之为“同光以来大事记”可也。

时代的一页翻过去了。

中年时期的李鸿章像。李鸿章曾自豪地说：“予少年科第，壮年戎马，中年封疆，晚年洋务。一路扶摇，遭遇不为不幸。”是啊，这时期的李鸿章傲着呢，瞧这眼神！“中年封疆”的李鸿章，开始是两江总督，接着为直隶总督，后来又兼了北洋通商大臣，最后授文华殿大学士（相当于内阁首相）。直隶总督府在保定，北洋通商府在天津，文华殿在紫禁城东华门南。这样李鸿章就得经常在北京、保定和天津来回地跑。他每次进京办事儿总住在贤良寺。

贤良寺三说法

2008年4月笔者去了回贤良寺原址，听到三种说法，一说贤良寺“大门开在金鱼胡同”，“大殿就在现教育局的位置上”，这一说非同小可，因为被人们认为是东一跨院的地方，就应该是李鸿章住的西三跨院。

但是原址上的包装公司老门房说：他1989年就在这儿工作，他见到的大殿就在校尉小学位置上，“寺门开在南口”。这一说，“西三跨院”又成了东一跨院。这是第二种说法。不过听说李鸿章年轻时在现在东一跨院住过，所以马上拍了很多照片，特别是“西面厢房上的瓦片”，听说是“原版”，赶紧又拍了一些。最宝贵的是他说：“《那五》这个片子就是在贤良寺里拍的。”“电还是从我这里拉过去的呢。”电视剧《那五》是1989年播出的，应该是1988年拍的。这样，至少到目前为止，我们可以找到贤良寺拆掉前的影像资料了。第三种说法肯定了第二种说法，加入了“贤良寺北边只到学校后门为止”，也就是说，只有半个街区，和金鱼胡同没有任何关系。拍了照，走出以前的冰盏胡同，看到贤良寺原址上的校尉小学，正在感喟“100年的时间，这里就变得面目全非”时，见到了1975年进校尉小学教“五大班”的谢老师。谢老师的描述很到位。根据描述我画了张贤良寺想象图。

关于寺庙，谢老师说：“1975年进校的时候，什么都在，就是东西都没了。大门朝南开在冰渣胡同，是个拱形的木门，后来换了铁的，几次撞在上面好疼！一进去就是一排平房，有十来间。中间是条道，后面又有几间耳房，听说做过殡仪馆。再后面才是八米高的大殿，绿瓦，当时做校办工厂。最后是两层的藏经楼，据说藏经楼的‘东西’都搬到北京房山云居寺了。贤良寺里的地都是大花青砖。住持方丈叫吴金鼎，当时是校长，人瘦小不高，挺和气的。当时院子里还住着100多户人家。”

西三跨院是李鸿章自己出钱翻修的。现在已经拆除，改建为校尉小学后门。据说李鸿章住在北房。谢老师说：“李鸿章居住的这排，主间有50多平米，还有两间各15平米的配间。”请特别注意院中的一口井，这井为青砖砌成，“很深，扔进去的石头半天到不了底”。前面的西二跨院住有百人的淮军“洋枪队”。西三跨院东廊和贤良寺连着。李鸿章进出须走贤良寺正门的冰盏胡同，当时此胡同只有三米左右宽，李鸿章的绿呢八人大轿不知道是如何通过的。李鸿章死后，西三跨院送给庙里，算作庙产。谢老师说：“李鸿章住的院子，就在现在学校后门的这个位置上。‘三产’高潮那会儿（大约1988年左右），学校让我们办三产，我们还在他的院子里开了个‘寿海餐厅’。”

第一种贤良寺说法的想象图因为位置比一般人认为的原址偏东，所以和校尉胡同没有关系。最让人兴奋的是，以前被人们认为是东一跨院的地方，根据这一说法应该是李鸿章住的西三跨院。西三跨院还在？！不大可能。

贤良寺现仅存的只有东一跨院和东二跨院，这就是东一跨院的北房。据说李鸿章刚到北京时在这里住过。很多人拍到的大多是东一跨院，其实，只要走过东一跨院，还有一个东二跨院。

上图　李鸿章居住的贤良寺西三跨院想象图

下图　2012 年后，笔者再去金鱼胡同的贤良寺原址闲逛，发现这里经过一番整旧如旧的改梁换柱，成了“新同乐贤良汇”。贤良寺这个昔日官员看中的近水楼台，如今成了顶级品位的粤菜食府。如今周边不是高级会所就是奢侈品牌专卖店。

上图　贤良寺西三跨院里的李鸿章。这是一张不可多得的照片。久病的李鸿章坐在贤良寺西三跨院里享受着北国的阳光，从周围的下人着装看，这应该是春秋季节，李鸿章边晒太阳边接待外国访客。这个访客不应该是公使一类的贵客，否则清国的外交第一人不会不懂得“赐座”。这客也不可能是跟随他的“洋员”，因为跟随他几十年的十几位“洋员”都不需要翻译就能和李鸿章对话。这可能是来推销军火之类的“洋行经理”。连翻译都下意识地把手插在裤兜里，端起了架子充当“买方市场”的“爷”。

左图　贤良寺里晚年的李鸿章。这是德国报纸登载的晚年闲居在贤良寺里的李鸿章。这时的李鸿章脸上出现了老人斑，但是精神尚佳，坐在一把藤靠椅上。

各国驻华使节云集贤良寺

李鸿章死后，各国公使“闻其薨，咸集吊唁，曰：公所定约不敢渝”。从英国人画的画上，我们知道李鸿章家人专门设了灵堂接待中外人士吊唁。灵堂似乎就设在贤良寺里。

参加李鸿章葬礼的各国公使们络绎不绝。《纽约时报》在李鸿章逝世后的第二天为此还发了一篇报道，标题为《李鸿章的葬礼》：

北京 11 月 9 日，各国公使前往吊唁，他的儿子们披麻戴孝。（小标题）

各国公使今天下午穿着黑礼服，按中国习俗亲自前往李鸿章最后办公地点吊唁。中国士兵们正在街道附近排成行站着岗，周围聚集着有秩序的一大群人。这城市所有的官员大多站在院外迎接公使们。

灵柩被放在宽敞庭院（注：应该是贤良寺西三跨院）里一个临时搭建的凉棚里。凉棚里幕幔后的灵坛上敬放着灵柩，并且覆盖着来自皇家的柩衣。众多和尚在现场。

一排贡桌上放着食物祭品，总共有好几吨重。灵柩的四周点着香和蜡烛。

李鸿章的两个儿子（注：李鸿章此时一共有三个儿子），披麻戴孝站在香案旁，幕幔前有几只软垫子供中国官员使用。公使馆的人走向前，尽量低着头深深地鞠躬。吊唁团的成员向逝者家属念慰问吊唁信。已故政治家的大儿子用中文答谢，小儿子在旁翻译成英文。

这里的场面是令人难忘的，数百官员穿着官服长袍，各省赶来吊唁的人络绎不绝。

李鸿章的死，有些人是真高兴，茶馆里那些痛骂“李二先生是汉奸”的茶客会奔走相告。但估计这节骨眼上，响应者不多，因为，这次中堂大人巴巴地打广州赶来，是来解救北京受苦受难者的。然而朝廷里的竞争者和政敌一定会暗自欢喜，毕竟挪出一个大学士的空位，很多人可以开始运作了。

李鸿章的死，有些人是真难过。第一个就是贤良寺方丈，因为这位老方丈和李鸿章“甚为投契”，据说“许多人通过方丈走李的门路，带携得方丈也显赫一时”。

接着是周馥。他跟着李鸿章，“诸多洋务实业依为臂助，深信不疑”。这位官至两广总督的封疆大吏，从头到尾的从政经历都和李鸿章有关。周馥的“起家”颇为传奇。李鸿章那会儿给曾国藩做幕府，每月领薪水六两银子。一次，曾看了周馥的文章，让李去找周来。李鸿章因为太爱周的才，竟然将自己的银子分出一半给周，将周馥私自收在“帐下”。那年周馥只有 26 岁。从此他一跟就是 30 多年。

上图　西方旧报上的各国驻清公使觐见中国皇帝前，到达门前下轿处。用在这里可以想象到，李鸿章过世后，前来吊唁的公使们一定把冰渣胡同、校尉胡同狭小的空间都停满了。

下图　欧美等国公使前往贤良寺吊唁。李鸿章是 1901 年 11 月 7 日去世的。他死后，各国公使都来贤良寺吊唁。这个场景像是在四合院里。果然《纽约时报》的报道证实，这是在庭院中搭建的临时凉棚。当时，中外人士前来吊唁的当不下千人。

慈禧为其也流涕

李鸿章病危和逝世之时，慈禧正在回銮道经河南的途中。据随驾的吴永记述，慈禧在得到李鸿章病危的奏报后，“为之流涕”。她伤感地说：“大局未定，倘有不测，这如此重荷，更有何人分担。”第二天，慈禧听说李鸿章逝世，“震悼失次”。随扈人员，“无不拥顾错愕，如梁倾栋折，骤失倚恃者”。是啊，慈禧太后的命都是李鸿章“保”下的。联军立太后为“首祸”，李鸿章在谈判中使出浑身的劲儿，不但慈禧没事儿，就是“该惩罚的大臣将军”也大大缩水，甚至李鸿章还用监狱里的死囚犯把“罪大臣”掉包下来。现在这样的能人死了，慈禧能不难过吗？

李鸿章死后100多年，贤良寺周围的六个跨院里住进了100多户人家。这些人可不是过客，他们长住不走了。大殿里开了校办工厂，“洋务实业”办到了菩萨座基旁。周围配房就是教室，诵经声为朗读声代替。

1990年，贤良寺的“劫难”开始了，这一带被圈进了商业发展的“蓝图”。贤良寺金鱼胡同一带卖给了大连的一家房地产公司盖起了Lee Garden大楼。拍完《那五》后，贤良寺大殿等建筑也拆了，盖了校尉小学的新楼。100多户居民大多搬迁到劲松小区。金鱼胡同拓宽了，成了车水马龙的大路。校尉胡同变双向车道，周围都是新大楼，珠光宝气地显摆。

2015年，再次前往贤良寺原址查看，发现校尉胡同小学的玻璃楼焕然一新，一点儿也找不到2008年那会儿的影子，不禁感慨万千：北京有多少历史就这么一年一年地被慢慢蚕食掉了。如今站在高处看北京，满目风光犹如一块块密密麻麻的碑石楼，而且是那种廉价的水泥灰色楼。低头看狭小的冰渣胡同，倒是被改造了一番之后，显得干净不少。

原址上的贤良寺大殿周围，配合原来的古朴，似乎用了不少银子翻修了一处以饮食休闲为主的会所。我的心头为之一热，感念北京人毕竟还是有些文化的厚重，没把历史完全抹去。进去看了后还发现，有心人士不知在哪里觅得一块李鸿章的旧匾，堂堂正正地挂在翻修过的梁上，算是让后人真正感受到一丝李鸿章的气息。

想想也怪，贤良寺当时因为地段好、离皇宫近，曾经香客如云。如今也因为地段好，离王府井近而遭蚕食。说起前朝的李鸿章，这里的人一脸茫然，摇摇头，继续吆喝着自家的商品。也好，李鸿章提倡的“办实业”精神至少被人保留下来了。

八国联军斩首中国官员　这是法国《小日报》杂志上刊登的水彩画，八国联军中的日军正在斩首中国官员。谈判中，李鸿章没能全部“保下罪臣”。但是李鸿章也有办法，他从监狱找来一些“秋后斩”的死囚去掉包。

右图　《泰晤士报》驻华特派记者莫理循1910年4月于新疆乌鲁木齐拍摄的辅国公载澜的照片。载澜等就是李鸿章谈判中极力“保下来”的“罪臣”。载澜，光绪帝堂兄，封辅国将军，晋辅国公。戊戌政变后，慈禧太后和载澜等图谋废黜载湉，于光绪二十六年（1900年）元旦扶植傅儁登极，但遭到了国内外各种势力的强烈反对。载澜则乘机鼓动慈禧太后利用高举灭洋旗帜的义和团去攻打洋人。八国联军侵占北京，联军指载澜为“首祸”之一。清廷迫于无奈，将载澜夺爵严惩，定为斩监候罪。为念皇亲骨肉，特加恩发往新疆，永远监禁。辛亥革命后，载澜携眷假道西伯利亚回东北老家，最后病死于沈阳。

第八章

庚子年李鸿章

庚子年的事儿于李鸿章何干？他搅和进去了，还义无反顾。一天两场谈判，一人和两方对谈，他搭上了名，还搭上了命。

十张洋片说庚子

1900年，农历庚子年，在京城周围的华北地区，兴起了义和团运动。

自打义和团起事，慈禧的名字经常上西人的报纸杂志，遗憾的是，就是没有这位“痛恨基督教世界”的老妇人的真容见报。唯利是图的出版商一拍脑门，凭想象画出了一个慈禧太后。瞧，他们画了一个年龄在三四十岁，模样像典型岭南女性的慈禧像，其实1900年，慈禧老佛爷65岁，是个如假保换的满洲贵族老妇。由此可以看到，西人对我们的了解少得可怜。而我们自己呢？义和团那种黑白两分法不也是一种愚昧？这么说哈佛大学亨廷顿教授的“文明冲突论”，似乎还有一定的道理。

晚清那会儿，真正震撼了西方社会的就是1900年大清国的这场疾风暴雨的义和团运动。西方国家直至今天仍然以“拳乱”（Boxer Rebellion）称呼整个庚子事变。他们当时出了很多印刷品，报纸天天上头版，杂志月月有专题。西人从他们的立场和思维逻辑出发，有意无意地“妖魔化”义和团。关于义和团，我们无意评判先人，但从换位思考的角度，不妨看看人家是怎么“糟蹋”我们的。这里编排出的是一组德国人的“拳乱明信片”，是一套西人演义式的“系列年画”。

“拳匪”乎？“团民”乎？

1900年北方发生义和团反洋人有其时代背景。随着基督教传教士和外国商人在中国活动的日益频繁，据清廷统计，八国联军侵华前，天主教、基督教、东正教在华的外籍传教士已有3200多人，入教的中国人达80余万，教堂遍布全国城乡。

“洋教”进入中国，一直遭到民间的抵抗，华北、山东一带最甚。当时，教案频发，遇有民教涉讼事件，“洋教”人员往往出面干预，胁迫地方官“袒教抑民”，作出不公正的判决。人们的情绪从不满渐渐上升到反抗，加之北方的山东、天津一带民间早已活动着一些义和拳组织，形势如火上浇油，迅速蔓延开来。

以义和拳、大刀会为首的诸多民间组织开始在山东、直隶等地率领百姓攻打教堂，驱逐传教士和惩处不法教民。这一类活动被清政府称为“教案”，八国联军侵华前的40年间，全国共发生了各类教案800多起。

1900年春开始，“灭洋”活动在慈禧等一帮“后党”两害相权取其轻的考量下被利用来反外。义和团从直隶、天津一带陆续进入北京。他们焚烧教堂，打杀教民，冲击东交民巷的外国公使馆。中外矛盾十分尖锐。

1900年庚子年间，法国杂志《小日报》上刊登的画作《法国阿尔及利亚雇佣军团进入天津》。草根运动从来就伴随着暴力和血性，慈禧太后为了报复，用上了这帖驾驭不了的猛药。

慈禧与义和团。原注："德国海军士兵在北京的防御战"。这可能说的是八国联军还没进北京时的巷战。左上角的画像是慈禧。

义和团杀洋人灭洋教。义和团在北京东交民巷追杀外国人，焚烧外国领事馆。义和团的乱刀的确杀了不少人，除了洋人洋教徒外，死在他们刀下的还有朝廷官员，比如安徽提督姚氏和他的家人因为呵斥义和团为"拳匪"，被燃香一炷，焚表纸一张，灰烬不飞，定为"二毛子"给杀的。清廷二品高官，清军副都统，神机营翼长庆恒一家大小十三口也无一幸免，是被义和团寻私仇而杀的。这样的事连载勋、载漪和刚毅也不敢过问。

端郡王载漪与义和团。端郡王载漪，其妻为慈禧太后的侄女。1900年初，慈禧太后欲废光绪帝，立其子溥儁为大阿哥，遭到列强的反对。于是载漪主持总理各国事务衙门后，与庄亲王载勋等利用义和团排外，力主慈禧对外宣战。八国联军攻陷北京时，随慈禧逃往西安，被任命为军机大臣，不久被罢免。1901年与联军议和时被指为"首祸"之一，要求惩办，后被发往新疆。

冯·赫普夫纳与义和团。“杀洋人，灭洋教”的消息传回欧洲，“基督世界震怒了”。德国远征军从本土出发远征中国。德皇临行前训导说：“你们知道，你们面对的是一个狡猾的、勇敢的、武备良好的和残忍的敌人。假如你们遇到他，记住：不要同情他，不要接收战俘。你们要勇敢地作战，让中国人在一千年后还不敢窥视德国人。”左上角画像为冯·赫普夫纳少将。

兰斯中校与义和团。德国军队这次总共来了8401人，最后亡60人。这是德海军军舰攻打大沽口炮台的画面。左上角画像为老“伊尔提斯”号舰长兰斯中校。

意大利军人与义和团。意大利派了2545人来华参战，最后亡18人。这是意大利军队将军旗插上大沽口炮台的画面。左上角画像为意军在华最高指挥官。

瓦德西与义和团。德国陆军元帅瓦德西于1900年8月被任命为八国联军总司令。但是他从欧洲出发之前，北京就已经被联军占领。瓦德西在日记中表达了对李鸿章的不信任，他认为列强应该一起对华交涉，不能单独谈判。而李鸿章则想尽量与各国单独接触，以利用列强互不信任的心理，减少中国的赔偿。瓦德西的日记记载，清廷最初提出赔款最高的承受能力是10亿帝国马克，而瓦德西的态度相当强硬，要价在15到20亿马克之间。最终达成的赔款额是12亿马克。

西摩尔与义和团。英军西摩尔将军参加过英法侵华的第二次鸦片战争。1862年在上海与太平军作过战。1900年6月10日，各国以保护北京使馆为名，由他率领一支英、俄、德、法、美、日、意、奥八国军队组成的联军2000余人，从天津出发，进犯北京，在杨村、廊坊等地受到义和团和清军的阻击，被迫后撤，退回天津。

日军与义和团。那时的日本急着要“脱亚入欧”，而且还想顺带着从岛国变为大陆国家。所以日本派兵最多，21634人。当时日军想和俄军争头功，日军司令山口素成（右上角画像）调动大部队攻打齐化门（朝阳门）、东直门。最后伤亡最重，死349人。画面中的门应该是天安门前的大清门。

李鸿章与八国联军。李鸿章开始坚决反对利用“拳匪”反洋人。最后，撞进瓷器店闯了大祸的慈禧一跑了之，李鸿章这才粉墨登场，从两广总督的任上赶回北京和八国联军周旋。画面是八国联军攻打北塘炮台的情景，右上角画像为李鸿章。

左上图　1900年7月15日法国《小日报》上登载的一幅画《杀洋人》。从6月11日开始，大批的义和团团民涌进北京，很快就达到了数万人。默许义和团进京的并不是慈禧，而是朝中的主战派王公大臣，正是他们打开了京城九门，造成了义和团蜂拥入京的事实。

右上图　义和团冲击教堂。1900年6月12日，北京出现了义和团焚烧教堂和部分洋行的情况后，外国人才开始受到攻击。

左下图　义和团杀洋人。当时法国杂志上刊登的关于义和团杀洋人的水彩画。

左上图　义和团冲击外国驻华公使馆。到了后期，义和团运动在慈禧的支持下已经呈现“官民结合”的局面。冲击各国公使馆也有“甘军”的“功劳”。1900 年，董福祥部的士兵纷纷加入义和团。他们杀死日本驻华使馆书记官杉山彬，并参与围攻东交民巷使馆。

右上图　义和团灭“洋教”。义和团当时不仅仅杀洋人，也杀了不少中国人。中国人加入“洋教”的大约有 80 万，其中绝大部分是为“信仰”而加入，但是也有一些中国“教徒”仗着洋人的势力欺负自己的同胞。这为日后的冲突埋下了导火线。

左下图　义和团拆毁铁路。1900 年 5 月 27 日，当英国将军西摩尔统率联军自天津出动时，义和团于北京卢沟桥、琉璃河、长辛店、丰台站等处拆毁铁路，拔出电线杆，以阻挡侵略军前进。联军两天只前进了 40 多英里。

前门在燃烧。1900年6月16日，义和团团民在前门前的大栅栏焚烧“老德记”西药房（义和团见“西”就烧，见“洋”就灭）。一时火势失控，延烧居民，被焚之户以千数，正阳门楼洞亦为烈焰扑及。火起后，“南烧至小齐家胡同，西至观音寺街，东至前门大街，北至西河沿西月墙”。此次大火，共计焚毁店铺4000余家，火至天明未熄，左右前后，烈火延烧三日不灭。正阳门楼亦被烧塌，京师24家铸银炉厂亦全被焚毁。北京市所有钱庄银行因之被迫歇业。通货既不流通，市场交易全停，一夕之间，北京就不是北京了。

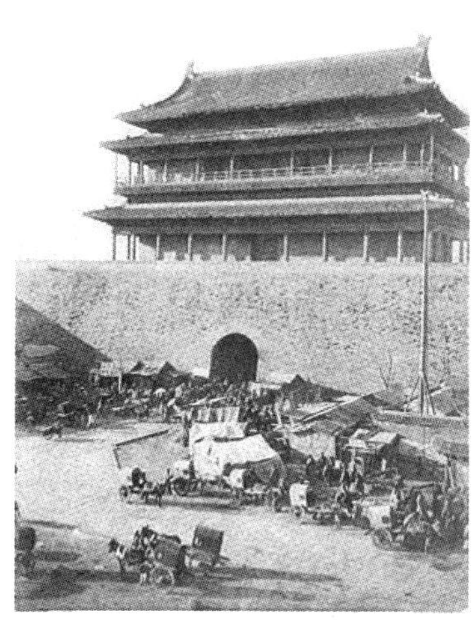

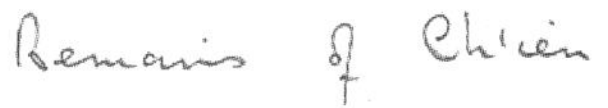

1900 年前门被烧前后的照片三张照片应该为同一人所拍。拍摄者前后来前门三次。

左上图　前门没烧之前两个月拍的正阳门照片。原注：1900 年感恩节。

中上图　烧毁后的箭楼残留部分

右上图　烧毁后的正阳门残留部分

中图　1901 年拍摄的被烧毁的前门正阳门楼子

下图　被烧后 1903 年重建的前门箭楼，摄于 1910 年。

1900 年，英国海军士兵站在英国公使馆外的“防御阵地”上　1900 年 5 月 20 日至 31 日，各国公使提出如果中国政府不立即采取行动，各国使节应马上调来卫队。慈禧 5 月 31 日同意各国派兵进京，但规定每个国家来京军事人员不得超过 30 名，一旦京都恢复平静，应马上撤退。这些士兵就是这么进的北京城。

1900 年，俄罗斯海军士兵站在俄罗斯公使馆外的“防御阵地”上　在慈禧的默许下，从 5 月 31 日晚至 6 月 8 日，携带新式武器的各国军队已有接近 1000 人进入了北京，其人数远远超过了规定的限制。

上图　1900年英国公使馆大院里的“防御阵地”　很多外国人逃入英国公使馆。天主教传教士丁韪良进入公使馆，脱去道袍，领了毛瑟枪，参与巡逻和“防御”事宜。当他们听到西摩尔率联军2000余人从天津出发进犯北京时，这些来自公使馆的炮火猛烈地射向大街。但是，不久他们听到了坏消息：联军退了。“防御战”又开始了。

下图　八国联军从海上进入华北。1900年5月以后，八国联军加紧调兵遣将，这支新加入战斗的军队在天津附近的海面上登陆，准备进攻大沽炮台。

上图　八国联军中的日本军队正在休息

中图　八国联军中的英国军队。英军派来 10653 人，亡 64 人。

下图　八国联军中的德国海军士兵在操练

八国联军中的美国军队——蓝色夹克部队在北京市区。美军派了 5608 人，亡 48 人。

八国联军中的法国军队。法军士兵下车后正在集合。法军来了 7080 人，亡 50 人。

北京遭殃了

1900年，4月5日，京城出现了义和团坛口和揭帖“消灭洋鬼子之日，便是风调雨顺之时”。

4月10日，袁世凯镇压山东义和团。

5月19日，天主教大主教樊国梁致书法国公使，速召海军入京防卫。

5月24日，各国公使照会清廷，将在使馆驻军。

6月6日，慈禧决定利用义和团抵御洋人。

6月7日，义和团纷纷涌入京城。

利用义和团泄私愤，而且还得到身边王公近臣的叫好，说明慈禧多恨光绪，多恨洋人，多么爱权又多么无知！联军的炮声传进宫的时候，慈禧这才急了，她一日之内连续五次召见军机大臣开“御前会议”。慈禧在大殿上哭着问那些“慷慨激昂”的“刚毅”之辈：“我们母子怎么办？”“刚毅”们没有一个说得出话来，大家只能相顾愕然。

8月14日，慈禧召见大学士六部九卿，大家早已作鸟兽散，无一人应召。天安门和西长安门已相继失守，慈禧只好对载澜说：“事已至此，惟有走了，你们还能为我护卫吗？”曾经“神勇”的载澜自知无兵，不敢应承。15日凌晨，载澜飞奔入宫，告东华门已被攻陷，慈禧竟要跳水自杀。载澜拉着她的衣服说：“不如先避一阵，再图。”慈禧慌忙换上农妇的装束，头发都来不及梳，簪子也忘了带，急慌慌如丧家之犬登上载漪的车子，胁持光绪“西狩”去了。

8月20日，八国联军基本占领了整个北京城，北京人遭殃了。俄国《新边疆报》记者扬契维茨基描述了他所看见的情景：“傍晚，万籁俱寂，枪声早已停止，我重新登上城墙，眺望城市。在这个古城的上空，曾经从夜里2点到下午2点，到处纷飞着令人生畏的弹药：燃红的铅弹，钢铸的榴弹，甚至还有中国人民用生铁制成的古老的炮弹。在这寂静的古老城墙上和在这神圣京都的城墙下，人们的鲜血一直流淌了12个小时。”

法国《费加罗报》特派记者罗蒂写道：“几个褴褛的乞丐，战栗在蓝色的破衣之下；几条瘦狗，食着死尸，如我们在路上领教过的一样……经炮弹、机关枪光临过的北京，留下的仅有颓垣败瓦而已……一切皆颓坍了，但欧洲人的国旗，飘扬在各处墙上。”

他来到天坛，看到：“这个往昔庄严肃穆的地方，现在任由野蛮人的马队驰骋。英国人派来的攻打中国的上万名印度兵，在那里扎营。他们的马蹂躏着一切，草地上全是马粪。一个大理石的香炉，往昔是祭神时烧香用的，现在被英国人当作烧瘟牛之处……”

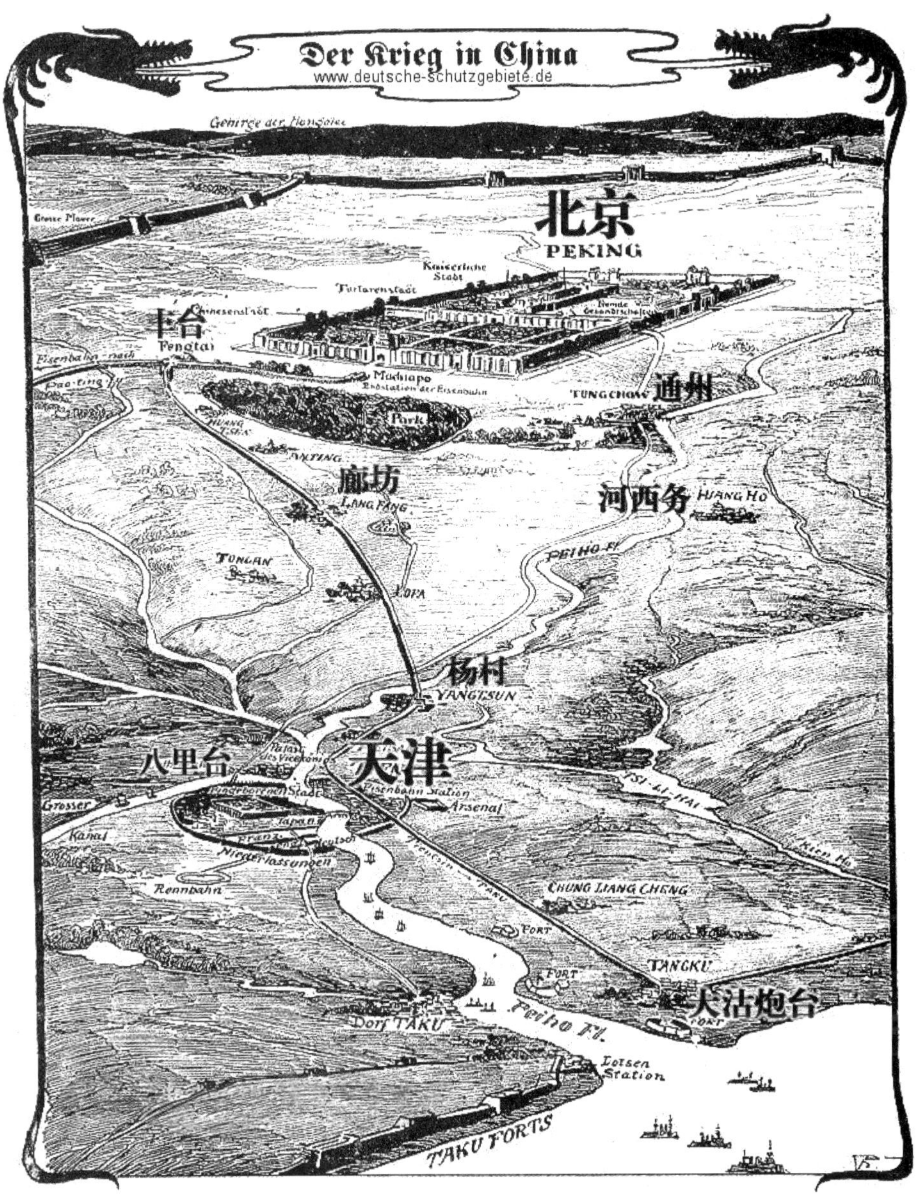

八国联军进攻北京路线图说明。这是当时西人报纸上的联军进军图。为了阅读方便，笔者在图上加了少许中文地名。1900 年 6 月 10 日，天津、廊坊成功击退了西摩尔中将率领的 2053 名联军的进犯。17 日，大沽口外海面上的 22 艘联军军舰开始向大沽炮台开炮，清军立即还击。炮台守军在抵抗了 6 个小时后，南北炮台相继陷落，守军大部阵亡。8 月 4 日下午，八国联军从天津沿运河两岸向北京挺进。6 日，杨村阻击战只进行了 90 分钟，清军的防线就全面崩溃。12 日，联军不费一枪一炮占领了北京的门户通州！ 14 日凌晨，联军总攻北京城，到晚上 9 点，相继攻入北京的外围城墙，开始向东交民巷推进。15 日，联军逼近紫禁城。16 日，清军在京城各处与联军展开巷战，清军死伤惨重，战至晚间，联军占领了北京全城。

左图　慈禧太后离开北京城。这是西方报纸上刊登的描绘慈禧太后外逃的漫画。1900 年 8 月 15 日凌晨，东华门被攻陷。慈禧慌忙“西狩”去了。

In the Movement.

1900 年美国报纸上刊登的水彩画，描绘美军攻入北京的情景。

八国联军进北京。美国哈珀周刊（Harper's Weekly）1900 年刊登的八国联军列队进京图。列强的军队无论从训练、装备和军事思想上均和清国军队有很大的距离。其实何止军队，清国那时几乎在一切方面都还处在中古时期的水平。就像民国时期外交家、历史学家蒋廷黻在《中国近代史》中说的："我们的军器和军队是中古的军队，我们的政府是中古的政府，我们的人民，连士大夫阶级在内，是中古的人民。"

北京城遭摧毁。1900 年 8 月 16 日，进入北京的各国军队的指挥官下令“特许军队公开抢劫三日”，北京城陷入了空前的劫难之中，昔日繁忙的大街成了一片废墟。

大清门附近的断垣残壁。瓦德西在 1900 年 10 月 22 日给德国皇帝威廉二世的报告中说：“最近的战斗使北京许多街区毁灭。北京被占领之后头三天公开允许的抢劫造成不可估量的破坏。英军的抢劫是相当有制度的，强抢来的东西必须集中放在外交使团的一个地方，以便日后拍卖。拍卖的收入再按照计划在军官中间分配。而且英国军官告诉我，印度士兵（英军几乎完全由印度士兵组成）根本不能理解没有劫掠的胜利有什么意义。日本军的战利品必须上交国家，国家肯定收获了可观的数目。在美军，抢劫是被官方禁止的，但是美国官兵都是些冒险家，禁令被最彻底地置之不理。俄军的抢劫以最原始的方式进行，东西被扔得乱七八糟。法国在抢劫方面也不落人后。”“在（德国）国内如果人们想象这场战争是为传播基督教文明和生活方式的话，他们肯定要感到幻灭了。自从三十年战争和路易十四时代的劫掠以来，还没有像这样的。”

1901 年 2 月 2 日，侵华英军在午门前为前一天在伦敦过世的维多利亚女王举行追思仪式。瞧，他们就像在自己家里一样自在，红白事儿都在人家的地盘上办。每天的吃喝拉撒都有当地人解决，总费用还等着李鸿章来“报销”呢。

日军缴获的义和团武器弹药。从这些老式的枪可以看到义和团的武器非常落后。就是这样的武器还打败了英国将军西摩尔的军队，取得廊坊大捷，西摩尔事后回忆说：“如果义和团所用武器是近代枪炮，那么，我率领的联军必定会全军覆灭。”

1900 年 8 月，英军从北京沙窝门的下水道偷偷攻进城内，引来一群京城百姓围观看热闹。

日军抓捕义和团团民。北京陷落后，联军进行了残暴的报复，他们包围各义和团坛口，搜捕屠杀义和团团民。这是日军士兵正在押解一名义和团团民。

1900 年 8 月，美军在天津用银子雇佣一些人组成临时运输车队“支前”。中间两黑衣者为美军蓝衣队后勤官。

1900 年 8 月，由直隶当地民船组成的美军运输船队正通过白河（北运河）向北京运送作战物资。

老狐狸悲壮出山

当义和团在北方如火如荼时，东南地区的封疆大吏们却正在和各国共同酝酿一个互相保护的条约。这次是由两江总督刘坤一、湖广总督张之洞挑头，李鸿章的亲信盛宣怀具体联络，他分别致电东南各省督抚，请他们参加。

两广总督李鸿章，在广州也有自己的一手。坊间传说他的幕僚刘学询及英国驻香港总督卜力爵士穿针引线，企图讨论让李鸿章和孙中山宣布“两广独立”。

李鸿章在对义和团是招抚还是围剿的选择中一直是旗帜鲜明的围剿派。

美国 1913 年出了本《李鸿章回忆录》，里面有一段李鸿章的话，翻译在这里，供参考：“据李鸿章说，他当时是两广总督，1900 年初他已经预见到中国将有一段时期因为义和团同外国的矛盾而成为社会主要问题，或者说北方将主要以拳头来对话。”

“1900 年 2 月，在他的手记中记载：‘我记忆中这已经是第三次朝廷让义和团来践踏国家，但是没有采取任何行动去制止这个无法无天的组织。由于没有采取任何行动去结束这一组织的无法无天，我预期朝廷会很少关注我后来写的那些奏折。义和团反对的所谓洋鬼子，这种行为对中国无一利而有百害，我的这个观点几乎没有给太后留下多少深刻印象。’”

“‘赶洋人出去是不可能的，但最重要的是我们的国家因为洋人撤资却在许多方面更加贫穷。我最后一次在北京时，一直努力地对朝廷说这些观点。太后显然有时倾向这些。’”

李鸿章虽然人在广州，却对千里之外朝廷里的事，知道得一清二楚。他有着自己的耳目。美国作家曼勒克斯写的《李鸿章回忆录》中进一步引用李鸿章手记里的话说：

“我私底下知道端郡王暗地里支持义和团，他会利用各种手段去说服太后：如果洋人不干预，反洋人不会出事。端王有一大批有权有势的追随者，我最担心慈禧太后相信他们的好斗言行。”李鸿章认为这是“群小把持，慈意回护，必酿大变”。

他在两广的任上曾经多次冒死电奏朝廷，反对慈禧的“联拳灭洋”政策，当朝廷向洋人宣战的消息传到广东，李鸿章立即公开了“粤不奉诏”的立场。由此义和团明确提出要杀“一龙二虎三百羊”。“一龙”光绪皇帝，“二虎”即李鸿章和庆亲王奕劻，“三百羊”是朝廷中支持对洋人主和的官员。这要是在平时，慈禧一定要“办”了李鸿章的，但当时形势一天不如一天，自身都难保的她还能想着岭南那边？而且，留着李鸿章就像利用义和团一样，是软硬两手中软的一面。

70 多岁的李鸿章。慈禧数次电召他离开广州北上，他虽然回复“立刻遵旨北上”，但却没有离开广州一步。《宣战诏书》发布后，李鸿章说：“此乱命也，粤不奉诏。”

电报催命般打到两广总督府

形势比人强，当各国摆出架势要进京保护“侨民”时，朝廷不得不起用软的一面——李鸿章。1900年6月15日，清廷命令李鸿章“迅速来京”。这时，李鸿章满腹狐疑。朝廷催他迅速进京，却未言何事，更未授新职。

朝廷的电报一封急似一封。

7月3日，电报到：“懔尊前旨，迅速来京，毋稍刻延。”

7月7日，电报又到：“前迭经谕令李鸿章迅速来京，尚未奏报启程。如海道难行，即由陆路兼程北上，并将启程日期先行电奏。”

7月8日，朝廷急电：“命直隶总督由李鸿章调补，兼充北洋大臣。”这是慈禧太后根据荣禄的建议调他为直隶总督、议和全权大臣，以期催促李鸿章上路。

7月9日，电报又到：“如能借到俄国信船由海道星夜北上，尤为殷盼，否则即由陆路兼程前来，勿稍刻延，是为至要。”

7月12日，朝廷急电：“无分水陆兼程来京。”这样，李鸿章才踏上了北上之路。

7月17日，李鸿章乘招商局“安平”轮离广州北上。李的密友裴景福和李鸿章在熙熙南风下有一场少有的“深入交谈”。李倚在小藤榻上说：“广东斗大城中，缓急可恃者几人？尔能任事，取信于民，为地方弭患，督抚不若州县也。能遏内乱，何至招外侮，勉之！”裴氏就目前的局势请教李，他答：“百足之虫死而不僵，我朝厚德，人心未失，京师难作，虽根本动摇，幸袁慰庭揞拄山东，香涛、岘庄向有定识，必能联络，保全上海，不至一蹶不振。”裴氏问：“万一都城不守，公入京如何办法？”答曰：“必有三大问题，剿拳匪以示威，纠首祸以泄忿，先以此要我而后索兵费赔款，势所必至也。”裴氏问：“兵费赔款大约数目？”答曰：“我不能预料，惟有极力磋磨，展缓年分，尚不知作得到否？我能活几年，当一日和尚撞一日钟，钟不鸣了，和尚亦死了。”

李鸿章遥望北方，心情久久不平，在场听者无不动容。李鸿章借此又开始发挥了：“事定后中外局面又一变，我国惟有专心财政，偿款不清无以为国，若求治太急，反以自困。中国地大物博，岁入尚不及泰西大国之半，将来理财须另筹办法。”话题由此转到中国之根本问题究竟在哪儿。裴氏先说：“窃有一言为公陈之，中国之弱弱于人，非弱于法也。人有得失，法无新旧，果得其人，因时损益，法虽旧亦新也；不得其人，虽博采古今，组织中外，适以滋弊。”李鸿章听了笑而讥之曰：“八股旧也，策论为新，策论得也，八股为失，我与尔皆八股匠，故说旧话。”

李鸿章离开广州前的留影

李鸿章有野心?

海风瑟瑟，白浪涟涟，李鸿章踏上了他人生的不归路。

这个躲在南国成一统，观察局势数月的老狐狸，终于悲壮地出洞了。直隶、北京，虽然眼下混沌不开，但那毕竟是他这只江淮老狐驰骋多年的疆场啊!

轮船经过香港时，李鸿章在盛大的仪仗队和17响礼炮声中登陆，拜会了香港总督及各国驻港领事。

香港总督卜力有自己的小算盘，他一直在观察李鸿章，说李“正在向这个（两广独立）运动卖弄风情，谣传他想自立为王或是总统”。卜力给伦敦的建议是：为了保证“南方的安定”，“如果赞同孙中山和李总督缔结一项盟约，对于英国的利益将是最好不过的”。孙中山早已经看穿李鸿章。他谓李鸿章“既无主义上的信念，又甚缺乏洞察大局的见识，并且年已老迈，对功名事业早已看透”。

果如孙中山所言，当得知李决意遵旨北上的消息后，港督卜力劝告李鸿章重新考虑北上的决定，认为“李鸿章留在广州，对和平事业最为相宜”，李鸿章客气地拒绝了。

这次会见，李鸿章了解了英国人对未来中国最高级别人事安排的意见。他目的达到了，卜力给伦敦的报告说李鸿章“不是不乐意当皇帝”。

这次香港停留，李鸿章没有见孙中山，也绝口不提“两广独立”。他从没有想把根扎在广东，也不相信孙中山能成大事。他所有的履历都建立在体制内运作的基础上，历来对“革命”二字深恶痛绝。他善于在各方势力中寻找最大的公约数。对此，他有几十年的“斗争经验”。

结束会谈时，李鸿章还请求联军占领北京后一定要宽宏大量，不要采取报复措施。他告诫卜力说，报复只会激起中国人更普遍的仇外情绪。

1900年7月18日，李鸿章自香港启程北上，“平安”轮三天后到达上海。李鸿章要在这里观望再观望，这些天形势的变化是他始料未及的。

7月13日，八国联军分两路向天津城内发起总攻。

7月14日，八国联军占领天津。

7月17日，俄军屠灭江东六十四屯居民。

在上海，他的儿子李经述发来急电：载漪、荣禄之辈“党拳煽乱”，慈禧“力不能制”，“围城西幸势所必然”，切勿“轻身赴召，自蹈危机”，“天津失守，北京将不保，万勿冒险北上，切切”。

李鸿章 1900 年 1 月 15 日抵达广东任两广总督时，在香港与香港总督合影，戴眼镜者为唐绍仪。

上海的神秘人物劝进李鸿章

1900年7月21日，李鸿章便以健康为由要慈禧赏假20日：“连日盛暑驰驱，感冒腹泻，衰年孱躯，眠食俱废，奋飞不能，徒增惶急。”朝廷的回电催他：“现在事机甚紧，着仍遵前旨迅速北来，毋再借延。”但是，李鸿章在上海还是采取观望态度。

上海这一个多月里，前来拜访的人、上帖子的人很多，各种观点都有，每天的电报多得来不及翻译。

李鸿章的亲信翻译马建忠还收到一封来自英国政府背景人士的来电，主张李鸿章不要失去此千载良机，拥兵自立。李鸿章置之不理，急忙让马建忠把那电文烧掉。

李鸿章对慈禧并没有完全丧失信心。当荷兰公使克罗伯来沪告知各国公使拟让慈禧归政光绪时，李鸿章表示反对，说：“太后训政两朝，削平大难，臣民爱戴，此次拳匪发难，只恐祸起腋肘，不得已徐图挽救。”

北京那里，慈禧太后完全乱了阵脚，她一方面急盼李鸿章和洋人求和交涉，另一方面又听信载勋、载漪和刚毅等顽固派大臣的话摆出决战的架势。

7月28日，慈禧杀主和派大臣许景澄、袁昶。

8月3日，俄军大举入侵东北。

8月4日，八国联军由天津向北京进犯。

8月7日，朝廷正式任命李鸿章为全权大臣，负责与各国外交部门电商“停战”。

8月11日，慈禧又处死反对开战的徐用仪、立山、联元等五大臣。

李鸿章在上海看到这血淋淋的一幕，大表不满。荣禄说：“其苦口力谏之言，竟不能胜太后一念报复之心！”

李鸿章在给慈禧的信里伤心地说：“每读诏书，则国是未定，认贼作子，则人心未安。而臣客寄江南，手无一兵一旅，即使奔命赴阙，道途险阻，徒为乱臣贼子作菹醢之资，是以小作盘桓。”

8月15日，八国联军攻占北京，慈禧太后偕光绪帝等离京西逃。

8月16日，八国联军在北京公开抢劫三日。

8月19日，俄军抢先占领颐和园，将珍宝窃掳殆尽。

8月20日，朝廷以光绪皇帝名义发布“罪己诏”，向列强政府赔礼致歉。

这个时候，列强们以胜利者的姿态根本不考虑李鸿章暗中发出的和谈请求。甚至除俄国外，大家都不考虑由李鸿章出面进行和谈。

1896年3月27日，李鸿章离开上海出访俄国之前，与大哥李瀚章话别。图为李鸿章（左坐者）与李瀚章（右坐者）及子侄及孙辈的合影。站者左起依次为李国燕、李经叙、李经迈、李经羲（李瀚章三子）、李经方、李经畬（李瀚章长子）、李经述、李国杰、李经澧（李瀚章六子）。李鸿章祖籍安徽，发迹却在上海滩。从1862年他率淮军杀进上海开始，一个半世纪期间，李家几代人生活在上海，成为上海滩上的一大名门望族。其中，李经迈在上海西部做房地产生意；李经方退休后亦回到上海经商；李经述之子李国杰，李瀚章之子李经羲（清末曾任云贵总督）、李经澧（曾任嘉兴电报局总办、哈尔滨电报局总办）官场退隐后都久居上海。

“总统”李鸿章

随着事情的越发不可收拾，暗地里冒出个“李鸿章大总统”的策划方案。湖广总督张之洞的方案是，一旦北京不保，太后与皇上死于非命，到时就共同推举李鸿章出任中国“总统”以主持大局。

李鸿章如果想当这个首任大总统是有他的实力的。张之洞、刘坤一、袁世凯等都是手握兵权、坐镇一方的实权人物。可是洋人呢？洋人可是当时中国的“隐形执政党”啊。据说李鸿章以北上议和经过香港的机会，还向英国港督卜力打探。他问道：“我听说如果义和团把北京的所有公使全杀了，那么列强就有权进行合法的干预，并宣布‘我们要立一个皇帝’。如果是这样，你们将会选择谁？”他推测列强将选择“一个汉族人”。在这里，李鸿章暗示，如果列强决定用一个汉族统治者来代替满族统治者，他本人是愿意的。卜力回答说，列强“大概会征询他们所能找到的中国最强有力的人的意见，看怎样做最好”。

到了上海，李鸿章不走了，他这时的心理活动谁也不知道，或许他动了心，甚至他可能想到1863年洋枪队首领戈登说过的话（注：这个故事来自梁启超，可能也属于“后党传奇故事”一类的）：“中国今日这个样子，不可能在世界上成气候。除非您自己来做，掌握全权可以对中国的事情大加整顿之。您如有意，我当执鞭效犬马之劳。”当时的李鸿章只是一个江苏巡抚，听了觉得不着边际，没有言语。现在想想这不是“受制于人”的自己日日所思的吗？由此他又想到了1896年和德国前首相俾斯麦在密室里诉苦的话：“与（慈禧）妇人（光绪）小孩子共事，亦是不得已啊。”

“总统”“皇帝”，对寄身于政治的人来说，的确是如雷贯耳的词。但李鸿章老矣，想想自己夜夜咳嗽，痰堵时气都上不来，夏天怕冷，冬天离不开火炉。这么一想，他的“总统”欲火便败了五分。

再想想慈禧太后将自己从一个“苦大仇深”的江淮李二小子一路扶摇，提到一品大员，顶戴三眼花翎，赏黄马褂。有清一朝有哪个汉员有此殊荣？不仅这样，连老母李氏也被追赐一品夫人，晋封为一品伯夫人，晋赠一品侯夫人。皇恩浩荡，李某何德何才，还敢吃着碗里的想着锅里的？“李总统”可能就在这一念之差下给“差”没了。

这是李鸿章唯一一张穿裘皮大衣的照片。大约于 1900 年左右拍摄。这期间，他很怕冷，常常在夏天也穿得严严实实的。没办法，油灯将尽了。

赫德是个关键人物

正当列强意欲趁庚子之乱宰割中国之时，一位躲在幕后的关键人物出场了，他就是海关总税务司赫德爵士。

赫德说："瓜分、改朝换代或修补满洲人的统治——在这三种行动方针之间要有所选择。"赫德反对瓜分。

至于"改朝换代"，赫德认为："建立一个新朝代——却没有一个全中国愿意接受的有名望的人。这个计划会把中国投入多年的无政府状态中，并且由外国列强一致同意所设立起来的朝代，以后将永远带有软弱和耻辱的标记。"

赫德赞成"修补满洲人的统治"，他把"现存的朝代当作一个开着的商店或公司接受下来，简而言之，就是尽量利用它"。因为"它的命令通行于全中国，承认它会是所有的列强都默许的最容易的解决办法，支持它比起任何其他的行动来都会更迅速、更有效地恢复普遍的平静"。

赫德的话，列强是要听的。因为，列强公认"在关于中国的一切事情上，没有一个活着的人比赫德爵士更有权威，他担任中国海关总税务司已经有 37 年以上"。

实际上，写这段历史时是不能不说出赫德这个名字的。因为他掌握了中外议和的全局。是的，他没有亲自参加议和，因为"那样将造成一种英国在谈判里操纵的气氛，而且容易引起反对，不过会议进行的一切情况和中国所采取的每一步骤，……都应让我知道"。

赫德出来说话，加上俄国准备"坚决把赌注下在李鸿章身上"，列强的态度才开始松动。

鉴于以往的经验，1900 年 8 月 25 日李鸿章电请在和谈中加派奕劻、荣禄、刘坤一、张之洞为全权大臣，让大家共同承担"误国"骂名。

8 月 27 日，清廷让庆亲王奕劻回京，会同李鸿章妥商办理谈判事宜。

9 月 7 日，朝廷发布剿灭义和团的谕旨：义和团"实为肇祸之由"，"非痛加铲除不可"。

9 月 8 日，朝廷再次表示"罪在朕躬，悔何可及"，要求李鸿章"即日进京，会商各使，迅速开议"，说什么"不特安危系之，抑且存亡系之，旋乾转坤，匪异人任，勉为其难，所厚望焉"。从中可以看出朝廷已经在求李鸿章了。

9 月 15 日，李鸿章在上海逗留 50 天后，上了船，离开上海北上。

大清国海关总税务司赫德

英国人肖克利（W.H.Shockley）拜访“中国的俾斯麦”——李鸿章。肖克（李鸿章右后立者）1898年曾到山西考察中国炼铁业。生平不详。庚子年间，李鸿章在处理繁忙公务期间见了不少这类洋人。这位洋人的后代将照片展示在家族荣誉栏里以为纪念。

旗人骂李鸿章，现在又盼他来！

李鸿章北上的消息传到北京，全城轰动。

那会儿不但慈禧急，留京的官员急，就连旗人和百姓也急。与梅兰芳合作的戏曲作家齐如山曾讲到那会儿北京人的心绪：

当义和团正盛、西后最得意的时候，合肥（李鸿章）正在广东，旗人们有的说他能勾结外国人，太监们说得更厉害，说想着把他调进京来杀了他。

……各国军队进京后，……从前虽骂他，但现在已知道非他不可，所以大家都盼他来，因他来得慢，大家又怨恨他。……他来的那两天，北京所有的人，可以说是狂欢。

……尤其旗人，自西后光绪走后，他们每月的钱粮，谁也得不到。可是旗人又专靠钱粮吃饭，所以几个月以来，都跟没有娘的孩子一样。

……听说李鸿章要来，总以为他是跟外国人有勾手的，他来了一定有办法。……东四牌楼一带，旗人吃饭的很多，正喝着酒，忽提李鸿章来了，便高兴地说，再来一壶，盼他来的程度，就如是之高。

……我问他们，你们向来很讨厌李鸿章，为什么现在这样欢迎呢？他们的回答是：说人家是汉奸，没人家又不成，就是里勾外联的这么个人。……彼时许多人对李鸿章都是这样的批评。

1900 年 9 月 29 日，李鸿章到达天津。天津已经被战争破坏得不成样子。李鸿章还特地去了一下他住了 20 多年的北洋通商大臣衙门。此时此刻办公地已是破败不堪。

千呼万唤后，李鸿章进京了。这时的他已经不是“千刀万剐”的“二虎”了，舆论已经发生了变化，北京人希望他来“拯救”他们。

联军抢够了，被围的人也解救了，他们的后勤给养还指着“地方”解决呢。万众都指着李鸿章。

10 月 11 日，李鸿章由俄军百人护卫队开道到达北京。“全权大臣”住进了北京贤良寺，外面日夜有俄军士兵守卫着。联军立刻宣布贤良寺为联军承认的清国之地。

这时的李鸿章虽然是人近黄昏，却感到夕阳无限好。正式场合，庆亲王奕劻以亲王之尊，名字排在李鸿章的前面。

私下亲王却对李言听计从，甚至有点学生看老师的味道。细节都由李鸿章敲定，而且慈禧已经说过，“朝廷不为遥制”，就是说这回干事儿少了很多牵绊。

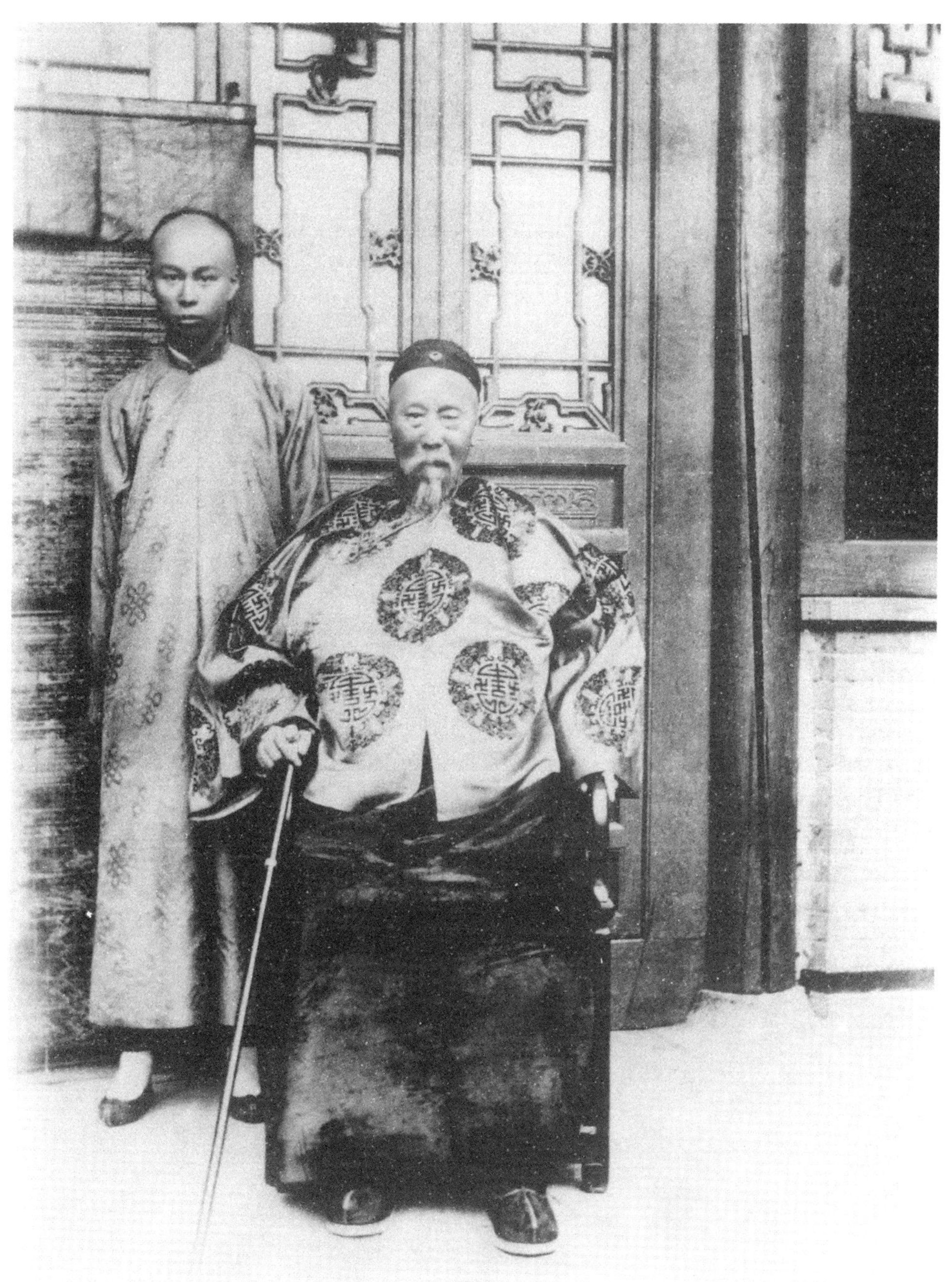

1900 年李鸿章北上，在天津海防公所逗留时留影，身后站立者为其幼子李经迈。照片摄于 1900 年 9 月 27 日。当时李鸿章已 78 岁高龄，身体很糟糕。在天津，他接受了俄国记者扬季维茨基的采访。扬在自己所写的《八国联军目击记》中说："这位伟大的老人，驼着背，由两个奴仆搀扶着，慢慢地走了出来，费力地坐在太师椅上。"李鸿章"已老态龙钟，高高的个子，肥胖而笨重，他不时地咳嗽。看他的脸色可以想象得到，他为自己的疾病和为他的祖国飞来的横祸而深受折磨"。

1900 年李鸿章坐着竹轿子来到阔别一年的天津。这时候的天津已经是山雨欲来风满楼。

李鸿章刚抵达英国使馆的情景，迎接他的是英国远征军司令阿尔弗雷德·盖斯利将军（右二）。

瓦德西最恨李鸿章

李鸿章这个人一生最担心一个“权”字旁落，因为“有权”就“有事”，就可以让他忙碌起来。他永远不会忘记五年前在贤良寺，那180天坐以待毙的感觉。他的忙碌哲学是这样的彻底，以至于他不但自己忙碌，而且还要后继有人，让大儿子李经方从小习三国语言，和他在谈判桌上共同忙碌。这要特别加以突出，因为在他那个时代，“搞夷务”是下三滥，为人所不齿。李鸿章办了一个同文馆，几次招聘都没几个人来。李鸿章后来给考生一个政策，让其以后享受“进士”同等待遇，这才勉勉强强有些报名的。他能让儿子搞夷务，没有点儿愚公移山、“子子孙孙无穷匮”的精神是不可能的。

他不是思想家，甚至有点守旧，他不属于开天辟地的人物，却能将每件事情尽量做好。他的谈判技巧是一流的，而且总知道运用人家的短处，各个击破，这点瓦德西最恨他。天津教案，他一鸣惊人，他的老师曾国藩去处理，结果外人和国人都不满意。李鸿章用了点儿“痞子手段”就顺利化解危机，让老师自叹不如，他也一下子成为有清一朝外交第一人。马关谈判，他挨了一枪，却为慈禧省下了一万万两银子并换来了列强的干预。这就是他的本钱，慈禧知道，光绪知道，恭亲王奕䜣、醇亲王奕譞以及马上就要和他同桌的庆亲王奕劻都对此赞叹不已。局外人最纳闷的就是这点：为什么每次谈判，李鸿章总谈出一大堆“赔款”，而老佛爷却非他莫属？这就是慈禧的高明之处：输了的一方总能谈出一个“意外”的价格，还帮她担着骂名。而具体执行者李鸿章却只要一个做事的机会。为了做事，李鸿章进京给太监送红包，每每出手大方，曾国藩送小红包，左宗棠不但不送红包而且还到慈禧那里告状。正应了小品中的一句话：我就纳闷了，同样是人，这差距咋就这么大呢？这就是李鸿章。

1900年9月底，在英、法、美、俄承认由奕劻、李鸿章来担任中方的议和人选后，其他国家也先后表示了认可。谈判开场比较顺利，当时谁也没有想到这场谈判会旷日持久持续了一年。法国出面代表参加谈判的十一国提出六条意见，包括：

一、惩处各国公使指定的罪犯。

二、禁止军火进口。

三、赔款。

四、建立永久性的使馆卫队。

五、拆毁大沽炮台。

六、允许各国在大沽至北京一线驻兵。

左图　八国联军统帅瓦德西。联军的最高统帅瓦德西赶到北京时，联军占领北京已经超过了一个月。瓦德西总共在中国待了十个月的时间，回国后写了本回忆录《拳乱笔记》，其中最有价值的内容就是客观地记录了一些八国联军在北京制造的惨剧。

下图　德国遇害公使克林德的纪念牌坊建成典礼。清廷被迫在克林德被害的东单建立牌坊，这是牌坊建成后的典礼现场。

李鸿章各个击破

针对法国代表十一国提出的谈判条件，几天后，庆亲王奕劻和李鸿章联合照会各国，提出了五条议和纲领：

一、承认围攻使馆违反国际公法，保证今后不再出现类似事件。

二、愿意协商赔款问题。

三、同意修改有关条约，侧重中外商务。

四、收回被占衙署，与各国分别缔约。

五、先行停战。

仔细琢磨这两个谈判纲领，一个要驻军长留，一个想赔钱走人；一个妄想解除人家的武装，一个希望商业上给对方些便宜；一个要治罪，一个避重就轻，顾左右而言他。李鸿章甚至大喇喇地提出要一一个别对谈，以期各个击破。

中方提出议和大纲两天后，联军最高统帅瓦德西终于赶到北京，对李鸿章提出的议和大纲，这个武夫却比什么人都精明，瓦德西的态度是“不给予任何的理睬”。

慈禧的问题是绕不过去的，为了确保慈禧不被判罪，李鸿章坚持要在条款上写明“懿亲不加重刑”。这时候“中国国情”四个字起了作用。李鸿章让对方明白，中国人以孝为本，以忠治国，太后为一国之母，千万要尊重。

谈判双方几乎在所有问题上都对不上眼儿。

李鸿章要先停火后议和，联军是先议和再停火。

联军开出一长串人名要求杀、关、流放和没收财产。李鸿章认为应该严格区分，尽量按太后懿旨加以保护。

谈判不欢而散，联军继续西进，并派兵进犯了清西陵和东陵，直逼张家口，向慈禧施加压力。联军司令瓦德西说，如果中国再不提出令各国满意的决定，联军就要进攻陕西，去捉拿真正的祸首！

接下来就是打心理战，慈禧在西安天天心惊肉跳地等消息，“以首祸当议己，常悁慄不自安”。她“一日不见京电，便觉无措，然每一见电，喜少惊多，实令胆怯”。1900 年 11 月 21 日，她电问李鸿章：“列强所索各条是何端倪，曾否见询，有无万不能行之事，……应据实密奏。”她对和谈的态度非常坚决：“大局攸关，款议可成不可败，两害取轻。”

李鸿章玩的是各个击破，十一国组成的谈判方，看似阵容强大，其实个个心里都有小九九。俄国想的是东北的肥肉，日、英、美等国对此心生嫉恨。法国关心的是天主教的顺利传播，德国想的是在中国插进一只脚。李鸿章看出了他们是同床异梦。

西方时政漫画，描写李鸿章在对外交涉的时候，以一张如孩子般天真烂漫的脸欺骗八国联军。他在行将就木的最后日子，还不停地穿梭在北京的各国公使馆间。最让他棘手的是“力保太后平安无事”。依照列强的思路，想通过庚子事变把慈禧太后的权力给夺了，让年轻的光绪帝掌权。这是太后最不能答应的，李鸿章只有拆东墙补西墙地两头忽悠。

谈判的底线就是保太后

李鸿章在得到荣禄转达的只要保住慈禧什么都可以商量的“示意”后，便积极地贿赂俄国出面斡旋此事。不久，英首相索尔兹伯里就对首先提出惩凶作为议和先决条件的德国人说：“绝对不否认，如果把皇太后牵入这件事情以内，人们将冒着废弃中国整个国家组织的危险，这也是对于欧洲不利的。”这里联军刚有一点松动，李鸿章赶快给慈禧去电，要求朝廷“丢车保帅，把载漪他们抛出去”。接着，各国公使一致要求，只有中国的皇帝和太后回到北京后才可以开始谈判。而慈禧压根儿就没有此时回京的想法。

谈判又陷入僵局后，李鸿章惯用的策略是“以拖待变”，这一招已经屡试不爽。首先就是“李鸿章病了”。李鸿章的确病了，78岁的老人，又在1895年受过枪击，子弹残留物至今还在眼睛下部留着，又加上连日的劳累，病是肯定的，但是还没有到病倒的地步。久拖以后，转机来了。俄国人在东北准备监理东三省，这引起日、英、美等国极大的不安，他们不再坚持把“严惩祸首”和“两宫回銮”作为和谈的先决条件，而是转向急于开始讨论议和的具体内容。

在1900年西方圣诞节的前一天，英国、美国、法国、俄国、德国、日本、意大利、奥地利、西班牙、比利时和荷兰十一国公使将《议和大纲》交给了庆亲王奕劻，并且要求迅速答复。这份《议和大纲》是《辛丑条约》的蓝本：

一、中国派亲王专使就克林德被杀一事前往德国谢罪，并在遇害之处树立铭志的牌坊。

二、严惩祸首，杀害凌辱外国人的城镇停止科考五年。

三、中国必须用优荣之典就日本书记官被害一事向日本政府谢罪。

四、中国必须在各国人民坟墓遭到亵渎之处建立墓碑。

五、军火及制造军火的器材不准运入中国。

六、公平补偿外国人身价财产损失。

七、各国驻兵护卫使馆并划定使馆区。

八、削平大沽炮台。

九、京师至海边由各国留兵驻守。

十、永远禁止军民等加入仇视各国的团体。

十一、修改通商行船各条约。

十二、改革总理衙门和各国公使觐见礼节。

看过条款后的李鸿章连连叹息，他吩咐立即原文电奏西安，并告诉发电报的人叮嘱对方，一定要用重笔写成电报稿呈送慈禧。电文传到西安后，引起大哗。所有人都感到条件极端苛刻，无法接受。与此同时，瓦德西也向李鸿章施加压力。

最终，由于《大纲》中既没有将慈禧列为祸首，又没有让她交出权力，所以慈禧还是批准了《议和大纲》。李鸿章和奕劻遵旨在《议和大纲》上签字画押。

和李鸿章谈判后，多国代表在西班牙公使馆前合影。

累死乎？气死乎？

知道自己已经时日不多的李鸿章想尽快结束谈判。他代表清廷要求各国早日撤军，但各国要求必须亲眼看到祸首被惩办，必须把赔款的数额定下来，否则决不撤兵。

1901年2月21日又接到了各国要求处死的12人名单，即瑞郡王载漪、辅国公载澜、都察院左都御史庄亲王英年、刑部尚书赵舒翘、山西巡抚毓贤、礼部尚书启秀、刑部左侍郎徐承煜、大学士徐桐、协办大学士吏部尚书刚毅、四川总督李秉衡、陕甘提督董福祥。其中除刚毅、徐桐、李秉衡三人已死，载漪、载澜“定以斩监候罪名，如以为应行贷其一死，则遣戍新疆，永远监禁”，董福祥“事缓办”外，其余的人都令自尽或正法。

4月，清廷又收到列强要求严惩的地方官员名单，“牵涉百四十二人之多”，大部分是根据“风闻的证据”列出来的。清廷于4月29日和8月19日先后发布上谕，惩办了96名官员：其中4人死刑，11人判死刑，减为永远流放，13人终身流放，4人监禁终身，2人长期监禁，58人永不叙用，2人谴责，2人追夺官职。

慈禧一口气杀了120多名大臣，各国惩办祸首的风波才逐步平息。接着赔款的问题便成了中外议和的关键，这才是各国的核心。俄国率先提出要求赔偿白银1.3亿两。

联军统帅瓦德西在来华前夕，德皇威廉二世于1900年8月18日告诉他要“谨记在心，要求中国赔款，务到最高限度，且必彻底贯彻主张，因为皇上急需此款，以制造战舰故也”。德国提出的赔款大概是4亿马克。

此外，法国要求的赔款也多达7000多万两。他们均要求赔款以现金的方式一次付清。

英、美、日等国则害怕过多的赔款压力会削弱中国市场购买力，因此他们首先需要了解“中国究竟能够偿付多少”。赫德认为“中国没有准备金”，所以赔款“不能支付现金”。中国是一个入不敷出的国家，“岁入共约8800万两，而支出据说需要1.01亿两。岁入的1/4以上用于支付现有借款的利息；至于亏空或所需用与收入之间的差额，仍然是欠债，因为没有资金偿付它”。他还认为，“最合适的偿付方法”是“各国政府同意接受中国政府保证在若干年内每年分期摊付”。

终日的忙碌和劳心，李鸿章病倒了，他在拜会英、德公使后在回贤良寺的路上受了风寒，一病不起。这次李鸿章真的病了，特别是和俄国的谈判几乎熬尽了他太多的心血。

1900年，俄国沙皇以镇压东北义和团为名，大举入侵东北。他调集了17万大军，分五路向中国东北进军。东北清军一溃千里，俄军仅用两个月时间便占领了东北。

左图　德国克虏伯钢铁公司为纪念李鸿章访问该厂制作的红陶李鸿章头像。这形象已经预示着李鸿章离生命的终点不远了。

下图　庆亲王和李鸿章在《辛丑条约》上的用印。

大清国全权大使庆亲王

大清国钦命全权大臣便宜行事　总理外务部事务和硕庆亲王

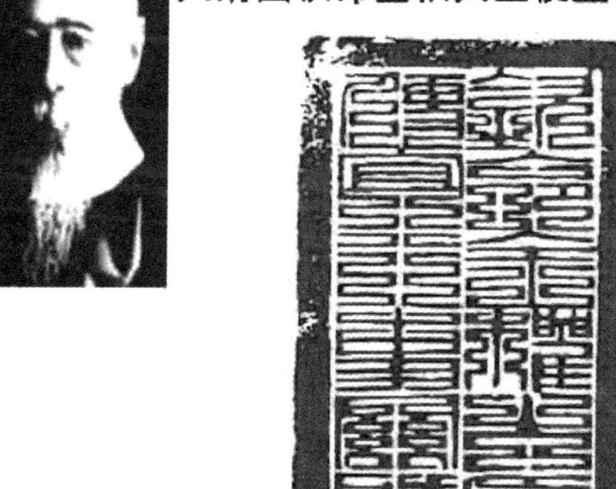

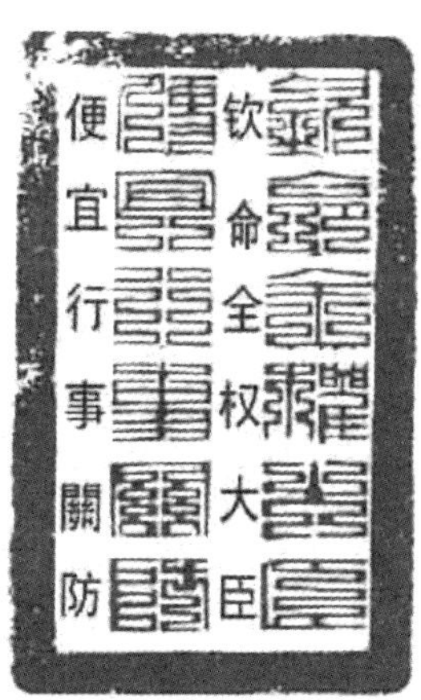

大清国全权大使李鸿章

大清国钦命全权大臣便宜行事

太子太傅·文华殿大学士·北洋大臣·直隶总督部堂

一等肃毅伯

大清重臣李鸿章油尽灯枯

从1900年10月俄国对东三省实行军事占领开始，到1902年4月中俄《交收东三省条约》之签订。这一年半的时间中，中俄进行了一系列极端复杂的谈判。

俄军在1900年10月1日占据奉天，然后诱逼盛京将军增棋签字批准明显破坏了“清国的‘独立’与中国中央政府的主权”的章程。这个章程内容被伦敦《泰晤士报》驻北京记者莫理循揭露，引起了其他列强的强烈反响和责难。英、德两国达成了一个原则协议：第一，各国不得瓜分中国的领土；第二，中国的沿海、沿岸全部向各国的贸易和经济活动自由开放。由于感到自己不具备瓜分中国的实力，法国、日本、美国等国均附和了英、德两国的建议。俄国一方面公开否认，当面撒谎；一方面则胁迫清廷全权大臣杨儒签字，以便造成既成事实。杨儒拒绝后，俄国就向李鸿章施压：如果中国“听各国谗言，不愿立约，则东三省必永为俄有”。

李鸿章已经开始咯血了。他吐血已经吐到了“濒危”的程度，在生命的最后时间里，李鸿章已没有精力面对面与洋人再论短长了。李鸿章躺在病榻之上，指挥着下级官员把损失降到最低点———从一开始提出的10亿两白银降到4.5亿两，分39年还清，年息4厘；4.5亿两，是对4.5亿中国人所定的数字，“人均一两，以示侮辱”。李鸿章接受了这个侮辱。

5月1日，列强们发表了一个报告，各国要求的赔款总数为“6750万镑，或4.5亿两左右的银子”。所有国家的最终报价都远远超过了他们实际的花费和损失。5月11日，奕劻、李鸿章“接受4.5亿两为赔款总额”。5月26日，清廷电告奕、李二人说：“各国赔款共450兆，4厘息，着即照准，以便迅速撤兵。”

1901年9月7日，李鸿章、奕劻代表清廷与十一国代表正式签订了《议和大纲》的“最后议定书”，简称《辛丑条约》。

在9月7日《辛丑和约》签订前后，李鸿章与俄使及维特的代表波兹德涅耶夫进行了频繁的接触。11月7日，李鸿章在俄人的“恫吓催促”下病死，“闻薨之前一点钟，俄使尚来催促画押”。李的病逝，对俄国财政大臣，负责俄国远东铁路建设的维特来说，颇有兔死狐悲之感。他“这时才发现，一切都需要从头开始，因为随着失掉了李鸿章与许景澄，不仅我们一派已经完全没有台柱子了，而且在中央的最高当局中，看来没有一个人能够勇敢地负责与外国人办理交涉”。

大清重臣李鸿章油尽灯枯，走了。这一天是1901年11月7日。

十一国代表在开“协调会”。十一国，各有自己的小算盘，都怕自己在中国这块肥肉面前少吃一口。但是人家讲“协调”，会前会后的“协调会”是在所难免的。这是谈判期间无数次“协调会”中的一次。

《辛丑条约》签字仪式“全家福”。十一国谈判代表坐左边，清国代表坐右边，后面是各国代表的随从人员。地点在西班牙大使馆。这天是1901年9月7日。这是根据《议和大纲》的“最后议定书”签字仪式的照片绘制的。

死后的荣耀

李鸿章的死，慈禧最伤心。一是他们同为“同光中兴”的核心人物，属于“同志”。二是李鸿章是“后党”，而且“党性强”，经过了实践的检验。三是李鸿章会做事。军事上创淮军，败太平军，剿捻军；实业上开办一系列新式工厂；外交上，以弱国之身搞起了“以夷制夷”。最后可能还有感情上，《纽约时报》曾经煞有介事地问：太后已经和李鸿章秘密结婚了吗？这显然是一条假新闻，但是当时的确流传着一句为官之道：不要和李鸿章作对，“今上甚从其言也”。

慈禧太后对李鸿章好，这是路人皆知的事。《清史稿》说：李鸿章死后，“事闻，两宫震悼，赐祭葬；赠太傅，晋封一等侯，谥‘文忠’；入祀贤良祠，安徽、浙江、江苏、上海、江宁、天津各建祠以祀，并命于京师特建专祠。汉臣祀京师，盖异数也”。最后一句话的意思是：汉族大臣入祀京师，是少有的。

“赐祭葬”，朝廷当时赏银5000两为李鸿章治丧。慈禧太后派恭亲王溥伟前往祭奠，还派专使护送灵柩运回合肥老家安葬，这是有据可查的。但是现在没有找到相关祭葬的资料，只找到了李鸿章“祭葬”的一张画，可以看到“祭葬”的场面很大。

谥“文忠”，谥号，是朝廷对一个人死后的终生评语，“文”，是经纬天地的褒扬，“忠”是一生品德高尚的褒扬。按制，这个“文忠”低于曾国藩的“文正”却高于左宗棠的“文襄”谥号。

“安徽、浙江、江苏、上海、江宁、天津各建祠以祀，并命于京师特建专祠”。这个待遇比他的老师曾国藩还高，也是汉臣中第一人。这些专祠一共建了十所。其中有：

保定李公祠：淮军公所街。

南京李公祠：白下区四条巷77号、五福巷。

北京李公祠：东城区西总布胡同27号。

上海李公祠：华山路1626号复旦中学内。

天津李公祠：河北区天纬路李公祠东箭道，西箭道。现为五十七中校址，主体建筑已被拆毁，仅存附属两个小四合院。这里原名李文忠公家祠，清光绪三十一年（1905年）由直隶总督袁世凯主持修建。占地两万平方米，是一座规模宏伟的庭院式砖木结构建筑，正门设在子牙河畔，庭院中央安放李鸿章铜像，主体建筑为连九间的大殿堂，堪称津门古建筑中之佼佼者。

THE SPHERE

LI HUNG CHANG—BURIED SIX MONTHS AFTER DEATH.

DRAWN FROM PHOTOGRAPHIC MATERIAL BY VICTOR PROUT.

His Spirit Worshipped

Carrying the Body Ten Miles

The Funeral Procession

The Catafalque

李鸿章的“祭葬”。英国杂志《恒星》(The Sphere)于1902年刊登了这幅李鸿章出殡图。这张图片堪称绝版，因为至今没有人知道朝廷“祭葬”李鸿章的细节，这张图片弥补了目前史料的空白。从画面看，李鸿章的葬礼队列绵延近一里，规格相当于亲王级。图上的文字说明：李鸿章死后六个月举行葬礼。

第九章

最后的归宿

李鸿章是1901年11月7日在北京贤良寺死于钦差大臣任上的，这天正好离他签订《辛丑条约》两个月。

李鸿章的死代表着“同光中兴”时代的过去。哪有什么“同光中兴”？这是大臣为老佛爷慈禧贴金。

李鸿章的墓地传说

李鸿章的墓地在安徽合肥东乡小夏郢，也就是现在的合肥大兴集。这个墓整整修了 16 个月。据传，其墓地的墓道用从英国进口的耐火砖砌成。1903 年初春，李鸿章的灵柩被运回合肥，葬于东郊大兴集。

李鸿章享堂原占地面积 10000 余平方米，共建有大大小小房屋 99 间，取久久之意。碑额中间刻有“清故文华殿大学士直隶总督太傅一等侯李文忠公神道碑”24 个字。

李鸿章墓地在合肥城东 15 里的大兴集。当时大兴集只是附近几座小村落的商品集散地，据说早先还是太平天国设在合肥城外的买卖街。看来李鸿章真是生生世世和太平军对上了。

我们今天看到的李鸿章享堂是新修的，已见不到一点儿历史沧桑感。墓园区由神道碑、神道、石像生和墓冢等组成。墓冢高 6 米，半径 7 米，是李鸿章与赵氏夫人赵小莲的合葬墓。

我爸爸的奶妈是小夏郢一带的人。听爸爸在世时转述，他奶妈小时候看到（大约在 1910 年左右），李鸿章的墓地周围有 600 亩林地，说都是一人抱不过来的高大松树，爸爸在“文革”中感慨地说：“光是这些木材就价值连城啊。”因为“文革”那会儿，买根木材都要打报告，即使这样也买不到这类能做上梁的栋梁之材。这样的大材，按照当时的价格也要百多元，这可是一个农民一年的工分所得啊，故有此一叹。

合肥大兴集不是李鸿章出生的地方，也不是他家祖坟所在地。李鸿章将自己的墓地选在这里，是因为他平生崇仰包拯。

1882 年他还解囊白银 2800 两建包拯祠，且自撰碑记。当时包拯葬地就是在大兴集，所以李鸿章墓址就在离包拯墓约 300 米的小夏郢村。

由此，本地民众通称李鸿章墓、包拯墓以及贴近的朱元璋开国功臣蔡国公张德胜墓（20 世纪 50 年代初修筑铁路时被毁）为“一里三公”。而李鸿章的墓因兴修年代未久，又官位最高，所以规模最为宏大。

左图　盛装的李鸿章夫人赵小莲。李鸿章元配夫人姓周，死后继娶赵小莲为妻。赵小莲体弱多病，生次子李经述，系嫡出。李鸿章去世后由他承袭了肃毅侯的爵位。赵小莲还有一个女儿李经璹（菊耦），后来嫁给张佩纶，也就是张爱玲的祖父。

下图　位于李鸿章墓地周围的安徽省肥东县一小学的外景。2011 年我去实地观察，听当地一位 60 多岁的老人说，他小时候这个学校的院子里到处是高大的松树。

享堂上放的黄马褂是赝品

如今，在合肥大兴集李鸿章享堂的正殿内，有一个紫檀木制成的玻璃橱，玻璃橱中陈列着一件染满暗黑血迹的李鸿章黄马褂。我一看就知道是件赝品。

首先是百多年后，这黄马褂如同刚出厂的新，还是机织产品。另外百多年后的血迹，应该早就褪去了红色。我也理解合肥文物单位，好不容易出了位“路人皆知”的中堂大人，能为合肥的旅游事业添砖加瓦，但谁想到“大跃进”和“文革”，把事情做得一点回旋余地也没有。如今在经费不足的情况下也只能点到为止。但是我不能原谅他们的是，现如今做旧是分分钟的事情，文物单位为什么如此的马虎，还指望它赚取门票？果然，崭新的合肥大兴集李鸿章享堂，游人不多，三五不成群，显得有些冷清，和昔日李鸿章天津总督府的车水马龙没得比。

当年，小山丰太郎用的可能是土枪吧，威力不够大。李鸿章中的这一枪，子弹正好嵌在左眼下方一寸的位置。子弹虽然留在了体内，但并没有伤及眼睛。李鸿章不让取出来，俄国医生也坚持不取。一是老先生时年七十三,一动不如一静；二是老先生可能希望留下这个让伊藤博文揪心的“罪证”，和日本人做“有理、有节的斗争”。果然，一颗子弹换回一万万两白银，最后理亏的日本人要价从三万万两降到两万万两。这“一枪”甚至还引来了俄罗斯、法国、德国对日本掠夺辽东的联合干预。在他们的压力下，特别是俄罗斯有意无意地在远东作调兵姿态，吓得日本不得不接受中国三千万两白银的“补偿”，放弃了辽东。毕竟日本打败清国后，自己也累得只剩一口气了。

为拍摄李鸿章马关条约谈判现场春帆楼，我们 2014 年专门去了那里。1895 年的那幢老楼已毁于二战中的美军轰炸，整体复原的谈判现场设在旁边的“日清媾和纪念馆”里。从不向游人打开的玻璃门被打开了，影响中国近代历史进程的那张不到五平方米的老旧桌子赫然出现在我的眼前。破天荒为我们打开门的纪念馆女管理员，一再嘱咐，拍摄时不要触碰桌上的历史原物和那把特大的椅子。据说明治天皇听说李鸿章要来日本，亲自指示让人从东京搬来了这把椅子，让李鸿章坐着。

李鸿章被刺的地方，我一开始搞错了，因为日本人在半山腰的羊肠小道上立了“李鸿章小道”的牌子，故受其误导。多亏播出前，著名历史学家关捷指正，才改为春帆楼下的那条弯弯曲曲的大路。离谈判现场 500 步路外的李鸿章住处是引接寺，知道的人不多。我们去的时候才知道，这个引接寺是后来再造的，也是二战中，被美国轰炸机炸平了。非常遗憾的是我们今天不可能在这里找到当时李鸿章养伤的房间。

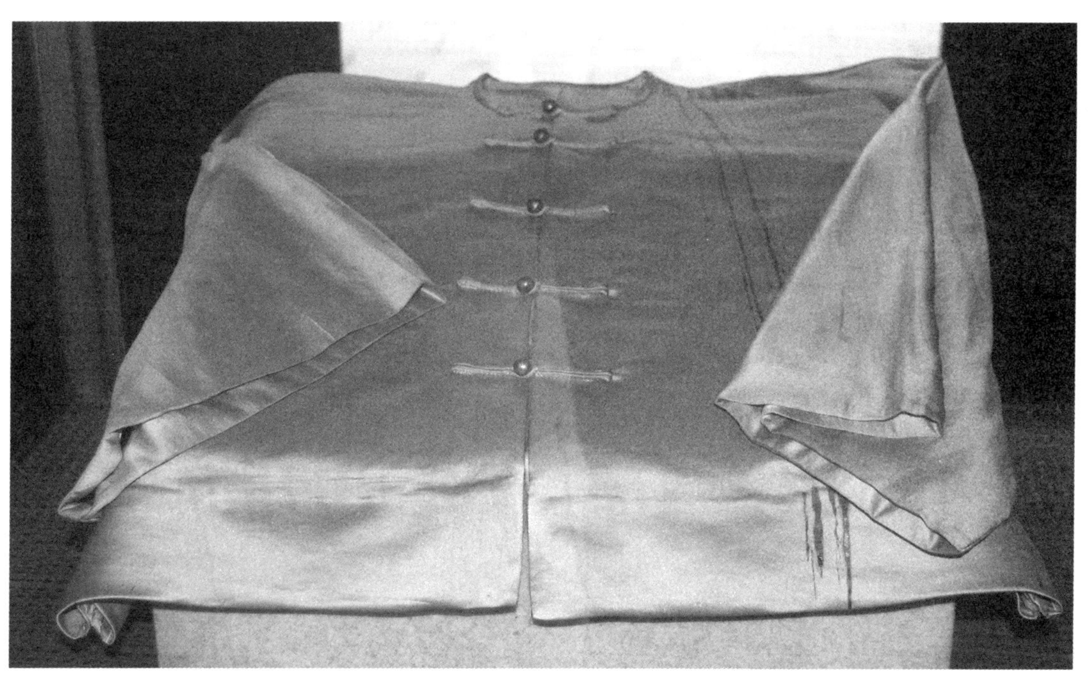

陈列在李鸿章享堂上的这件李鸿章染血黄马褂做得太新了，一点儿历史沧桑感都没有，还不如不放，让参观者充分发挥想象力。

李鸿章为“大跃进”做贡献

李鸿章下葬后，一直到1958年，墓地和周边的建筑基本上还能相安无事。民国时期也没人在意识形态上将其划分为“卖国”或“爱国”。中国人家乡观念重，暗藏于心的地域情结也不能小视，所以没有经过“革命洗礼”的当地人，并不知道去打“本地人之骄傲”的李赵合葬墓的主意。

1958年不一样了，当地人民为了迎接“一天等于二十年”的到来，兴办钢铁厂，他的遗骸被从墓地掘出。“卖国贼”李鸿章的坟墓，很多人对之早已窥觑已久，听到指示后，当地高级生产合作社抽调了32个生产队的队长对李鸿章墓进行发掘。墓室非常坚固，一铁锤砸下去，没有丝毫反应。

人们想用炸药将墓室炸开，但是炸药对墓室也不起作用。最后，有人想出了一个办法，从几十米以外的地方，挖了一条地道，从下面钻进了墓室，才把棺材给拖了出来。

墓室里并排着两口棺材，分别是李鸿章和夫人赵小莲的。赵夫人的遗体依然保存完好，她身着华贵的衣服，就像睡着了一样。棺材里的那条慈禧太后特赐陪葬的陀罗经被还是好好的，被人拿回去洗洗后自己盖了。

赵夫人棺柩旁的一个小箱子里还有一个精致的木盒子。打开木盒，里面放着两块金灿灿的“金砖”，有人用秤称了一下，近30斤重。大家都认为这两块“金砖”一定是金子做成的，但经过银行鉴定，却发现是铜制成的。

李鸿章的尸身因为层层棉絮包扎，保存尚属完好，他所枕的金元宝下还有一本册子，是他亲笔所写的自传。这是不是美国人1913年发表的那本《李鸿章回忆录》就不得而知了。李鸿章的身旁放着一副眼镜、一块怀表、一个拐杖，身下垫着七枚金币，按照北斗七星的形状摆放着。陪葬品中有一把宝剑，最后被省剧团借去充当道具。

当时挖墓的人如今回忆说：“李鸿章穿着黄马褂的遗体保存完好。狂热的人们用绳子拴着遗体，挂在拖拉机后面游街，直到尸骨散尽。”

李鸿章墓被挖以后，上面几乎成了一片废墟，只有享堂的几间房子，面积大约900平方米，因为做了钢厂的仓库才得以保存下来。

现在，旅游热了，人家又想到了李鸿章，家乡的人还指着李鸿章“致富”呢。于是一个崭新的李鸿章享堂在重金打造下诞生了。

100年，只有100年，人的变化咋就这么大呢？！时间，只有时间将一切怪诞渐变成合理，将一切合理渐变成怪诞。这点，一代权臣李鸿章也只有认了。

左图　合肥钢铁厂是在包公墓、李鸿章墓和张德胜墓“一里三公”的地方建立起来的，至今已经有 50 年了。

下图　李鸿章墓。这是 1947 年拍摄的李鸿章墓的照片。1958 年的“大跃进”，李鸿章墓遭到彻底破坏。

黄海大海战

1894年9月12日至19日

黄海海战是中日甲午战争中双方海军主力在黄海北部海域进行的一场战役规模的海战，亦称中日甲午海战、大东沟海战。此役北洋水师失利，自此退入威海卫，使黄海制海权落入日本联合舰队之手，决定了甲午战争的中方的战败。

定远号铁甲舰（图为复制品）是北洋水师旗舰。排水量 7000吨，装甲厚12至14英寸，主要武装为4门12英寸口径的主炮。

大东沟

大孤山

大鹿岛

17日11时30分至17时40分
黄海大海战

9月16日，北洋水师抵达鸭绿江口的大东沟。部分舰艇担任警戒，其余10艘主力舰在口外12海里的大鹿岛东南下锚。

致远号与日舰格斗的情形

海洋岛

16日护送登陆部队前往大东沟

17日清晨

旅顺

18日残部返回旅顺

15日抵达大连湾

13日清晨到达旅顺

1894年9月15日，北洋水师主力在丁汝昌率领下到达大连湾，护送陆军 4000 人搭乘的5艘运兵船。

在弹雨中作战的镇远号

19日返回长山串锚地

9月12日，北洋水师主力舰12艘由威海出发，赴鸭绿江口的大东沟，护送陆军登陆。与北洋水师在战略上"保舰制敌为要"不同，日本海军在战争之前就制订了以舰队决战夺取制海权的明确计划。当日本联合舰队护送援军登陆仁川的行动完成后，9月13日，联合舰队本队和第一游击队开赴鸭绿江口，搜寻意与北洋水师主力决战。

13日下午3时南下搜索日舰

北洋水师龙旗

18日返回大东沟搜寻落队舰船

9月17日

10时30分，北洋水师镇远号桅楼上的哨兵发现日本联合舰队。

12时05分，联合舰队第一游击队在先，本队在后，呈单纵阵，接近北洋水师。

12时20分，北洋水师在行进中由双纵阵改为横阵，旗舰定远位于中央，其余各舰在其左、右依次展开，舰队呈楔形梯队。同时丁汝昌还发出命令：各小队须协同行动，始终以舰首向敌；诸舰务于可能之范围内，随同旗舰运动之。鸭绿江口外海，大鹿岛海域，集中了两国几乎全部主力舰艇。

12时50分，双方舰队相距5300米，北洋水师旗舰定远号首先开炮。联合舰队第一游击队在距北洋水师5000米处即向左转弯，航向北洋水师右翼。联合舰队向北洋水师右翼，冒险将舰队暴露于北洋水师阵前。

12时53分，联合舰队旗舰松岛号开始发炮还击。定远号主桅中弹，信号索具被炮火所毁，在飞桥上督战的丁汝昌身负重伤。从此时起，北洋水师各舰除随定远号进退之外，已经失去了指挥。

13时左右，第一游击队炮击北洋水师右翼超勇号、扬威号两舰。

13时20分，北洋水师超勇号、扬威号起火。联合舰队本队航速较慢的比叡号、扶桑号、赤城号成为北洋水师的打击目标。比叡号、赤城号受重伤。第一游击队左转，回救两舰。本队右转，形成夹击阵势。

14时20分，日舰西京丸号中弹起火退出战场。北洋水师超勇号沉没，扬威号重伤，驶离战场搁浅（有记载被本军济远号误撞沉于浅海）。

平壤

14时30分，北洋水师平远号命中日军旗舰松岛号，战斗中平远号也受伤并引起火灾，暂时退避。

15时04分，北洋水师旗舰定远号中弹起火。

15时20分，第一游击队集中打击北洋水师突前的致远号，致远号沉没。济远号、广甲号在致远号沉没后，径直驶回旅顺（广甲号在途中触礁搁浅，两天后被日舰击毁）。北洋水师已无法保持战斗队形。

15时30分，联合舰队旗舰松岛号被击中，并引起堆积在甲板上的弹药爆炸。

16时10分，北洋水师靖远号、来远号受伤，退向大鹿岛。联合舰队旗舰松岛号发出了"各舰随意运动"的信号。

17时左右，北洋水师靖远号、来远号经抢修恢复战斗力。靖远号代替旗舰升起队旗，收拢各舰。

17时30分，北洋水师经远号沉没。联合舰队发出"停止战斗"的信号，脱离战斗。黄海海战结束。

长山串锚地

黄海海战场面

16日下午5时，沿海洋岛、大鹿岛、威海卫、大沽、营口一线巡弋，寻找北洋舰队主力进行决战。

12日前往旅顺

14日夜间北上返回旅顺

刘公岛

威海卫

汉城

济物浦

丰岛

丰岛海战发生于1894年7月25日。北洋水师高升号被日舰浪速号击沉，殉难者达700余人。操江号被俘。

成欢

15日清晨前进至长山串锚地

牙山

日本联合舰队航线

北洋舰队航线

1901年11月7日在北京贤良寺逝世。（图为贤良寺西跨院模拟图）

北京

1843年谨遵父命，毅然北上入京，准备来年顺天府乡试。

1847年，25岁，被点为二甲第十三名进士，殿试三十六名改翰林院庶吉士。

1872年（同治十一年），50岁，6月授武英殿大学士，11月创建轮船招商局。

1901年（光绪二十七年），79岁，签订《辛丑条约》。同年病逝于北京，诏赠太傅，晋封一等侯爵，谥文忠。

保定

1870年8月，调任直隶总督。

天津

1901年，与11国代表在北京签订《辛丑条约》。图中右二为李鸿章。

1870年（同治九年），48岁，7月开始办理天津教案，后又兼任北洋通商大臣。

1885年（光绪十一年），63岁，设立天津武备学堂。4月与法国签订《中法条约》。

大连 旅顺

1898年（光绪二十四年），76岁，与德国、俄国签订《中德胶澳租借条约》《中俄会订条约》（又称《中俄旅大租地条约》）。

烟台

1876年（光绪二年），54岁，6月被任命为全权大臣赴烟台谈判，与英国签订《中英烟台条约》。11月派福州船政学堂学生出洋学习。

威海卫

1880年（光绪六年），58岁，开始创设海军；设立天津水师学堂。

1891年（光绪十七年）69岁，2月校阅北洋海军；同年奏准筹办关东铁路。

1894年（光绪二十年），72岁，被赏戴三眼花翎，后因北洋水师黄海战败，又被褫夺三眼花翎。

山东

1898年夏，山东黄河再次决口，前往山东履勘洪灾情形。

合肥

1903年春，李鸿章灵柩被运回安徽合肥，葬于东郊大兴集。

1823年2月15日（道光三年正月初五），出生于合肥东县。

1855年2月，杀太平军总制罗绣光等千余人，因功赏知府衔。

1856年加按察使衔。

南京

1864年5月，派刘士奇炮队及刘铭传、潘鼎新、周盛波等27营随曾国荃部会攻天京。后湘军等攻克天京。

上海

1853年（咸丰三年），31岁，随同侍郎吕贤基回籍办团练。

1900年7月，78岁，奉旨北上与八国联军谈判，在上海逗留一个月，探各国口风和静观形势发展。

苏州

1863年（同治二年），41岁，兼署五口通商大臣。12月攻入太平军控制的苏州。

武汉

1867年（同治六年），45岁，授湖广总督，仍在军营督办“剿捻”事宜。

1869年2月，兼署湖北巡抚，12月被任命赴贵州督办“苗乱”军务。

安庆

1861年，39岁，随曾国藩的湘军攻入太平天国控制的安庆城。

1862年2月，淮军正式宣告建军。乘船入沪的淮军共计13营约9000人。

江西建昌

进驻上海的淮军

1858年（咸丰八年），36岁，赴江西建昌入曾国藩幕府。

李鸿章

1823—1901

广州、香港

1900年7月17日，离开两广总督府，乘马车去招商局“安平”轮停靠的码头，登船北上。

1900年7月，李鸿章在香港会见香港总督卜力。

1899年底，77岁，任两广总督。

马关

1895年（光绪二十一年），73岁，被授予全权大臣赴日议和，签订《马关条约》。

1895年9月24日，在日本马关遇刺。图为李鸿章遇刺后被染红的血衣。

出洋

亲自去德国前首相俾斯麦家拜访

1896年，在英国访问期间前往哈瓦登城堡，拜会英国前首相格莱斯顿。

1896年（光绪二十二年），74岁，赴俄参加沙皇的加冕典礼，并顺带周游欧美列国。6月与俄国签订《中俄密约》。

到达加拿大多伦多市

和美国总统克利夫兰在纽约市会面

江南机器制造局炮厂炮房

李鸿章（1823年2月15日——1901年11月7日），本名章桐，字渐甫，号少荃。晚年自号仪叟，别号省心，谥文忠。安徽合肥东乡磨店人，因行二，故民间又称“李二先生”。著有《李文忠公全集》。

少年科举，壮年戎马，中年封疆，晚年洋务。

李鸿章的洋务运动

第一家大型综合军工企业——江南机器制造局

第一家译学机构——江南机器制造局翻译馆

第一个官费派出留学生——1872年官派幼童赴美

第一家轮船航运企业——1873年成立轮船招商局

第一个电报局——1880年在天津建立中国电报总局

第一所陆军军官学校——1885年设立天津武备学堂

第一支近代远洋海军——1888年成立北洋海军

第一部海军军制——1888年制定《北洋海军章程》

第一面中国国旗（奉改原北洋海军兵船旗为国旗，称龙旗）

第一个海军基地——1890年竣工的旅顺海军基地